사건의 정치

KB154058

Original title : *La politica dell'evento*
© Maurizio Lazzarato, 2014
Published by arrangement with Agence litteraire Astier-Pécher
ALL RIGHTS RESERVED

 M 아우또노미아총서 56

사건의 정치 La politica dell'evento

지은이 마우리치오 랏자라또
옮긴이 이성혁

펴낸이 조정환
책임운영 신은주
편집 김정연
디자인 조문영
홍보 김하은
프리뷰 이도훈

펴낸곳 도서출판 갈무리 등록일 1994. 3. 3. 등록번호 제17-0161호
초판인쇄 2017년 10월 27일 초판발행 2017년 10월 31일
종이 화인페이퍼 인쇄 예원프린팅 제본 은정제책

주소 서울 마포구 동교로18길 9-13 [서교동 464-56]
전화 02-325-1485 팩스 02-325-1407
website http://galmuri.co.kr e-mail galmuri94@gmail.com

ISBN 978-89-6195-170-8 93300
도서분류 1. 사회과학 2. 사회학 3. 경제학 4. 정치학 5. 철학

값 19,000원

이 도서의 국립중앙도서관 출판예정도서목록(CIP)은 서지정보유통지원시스템 홈페이지(http://seoji.nl.go.kr)와 국가
자료공동목록시스템(http://www.nl.go.kr/kolisnet)에서 이용하실 수 있습니다.(CIP제어번호 : CIP2017025963)

사건의 정치
재생산을 넘어 발명으로
마우리치오 랏자라또 지음
이성혁 옮김

LA POLITICA
DELL'EVENTO
MAURIZIO
LAZZARATO

갈무리

1. 이 책은 Maurizio Lazzarato의 *La politica dell'evento*, Rubbettino Editore, 2004: *Les révolutions du capitalisme*, Les empêcheurs de penser en rond, 2004: 『出来事のポリティクス, 知−政治と新たな協働』, 村沢真保呂・中倉智徳 訳, 洛北出版, 2008을 완역한 것이다. 한국어판은 일본어판을 기준으로 번역했으며 용어 번역은 프랑스어판을 참조했다.

2. 인명, 작품명, 문헌제목, 용어 등의 원어는 찾아보기에 수록한다.

3. 단행본, 전집, 정기간행물, 보고서에는 겹낫표(『』)를, 논문, 논설, 기고문 등에는 홑낫표(「」)를 사용하였다.

4. 옮긴이가 의미를 보충하기 위해 쓴 말은 [ ] 안에 넣었다.

5. 지은이 주석과 옮긴이 주석은 같은 일련번호를 가지며, 일역자의 주석은 [일역자], 옮긴이 주석은 [옮긴이]로 표시하였다.

6. 용어 색인은 원서(불어판, 일본어판)에는 없으며, 옮긴이가 작성하였다.

7. 책 속의 이미지와 설명은 한국어판 독자들의 이해를 돕기 위해 갈무리 출판사 편집부에서 삽입하였다.

차례

1 사건과 정치

이미지와 언어는 서로 간섭한다. 오늘날 사회에서 일어나는 일은 극단적으로 말하면 거대한 만화 속에서 일어나는 일과 같다. 그러나 언어 그 자체는 이미지를 보여 주기 위해 충분하지 않다 … 가령 사건에 관해 어떻게 생각해야 할까? 오늘 오후 4시 10분경, 줄리엣과 마라안느가 줄리엣의 남편이 일하고 있는 테른[Ternes, 파리 중심가의 한 거리 이름] 문 옆에 있는 자동차 수리공장을 방문했다는 일을, 어떻게 보여 줄 것인가? 혹은 어떻게 글로 쓸 것인가? 의미와 비-의미 … . 일어나는 일들을 어떻게 말해야 할까? 우리 사이에서 교환되고 있는 온갖 기호가 결국 나로 하여금 언어에 대한 의심을 품게 만드는 것은 무엇 때문인가? 그리고 그 기호들이 상상 세계를 해방시키는 것이 아니라 실제 세계를 희석시키고 의미작용 안에 나를 빠뜨려 버리는 것은 무엇 때문인가? — 장-뤽 고다르

잠재적인 것은, 해결되어야만 할 질문으로서, 달성되어야만 하는 것으로서 실재성을 품고 있다. 결국 물음이야말로 해답을 방향 짓고, 조건 짓고, 산출하는 것인데, 해답은 그 문제의 조건과는 전혀 유사하지 않은 것이다.
— 질 들뢰즈

시애틀의 나날[1]은 진정한 정치적 사건이었다. 모든 사건과 마찬가지로, 그것은 무엇보다도 최초로 사람들의 주체성을, 즉 사고 방식을 변이mutation시켰다. 사람들은 그때까지 인내했던 것에 더 이상 인내하기를 그치고, 마음 안에 '욕망의 배열配分, répartition을 변화시켰다.' "다른 세계는 가능하다"라는 슬로건은 그와 같은 변신métamorphose의 징조였다. 지나간 20세기의 다른 정치적 사건과 비교하면, 그 슬로건에는 근본적으로 이질적인 것이 있다.

예를 들면, 이 슬로건은 이미 계급투쟁과 권력 탈취의 필요성을 참조하지 않는다. 이 슬로건은 '역사'의 주체('노동자'계급)와 그

---

1. [일역자] 1999년 11월 30일부터 12월 3일에 걸쳐 미국의 시애틀에서 열린 WTO(세계무역기구) 제3회 각료회의에 대항해 세계 각지에서 시민·노동자 NGO 약 10만 명이 시애틀에 결집하고 대규모 항의운동이 일어났던 사태를 가리킨다. 그 결과 각료회의는 결렬되었고, 2000년 1월에 예정되어 있었던 '새로운 다각적 무역 교섭'(밀레니엄 라운드)은 2년 후로 미뤄지게 되었다. 이처럼 세계 NGO의 반대 때문에 국제회의가 결렬된 것은 분명히 전대미문의 사건이었다.
WTO는 국제적인 자유무역·민영화·규제 완화를 목적으로 1995년에 발족한 기구이지만, 교섭 항목이 확대되어감으로써 선진국과 개발도상국 간의 이해대립이 첨예화되었다. 또한 개최비용을 지원하는 마이크로소프트사와 보잉사 등 다국적 기업의 영향도 은밀하게 나타났기 때문에 'WTO는 다국적 기업의 대리인'이라는 비판도 높아졌다. 이와 같은 WTO 내의 모순에 더하여 다국적 기업의 영향력이 높아지는 것을 걱정하는 NGO에 의해 반대운동이 고조된 것이 시애틀 회의가 결렬된 배경이다. 시애틀 저항운동은, '다국적 기업이 국가주의를 넘는 권력을 가지고 시민 생활을 위협하게 된' 현상을 타파하기 위해, 미국의 NGO가 밀레니엄 그라운드에 대한 세계 NGO의 저항 서명을 모은 일이 계기가 되었다. 또한 미국 최대의 노동조합인 AFL-CIO(미국노동총동맹─산업별조합회의)에 의한 노동자 데모 동원 이외에, 환경보호·농업보호·채무말소를 주장하는 '주빌리(jubilee, 희년) 2000'이 호소한 3만 5천 명의 '인간 사슬' 등, 다양한 NGO가 'WTO에의 저항'이라는 같은 목적을 위해 결집하여 대규모 활동을 펼쳤다. 일부 NGO와 젊은이들이 점포를 파괴하거나 약탈행위를 일으키는 광경이 세계 대중매체에 의해 반복해서 방영되었지만, 이는 극히 일부 젊은 이에 의해 벌어졌던 잠깐 동안의 사건에 지나지 않았다. 반면 저항운동의 대부분은 평화적으로 이루어졌다.

적('자본'), 그리고 양자의 격심한 투쟁을 가리키거나 하지 않는다. 이 슬로건은 어떤 가능태가 산출되었다는 것, 이 가능태는 여러 가지 새로운 삶의 가능성을 표현하고 있다는 것, 그리고 그 가능성은 현실화²되어야 한다는 것을 말하는 데 머물고 있다. 즉, 다른 세계가 존재할 수 있는 가능성이 생겼다. 그러나 그 가능성은 지금부터 달성되어야 할 상태 그대로에 머물러 있다. 거기에서 우리는 새로운 지적 상황 속으로, 지금까지와는 다른 개념적 성좌 constellation 속으로 들어가고 있었던 것이다.

'세계'와 '가능태'가 라이프니츠 철학의 기본 개념이라는 것을 그 슬로건을 발명한 사람들이 알고 있었다고는 생각되지 않는다. 그러나 그 슬로건의 막연한 라이프니츠적인 표현은, 바로 그곳에서 하나하나의 집회, 한 장 한 장의 유인물이 주장하고 있었던 것이다….

시애틀에서의 나날과 더불어 가능성의 새로운 장소가 생성되었다(그곳은 이 사건 이전에는 실재하지 않았던, 이 사건과 함께 비로소 생겨난 장소다). 이 사건은 이제는 이 시대를 참기 힘들다

---

2. [옮긴이] 이 책에서는 'actualisation'(실제로 움직이고 있는 상태)을 『들뢰즈 개념어 사전』(갈무리, 2012)에 따라 현실화라고 옮겼다. (일본어판에서는 현동화(現動化)라고 옮기고 있으나 한국에서는 현실화나 현재화 또는 현행화라고 주로 번역되고 있다.) 이 어휘가 문맥에 따라 잠재적인 것과 대응될 때에는 현재화(顯在化)라고 옮기기도 했다. 또한 이와 유사한 용어인 effectuation(실제로 효과와 작용을 부여하는 상태)은 '실효화' 또는 '실현'으로 옮겼다(일본어판에서도 이 단어들로 옮기고 있다). réalisation(현실에 존재하게 만드는)은 일본어판에서 현실화로 번역되고 있으나, réel이 한국에서는 '실재' 또는 '실제'로 번역되고 있기에 '실재화' 또는 '실제화'라고 옮겼다.

시애틀 7번가의 반(反) WTO 시위대 (1999년 11월 29일)

는 것을 사람들에게 이해시켰고, 새로운 삶의 가능성을 드러냈다. 이 가능성과 욕망의 새로운 배분distribution은 실험과 창조 과정을 개시한다. 이와 같은 주체적인 의미의 변이mutation를 실험하고, 그곳에서부터 새로운 삶의 가능성을 전개하기 위한 배치agencement, 장치, 제도를 창조해 나가야 한다. 이를 위해서는 새로운 세대(베를린 장벽의 붕괴 이후 미국 세력이 확장되고 '신경제'New Economy가 탄생한 시기에 성장한 사람들)가 만들어 낸 여러 가치를 수용해야만 한다. 즉, 경제적 세계와 정치적 세계 사이의 새로운 관계, 그리고 지금까지와는 다른 시간, 신체, 노동, 소통을 만드는 방법, 함께 하거나 대립하여 존재하기 위한 새로운 방법을 수용해야만 한다.

들뢰즈와 가타리는, 1968년 5월에는 정치적 사건의 역동성dynamics이 완전하게 전개되었다고 쓴 바 있다. "사회는 그 새로운 주체성들이 원하는 변이의 방향에 따라 집단적 배치를 형성해야만 한다."[3]

프랑스의 1968년 5월은 위기의 귀결도 아니고 위기에의 반동도 아니었다. 그것은 오히려 맑스주의 경제학과 정치경제학이 믿고 있던 것과는 반대로, '의미질서의 변화'에서 유래하는 것이었다.

여러 가능성의 실현이란 그 가능성이 어떤 사건에 의해 표면화되는 것이다. 그것은 위험으로 충만해 있는, 어떻게 될지 예측할 수 없는 다른 과정을 개시한다. 즉, 그것은 "집단적 수준에서 주체성의 전환"[4]을 일으킨다.

이와 같은 사건 개념에 비추어 정치적 행위를 고찰할 때, 우리는 지배적인 가치와 대결하는 이중의 창조, 이중의 개체화, 이중의 생성변화(가능태의 창조와 그 실효화)와 만나게 된다. 여기서 우리는 지금 존재하는 것과 새로운 가능성과의 대립을 명확히 할 수 있다. 삶의 새로운 가능성은 우선 현존하는 권력 조직과 충돌하지만, 마찬가지로 그 권력이 새로운 입구에서 조직하고 실효화하려는 권력의 기도와도 충돌한다.

사건의 양식은 문제 제기다. 하나의 사건은 하나의 문제에 대한 대답이 아니라 여러 가능태에의 입구이다. 예를 들어 러시아 철학자 미하일 바흐친에게는 존재의 영역이 '대답과 물음'의 영역

---

3. Gilles Deleuze, *Deux Régimes de fous*, Éd. De Minuit, 2003, p. 216.
4. 같은 책.

인 데 비해 사건의 영역은 '물음' 혹은 '문제'로서의 존재의 본성을 명확하게 하는 영역이었다. "인간은 답할 수 있는 문제만 제기할 수 있다"는 맑스의 생각과는 반대로, 사건에서 출발하여 구축된 문제는 처음부터 그 답을 문제 안에 포함하고 있지 않다. 그렇지만 그 해답은 창출해야만 하는 것이다. "다른 세계는 가능하다"라는 언표énoncé가 보여 주고 있는 것은 하나의 확인이라기보다 거의 하나의 탐구이고 물음이다.

이로부터 우리가 시도하는 것은, "다른 세계는 가능하다"라는 언표 안에서 반향을 일으키고 있는 라이프니츠적인 모티프에 따라, 존재의 본성을 사건으로서 정의하는 것이 목표인 모든 탐구에 이바지하는 것이다.

화이트헤드에서 들뢰즈까지, 차이의 철학에서 사건의 철학에 이르는 20세기 라이프니츠주의의 행보의 중요성은 자주 강조되어 왔다. 1870년 이후 프랑스에서 그 행보는 독일 철학의 모나드론의 뒤를 따라 최초의 일보를 내디뎠다. 사회학자인 가브리엘 타르드는 멘 드 비랑Maine de Biran과 쿠르노Cournot의 라이프니츠 연구에서 착상을 얻어 「보편적 차이」(1870년), 「가능태」(1874년), 「모나드와 사회과학」(1894년)이라는 제목으로 초기 논문을 탈고했다. 타르드 이후 라이프니츠 철학의 재독은 모두 라이프니츠의 개념 위에서 주체의 철학에서 빠져나오기 위한 방책을 탐구해 나갔다.

칸트에서 헤겔과 맑스를 거쳐 후설에 이르는 철학은 모두 주체/객체 관계와 그 변용variation인 간주체성의 존재론을 통해 세계와 자아의 구성을 설명하려고 했다. 페터 슬로터다이크Peter

Sloterdijk는 주체의 철학이 근대에서 중요한 역할을 담당했다는 것을 강조하고, 주체의 철학에서 노동의 이론에 이르는 길을 설명했다. 주지하듯이, 주체의 철학을 그와 같이 전환한 것은 특히 헤겔과 맑스다. 그와 같은 전환은 영국의 정치경제학 연구 때문에 가능하게 되었다.

헤겔에게서 인류가 그 동물성을 넘어 "보편성의 가치를 갖"게 되는 것은 노동과 교환에 의해서이다. 여러 욕구의 체계 안에서 개별 존재자는 노동을 통해 자신의 주관적 만족을 얻으려고 하지만, 그것은 또한 자연 및 타자의 욕구와 관계를 맺는다는 의미도 있다. 노동은 차이화의 행위인 동시에 매개의 활동이고, 그것에 의해 "주체성의 에고이즘은 변형되면서 모든 타자의 욕구를 만족시키는 데에 기여한다." '개별적인 것'과 '보편적인 것'의 이러한 변증법은 노동 분업에서 표현된다.

그러나 노동이 세계를 구성하는 활동이라고 생각했던 것은 바로 맑스였다. 맑스에 따르면 노동은 단순한 경제활동에 한정되지 않는 실천praxis이다. 즉 노동이란 세계와 자기를 생산하는 것이며, 인간들이 노동자라는 좁은 틀을 넘어 행하는 유적 활동이다. 맑스는, 자본주의를 정의할 때 "보편적globale이면서도 유적인 주체성의 도래가 모든 주체화 과정, 결국 '구별 없는 일체의 활동', '일반적인 생산 활동'의 자본화임을 보여 준다. 그때 이 유일의 '주체'는 어떤 '객체' 안에서 스스로를 표현한다."5 보편적 추상물로서의 주체

---

5. Deleuze et Guattari, *Mille Plateaux*, Éd. De Minuit, 1980, p. 565. [질 들뢰즈·펠릭

에 대립하는 것은 역시 보편적 추상물로서의 객체다. 다양한 주체론자와 구조주의자, 맑스주의자의 체계는 항상 이와 같은 주체/객체의 존재론에 의거하고 있다.

그러한 사고에서는, 세계를 구성하는 것은 생산과 행위이고, 주체의 객체 안에서의 외화이며, 주체적 관계의 객체화에 의한 자연과 타자의 변형transformation과 지배라고 간주된다.

이로써 자본주의 논리와 맑스주의 논리는 노동이라는 개념에서 기묘하게도 수렴된다. 한편으로 자본은 자본가치의 증대를 위한 노동에 모든 활동을 종속시키는 역능으로 정의된다. 다른 한편으로 실천 ─ 즉 객체에서 표현된 주체의 행위 ─ 은 인간 활동의 유적 형식으로서 정의되고, 그것은 모든 활동을 포함하게 된다. 자본주의 형태(종속노동과 착취)에서도 사회주의 형태(자기를 표현하고 타자와 관계를 맺는 것으로서의 노동)에서도, 노동이라는 카테고리는 무한히 확장된다. 근대 초기에는 존재하지 않았던 하나의 개념, 즉 노동은 자본주의의 발전 속에서 전체적이면서 보편적인 범주가 되었다.

사회학은 정치경제학의 한계를 뛰어넘기 위해 주체 철학을 차용했다. 막스 베버의 사회학, 나아가 에밀 뒤르켐의 사회학에 의하면, 사회적인 것과 사회는 주체적(개인적)인 행위가 하나의 객체성(집단적인 것)으로 결정화된 것이고, 그것을 산출했던 개인에 대해 구속적으로 작용한다고 판정했다. 그들은 사회적인 것을 '사물'

스 가타리, 『천 개의 고원』, 김재인 옮김, 새물결, 2001.]

이라고 판정함으로써 주체와 객체를 전환시켜 주관적 관계를 물상화(관계를 사물화하는 것)했다. 그것은 이미 맑스가 '상품의 물신화'에서 묘사하고 있었던 것이었다. 현대 사회학(특히 사회구성주의) 또한 주체의 철학에 많은 것을 빚지고 있으며 후설의 간주체성 철학을 참조하여 주체 간의 관계에서 세계와 자기自己의 구성을 포착하려고 한다.

한나 아렌트 (Hannah Arendt, 1906~1975)

한나 아렌트는 노동labor과 작업work, 행위action를 구별하고, 행위에 구비되어 있는 다양성variété과 다양체multiplicité를 이론적이면서 정치적인 노동의 범주에서 구출하려고 시도했다. 그러나 그 시도는 뚜렷한 한계가 있었다. 아렌트는 아테네 민주정까지 추적하여 노동과 정치가 구별되고 있는 상황을 발견했지만, 그녀는 그 구별을 완전히 새로운 상황, 결국 그 구별이 거의 의미를 이루지 못하는 상황에 적용했을 뿐이었기 때문이다.

그러한 사상에 비해 사건의 철학은 완전히 다른 전개를 가능하게 한다. 사건의 철학은 세계와 주체성이 구성되는 과정을 정의하기 위해 처음부터 주체(혹은 노동)에서 출발하는 것이 아니라 사건에서 출발한다. 우리는 사건의 철학에 관해 질 들뢰즈의 탁월한 정의를 살펴보는 것에서부터 논의를 시작하려고 한다. 다음으로는 여러 의미에서 20세기 라이프니츠 독해에 최초로 길을 열었던 가브리엘 타르드의 시도를 추적할 것이다.

들뢰즈는 두 개의 수준, 혹은 두 개의 단계에 관한 라이프니츠의 위대한 방정식을 재검토한다. 그 방정식에 의하면, 세계란 혼(높은 차원의 단계) 안에 현실화하고 신체(낮은 차원의 단계) 안에 구현화其現化한 하나의 가능태다. 들뢰즈는 이 방정식을 완벽할 정도로 리모델링remaniant하여 자신의 철학의 핵심으로 만들어 냈다. 들뢰즈에 의하면 세계란 잠재성이고, 관계의 다양체이다. 세계는 언표의 집단적 배치agencements collectifs d'énonciation 안에서(즉 혼 안에서) 표현되어 가능태를 창조하는 다수의 다양한 사건으로부터 성립된다. 들뢰즈에게 가능태는, 라이프니츠 철학과는 달리 미리 존재하는 것은 아니다. 즉 가능태는 미리 주어진 것이 아니라 창조되어야만 하는 것이다. 새로운 가능성은 분명히 실재하지만, 그것을 표현하는 것(기호, 언어, 몸짓) 외부에는 존재하지 않는다. 이 가능성은 기계적 배치에서(즉 신체에서) 달성되거나 실효화effectuer된다. 달성 또는 실효화란 이 가능태가 품고 있는 것을 전개하는 것이고, 이 가능태가 접혀 있는(의미하고 있는) 것을 펼치는(설명하는) 것이다.

여기에 가능태를 사고하고 실천하기 위한 다른 두 개의 방식, 즉 가능성의 두 개의 체제가 있다. 들뢰즈는 베르그손이 시사한 바에 따라 '여러 가지 가능태possibilité의 창조/달성'이라는 개념적 쌍을 '가능태/실재화réalisation'라는 쌍에 대치시킨다.

만약 우리가 가능성을 '가능태/실재화'라는 체제에 의거하여 고찰한다면, 여러 가능태의 배분은 기존의 양자택일 형식(남성/여성, 자본가/노동자, 자연/사회, 노동/여가, 어른/아이, 지적인 것/육체적인 것 등)에 의거하게 된다. 그렇다면 우리의 지각과 기호, 정동, 욕망, 역할, 기능 등은 이미 현실화된 것으로서 이항 대립의 틀 내에 있게 된다. 결국 '가능태/실재화'라는 쌍에 의해 사고할 때, 우리는 실재화되는 것만이 중요하다는 '실재'의 이미지를 처음부터 품게 된다. 그렇게 되면 가능태에서 실재로의 이행은 세계에 새로운 것을 전혀 부가하지 않게 된다. 이념적으로 이 이행이란, 처음부터 거기에 있었던 것이 존재로 도약하는 것밖에 의미하지 않기 때문이다.

그와 반대로, 만약 우리가 가능성을 '가능태의 창조와 그 달성'이라는 형식 아래 사고하면, 가능태는 이미 알려진 것들의 양자택일('… 혹은 …', 결국 자본가/노동자, 남성/여성, 노동/여가 등의 양자택일)에 의거한 사고와 행동으로 나가는 것이 아니라 창조되어야만 하는 것이 된다. 거기에는 새로운 '여러 가지 가능태의 장소'가, 또는 여러 잠재력의 새로운 배분이 출현하고, 이항 대립에서 벗어나 새로운 삶의 가능성이 표현된다.

이 가능태는 들뢰즈가 다른 곳에서 상이한 범주 장치에 따라 '잠재적인 것'le virtuel이라고 부른 것이다. 이와 같이 가능태란 새로운 것의 생산을 의미한다. 가능태에 열리는 것, 그것은 마치 사랑에 빠졌을 때처럼 우리의 경험 안에 나타난 불연속성을 수용하는 것이고, 타자와의 만남이 새로이 만들어 내는 감각의 변이에서 새로운 관계를, 즉 새로운 배치를 구축하는 것이다. 사람들이 사랑에 빠지는 상대는 그 인물이 아니라 그 인물이 표현하는 가능세계이다. 즉, 사람들은 타자 안에서 이미 실재화된 존재가 아니라 타자와의 만남에 의해 출현한 새로운 삶의 가능성을 손에 넣는다. 이와 같은 연애의 경험에서도 우리는 이중의 창조, 이중의 개체화를 발견한다. 그것은 '가능태의 창조/달성'이라는 쌍 그 자체가 가져온 것이다. 가능태는 타자와의 만남 안에서 잠재력으로서 모습을 나타낸다. 그와 같은 가능태의 달성과 실현은 결국 여러 가능세계가 접혀져 있는 삶의 새로운 가능성을 펼치는 것이고, 그것들이 품고 있는 것을 전개한다는 것을 의미한다. 그 속에는 새로운 삶 안에서 달성되지 않으면 현실화도 되지 않는, 내일 없는 (기약 없는)sans lendemain 연인들의 만남도 있다.

여기서 우리는 우리들이 생각하고 있는 것보다 훨씬 정치에 가까운 위치에 있다. 모든 정치적 대립 안에는 이 두 개의 다른 가능성의 체제가 밀접하게 겹쳐져 있다. 결국 거기에는 주어진 가능성의 조건 안쪽에 있는 양자택일(자본가/노동자, 남성/여성, 노동/여가 등)로서의 대립과, 그와 같은 역할과 기능, 지각, 정동의 할당에 대한 거부로서의 대립이 겹쳐지고 있다.

그와 같은 거부를 부정의 조작(헤겔과 맑스에 의한 것과 같은)이나 파괴의 조작으로 이해해서는 안 된다. 차라리 거부는, 눈앞에 있는 것의 정당화에 대한 저항을 가능하게 하는 일종의 행위로서 이해되어야만 한다. 말하자면 거부는 "일종의 중단 혹은 무력화無力化로 보이더라도 주어진 것의 저쪽에 주어지지 않는 것의 새로운 지평을 우리에게 여는 것"이다.

노동운동과 맑스주의의 전통이 대립을 만들어 낸 것은 언제나 '가능태의 창조/달성'의 체제를 무력화하는 것에 의해서이고,

그 체제를 정치에 종속시키는 것 — 혁명이론이 칭송하는 계획과 지도자의 두뇌 안에 있는 계획을 실현하는 것 — 에 의해서이다.[6]

포스트사회주의에서 정치운동의 전략은 이 도식과는 정반대이다. 기존의 양자택일(자본가/노동자, 남성/여성 등)을 무시하는 것은 아니다. 오히려 그들 양자택일은 종종 투쟁의 출발점이 된다. 그리고 그 전략은 분기分岐, bifurcation의 창조, 일탈의 창조, 불안정 상태의 창조를 향해 활동하고, 이항대립을 중단하고 무력화하는 것에 의해 가능태의 새로운 장을 개척한다. 그러한 정치적 활동은 이중의 창조이다. 그 활동은 가능태의 새로운 배치를 수용하는 동시에, 여러 제도 속에서, 결국은 사건 속에서 표현되는 '새로운 주체성에 대응'하는 집단적 배치 속에서 가능태를 달성하려고 한다. 이때 가능태의 달성은 위험으로 가득 차 있으면서 예견도 예단도 허락되지 않는 열린 행위가 된다.

이로부터 볼 수 있듯이, 어떤 사건이 만들어 낸 가능태의 달성에는 행위와 수용의 여러 양식이 포함되어 있지만, 어떤 주체로부

---

6. "엄밀하게 말하면 코뮤니즘은 장래에 도달할 것이 아니라 이미 현재에 경향으로 서 작용하고 있는 것이고, 현재 상황의 모순 안에 기입되어 있는 것이다. 코뮤니즘 이 미래에 관해 말하는 것을 정당화하고 있는 것이 무엇이냐면, 이론적으로 사고 할 때 그것은 자의적인 것이 아니라 생성변화 과정에 있는 현재 속에서 미래를 식 별하는 것의 가능성이다. 그러나 그와 같이 생각하면 (코뮤니즘의) 실현에 관한 구 조는 불충분하게 논의될 수밖에 없다는 것을 알 수 있다. 결국 우리는 변증법이라 는 도구를 사용하여, 언제나 미리 미래의 이미지를 품게 된다. 왜냐하면 '실현가능 한 것'은 단순히 '필연적인 것'에까지 높아진 것에 불과하기 때문이다. 한편 그에 대 해 '잠재적인 것' 쪽은 어떤 목적을 계속해서 선취하는 형식이다(그것은 미래가 현 재 속에서 계속해서 선취되는 양식이다)." François Zourabichvili, "Deleuze et le possible(de l'involontarisme en politique)", in *Gilles Deleuze, une vie philosophique*, Les Empêcheurs de penser en rond, 1998, p. 346.

터 객체로 작용하는 양식과 어떤 주체로부터 별개의 주체에로 작용하는 양식은 완전히 다르다. 가능태의 현실화와 달성은 (자연과 타자를) 변형하는 활동이 아니라 세계를 실효화하는 것이다. 가능태의 현실화는 생산하는 것, 즉 어떤 주체를 별개의 객체로의 외화外化로 향하는 것이 아니라, 노동이라는 범주의 의미를 완전히 제져 놓는 이중의 개체화, 이중의 창조, 이중의 발명 과정으로 향하는 것이다.

지금까지 가능태의 두 개의 체제에 관한 들뢰즈의 논의를 검토했다. 그 고찰에 비추어 다시 시애틀의 나날에 관해 생각해 보도록 하자. 우선 시애틀의 나날은 미셸 푸코가 그의 인생 막바지에 바라고 있었던 것이 구현된 사건이었던 것처럼 생각된다. 푸코가 바라고 있었던 것은, 정치운동은 단순한 저항과 방위여서는 안 되고, 자신[정치운동]을 창조적인 모든 힘으로서 긍정해야만 한다는 것이었다. 이는 노동운동의 전통에 근본적인 변화를 가져왔다. 지금까지 사람들은 맑스주의에 따라 변증법을 통해 대립과 투쟁의 개념을 이해해 왔을 뿐인데, 시애틀의 나날이라는 정치적 사건은 그 변증법 안에 일종의 비대칭성이 있다는 것을 명확히 했기 때문이다. 권력을 향했던 '부정'은 역시 권력과의 변증법적인 투쟁의 출발점이 아니라 생성변화에의 입구이다. '부정'은 저항의 최소 형태를 구성한다. 이 최소 형태는 창조의 과정process, 상황 변혁의 과정, 그리고 이 과정에 활발히 참여하는 과정을 개시한다. 푸코에 의하면 저항은 바로 그러한 것이다.

시애틀의 나날은 무엇보다도 신체적인 배치이고, (활동과 정열을 가져왔던) 신체들을 혼합했다. 그 배치는 개별적인 특이성과 집단적인 특이성(개인 및 조직 ─ 맑스주의자, 에콜로지스트, 노동조합, 트로츠키주의자, 미디어 행동주의자, 마녀Sorcière(페미니스트 집단), 블랙 블록(아나키스트 집단) 등 ─ 의 다종다양성)으로부터 구성된 것이고, 그곳에는 각자의 특징을 가진 신체가 공동으로 기능하는 관계가 만들어지고 있었다(그곳에는 공존하면서 공동으로 싸우는 여러 가지 방법이 있었다. 예를 들면, 노동조합은 미디어 행동주의자나 '마녀'의 방식으로는 행동하지 않았다). 더구나 시애틀의 나날에는 다수의 다양한 언표 체제(예를 들면 맑스주의자의 언표는, 미디어 행동주의자나 에콜로지스트, '마녀'의 언표와 같지 않았다)로부터 구성된 표현의 배치도 있었다. 이미 현실화하고 있는 권력관계와 욕망관계에 대항하여 신체의 배치와 언표의 배치라는 두 개의 배치가 만들어졌다.

다음으로, 이 사건은 여러 역사적 조건에서 이탈하여 새로운 것을 창조했다. 즉 신체의 새로운 혼합(새로운 의사결정 방법과 새로운 목표설정 방법에서 표현되었던, 공존의 새로운 가능적 관계)이 있었고, 표현의 새로운 혼합이 있었다. "다른 세계는 가능하다"라는 언표는 그 결과의 하나에 지나지 않는다. 결국 "다른 세계는 가능하다"라는 언표는 신체의 혼합이 가져온 효과이다. 거기에서 표현되었던 것은 신체를 기술하는 것도 표상하는 것도 아니지만, 하나의 새로운 존재를 분명하게 보여 주고 있다. 그 새로운 존재가 지니는 유효성은, 그것에 의해 현실화하는 신체가 얼마나 생성변화하는가에 달려 있다.

UC 버클리 스프라울 플라자의 프리 스피치 운동 집회. 맨앞의 인물은 프리 스피치 운동의 비공식 리더 중 한 명으로 당시 철학과 3학년이었던 마리오 사비오다. (1964년 12월 9일)

가능세계는 존재한다. 그러나 이 가능세계는 그것을 표현하는 것 바깥에는 아직 존재하지 않는다. 결국 여러 슬로건과 수많은 카메라에 의해 촬영되었던 영상의 바깥에는, 또는 신문과 인터넷, 휴대전화가 지구 전체에 바이러스처럼 퍼뜨린 발화 바깥에는 아직 존재하지 않는다. '사건은 혼 안에서 표현된다'는 말은, 사건은 새로운 평가를 만들어 내듯이 감각의 변화(비신체적 변형 transformation incorporelle)를 일으키는 것을 의미한다. 결국 사건은 욕망의 배치를 변화시키는 것이다. 그때 사람들은 우리가 사는 시대가 참기 힘들다는 것과, 그와 동시에 우리가 삶의 새로운 가능성을 가지고 있다는 것을 이해하게 된다(이처럼 세계화 globalization는 바로 투쟁을 부상浮上시켰다).

우리는 말하고 소통함으로써 이미 가능세계에 일종의 실재성을 부여한다. 그러나 이 새로운 실재성은 지금이야말로 달성되고 실효화해야만 하는 것이 되었다. 이를 위해서는 사회 속에 새로운 신체적 배치를 넓혀나가고 구성해야만 한다. 바로 그것이 또 하나의 중요한 발명이고, 예측 불가능한 위험으로 가득 차 있는 새로운 과정이다.

사건은 언표의 배치와 신체의 배치의 종합을 만들어 내는 것이고, 또 양자의 원천이기도 하다. 그와 같은 사건은 주체성과 객관성을 배분하고, 신체의 성좌와 기호의 배치를 동시에 전복한다.

시애틀 사건은 정치적인 발언과 행동을 위한 새로운 장치에 관계되어 있는 다수의 다양한 발명에 의해 미리 준비되어 있었다. 그 사건은 또한 변이 과정 중에 있는 가지각색의 이름 없는 주체의 실천으로부터 성립된 것이었다. '직접행동 네트워크'DAN는 원래 반핵운동에서 생겨난 조직이지만, 맑스주의의 교조적 담론을 버리면서 1970년대부터 모든 교훈을 끌어냈다. 미디어 행동주의자는 버클리 대학의 운동이었던 프리 스피치 운동free speech movement 7을 참고하면서 인터넷을 중심으로 하는 사이버컬처의 발전에 적극적으로 참가했고, 다양한 미디어를 능숙하게 다루면서 정치활동의 새로운 형태를 발명했다. AFL-CIO(미국 노동총동맹·산업별 조합회의)도 새로운 방침 아래에서 투쟁의 새로운 형태(예를 들면 국제택배기업인 UPSUnited Parcel Service의 파업 등)를 실천하고 있었다. 또한 그 무렵 제3세계와의 연대운동도, 사빠띠스따 연대 네트워크를 시초로 한 여러 조직에 의해 예전부터 내려온 오래된 껍질을 벗고 있는 중이었다.

---

7. [옮긴이] 1964년 캘리포니아 대학 버클리 대학교에서 정치적 활동 금지령이 내려진데 대항하여, 언론의 자유를 요구하는 학생들이 일으킨 저항운동.

그러나 사건이야말로, 그 사건을 준비했던 여러 실천을 변형시키고 그 실천들에 새로운 확증을 부여하는 유일한 것이다. 그리고 사건이야말로 새로운 객체의 가능성(새로운 정치적 세계, 새로운 트랜스내셔널리즘)과 새로운 주체의 가능성(그 주체는 이제 노동자계급이 아니라 가능태 상태에 있는 다양체다)을 창조하는 유일한 것이다.

자신의 신체기계와 표현기계를 가지고 시애틀에 도착한 사람들 모두 시애틀에서의 행동과 발언을 통해 자신들의 기계를 다시 정의할 필요성을 느끼면서 귀로歸路에 올랐다. 정치조직의 형식(신체적인 공동작업)과 언표 형식(자본주의와 혁명의 주체, 착취형태 등에 관한 이론과 언표)은 시애틀 사건의 의미를 이해하고 이 사건과 연결될 필요가 있었다.

트로츠키주의조차, '무엇이 일어났는가?', '무엇이 일어나고 있는가?', '무엇이 일어나려고 하는가?'라는 질문을 하지 않을 수 없었다. 그리고 이 사건이 일어난 후, 그들은 자신들의 행동(조직)과 발언(그들이 집착한 담론)을 이 사건과 결부지어야만 했다.

또한 여기에서 사건은 그 문제제기적인 본질을 보여 준다. 모든 사람들이 사건을 향해 열린다는 것에, 즉 새로운 질문과 새로운 대답의 영역을 향해 열린다는 것에 이끌렸다. 기성의 대답을 미리 준비하고 있었던 사람들(그와 같은 사람들은 무수히 많다…)은 사건을 경험할 기회를 놓쳤다. 우리는 그러한 정치적 비극을 이미 1968년에 경험했다. 새로운 문제에 대해 미리 준비되어 있었던 대답(마오주의, 레닌주의, 트로츠키주의)을 가지고 있다는 것은 사건을 경험할 기회를 놓치는 것이다.

사건은 집요하다. 결국 사건은 계속 활동하고 있고 여러 가지 효과를 계속 산출하고 있다. '자본주의란 무엇인가?', '오늘날 혁명의 주체는 누구인가?'라는 논의는 사건이 개입하면서 지금도 세계 속으로 계속 확산되고 있는 중이다.

*

사건의 이론은 '주체/객체' '감각적인 것/지성적인 것' '자연/정신'의 관계를 주체의 이론에서는 이해할 수 없는 지점에서 그것과는 별개의 방법으로 정의하고 구별한다. 우리는 실제로 그와 같은 고전적인 이원론적 관점 대신에 비대칭적인 두 개의 형식화 논리를 가지고 있다. 하나는 표현(혹은 언표)의 형식화, 또 하나는 내용(혹은 객체[대상])의 형식화에 관한 이론이다. 바꾸어 말하면, 하나는 가능태의 표현에 관한 배치에 대한 논리이고, 또 하나는 실효화에 관한 기계적 (혹은 신체적) 배치에 대한 논리이다.

표현의 배치(혹은 기호의 계열leçon)는 주체와 그 표현형식, 언어, 의미작용에로 회귀하는 것이 아니라, 언표의 총체에로, 즉 여러 다른 기호 체제에로 회귀한다. 언표의 배치는 하나의 표현기계이고, 그것은 주체와 언어로부터 범람하는 것이다.

기계적 배치(혹은 사물의 계열)는, 어떤 객체에로 회귀하는 것도 아니고 맑스처럼 '재화의 생산'으로 회귀하는 것도 아니다. 그것은 확실히 사회에서의 신체적인 혼교상태mélange로 회귀하는 것이다. 거기에는 모든 매혹과 혐오, 공감과 반감, 변질과 용해, 침투와 확대라는 작용이 모든 신체와 상호 영향을 주고받는다(여기에서 나는 '신체'라는 말의 의미를 크게 확장해서 사용하고 있다. 결국 그것은 형성된 모든 내용을 의미한다[8]). 이 배치는 모든 객체를 넘어선 사회적 기계이다.

여기에서 서술한 두 개의 배치는 분리 불가능하며, 주체에도 객체에도 귀속되지 않는, 이질적인 항項으로 가득 찬 다양체이다. 오히려 언표의 집단적인 배치는 주체보다도 우위에 있고, 사회적 기계의 집단적인 배치는 객체보다도 우위에 있다. 이 두 개의 배치가 하부구조와 상부구조의 관계에 있는 것은 아니다. 언표와 신체는 같은 자격으로, 배치의 부품 혹은 톱니바퀴가 되고 있기 때문이다.

이 두 개의 배치 관계와 그 통일은 사건에 의해 주어진다. 사건은 언표의 집단적 배치 속에서 표현되고 신체의 배치 속에서 실효화된다. 사건은 하나의 가능세계를 만들어 내는 것인데, 이 가능세계는 언표의 배치(다양한 언표와 기호, 얼굴visage) 속에서 표현되고 신체에서 실현된다.

여기서 가능태는 존재하지 않는 것을 지칭하는 추상적인 범주가 아니다. 즉 가능세계는 완전하게 존재한다. 그러나 가능세계는 언표의 집단적 배치의 내부에서 가능세계를 표현하는 것(언표, 얼

---

8. Deleuze et Guattari, *Mille Plateaux*, p. 114 [들뢰즈·가타리, 『천 개의 고원』]을 참조하라.

굴, 기호)의 외부에는 존재하지 않는다. 사람들은 말하기에 의해 가능태에 어떤 실재성을 부여할 수 있다. 애초에 언어 그 자체가 실재하는 가능태이기 때문이다. 이 가능세계(또는 표현된 세계)는 무엇보다도 혼의 수준에서 비신체적 변형으로서 작용하고, 느낌 sentir의 양식과 정동을 일으키는 양태, 또는 정동이 일으키는 양태를 변화시켜 간다.

이와 같이 사건은 두 개의 차원, 즉 정신적 차원과 신체적 차원이 있다. 그러나 사건 그 자체는 물질적인 것이 아니면서 정신적인 것도 아니고, 또한 주체도 아니면서 객체도 아니다. 사건은 그것들의 양쪽 다이다. 그것은 사건이 시간의 동시성(과거인 동시에 현재, 미래인 것)과 마찬가지인 것과 같다. 사건은 언표 속에 존속하고, 그 자체가 신체에 관해 말하며, 또한 신체에 관해서밖에 말하지 않는다. 그러나 사건이 언표 내부에 포함되어 있는 것도 아니라면, 신체에서 완전히 실현되는 것도 불가능하다(사건의 영속성).

이 세계는 생성변화, 잠재적인 실재성réalité, 비신체적 변형이라는 창조의 원천에 의해 이중화되고 있다. 바로 사건에 의해서야말로 주체와 객체, 물질적인 것과 정신적인 것은 항상 구별된다.

주체/노동이론의 성과를 대표하는 맑스주의의 한계는 기계적 혹은 신체적인 배치를 생산(기본적으로는 노동 분업)에 귀착시켜 버렸으며, 또 표현과 비신체적 변형, 사건을 이데올로기에 귀착시켜 버렸다는 데에 있다. 이와 같이 맑스주의는 '변증법의 영원한 기적'에의 호소에 의해 물질을 의미로, 내용을 표현으로, 사회적 과정을 의미작용의 시스템으로 변화시켜 버렸다. 20세기 전체를 통해 이 기적을 실행한 주체는 '당'이라고 불렀다.

표현을 이데올로기로 귀착시켜 버리면, 언어활동의 종합이, 즉 구성 과정에 있는 기호와 언표 체제의 통합이 실천적으로 불가능하게 될 뿐만 아니라, 창조와 사건 그리고 차이가 모순 및 그 부정으로서의 노동으로 환원되어 버린다.

이와 같은 주체/노동이론은 활동을 언제나 행위로서 정의한다. 그에 반해 사건의 철학은 사람들이 사건과 잠재적인 것에 의거하여 '할 것'과 '말할 수 있는 것' ― 그것들은 '행위'와도 '발언'과도 다르다 ― 을 배치한다.

신모나돌로지/노마돌로지

라이프니츠가 바라지 않았던 것, 그것은 유일한 세계라는 관념이다. ― 질 들뢰즈

가브리엘 타르드는 라이프니츠의 사건의 철학 논리를 어떻게 이용했던 것일까? 타르드는 '사회체를 구성하는 권력'을 가능태의 창조와 전파, 달성의 역동성에 의거하여 사고한 최초의 인물이다.[9] 혼에서의 차이화에서 출발하여 생각하지 않으면, 또는 그것들의

---

9. Éric Alliez, "Tarde et le problème de la constitution", présentation de Gabriel Tarde, *Monadologie et sociologie*, Les Empêcheurs de penser en rond, 1999, p. 25. [가브리엘 타르드, 『모나돌로지와 사회학』, 이상률 옮김, 이책, 2015.] 사회체란 사회적 세계를 의미한다.

차이의 실효화(전파)에 관해 생각하지 않으면, 우리는 부의 생산도 사회적인 것의 생산도 이해할 수 없다. 이 구성적 과정의 일반적 양태에 갖추어지는 두 측면을, 타르드는 '차이와 반복'이라고 이름 붙였다. 또한 사회적 영역에서 차이와 반복을 그는 '발명과 모방'이라고 불렀다.

고트프리트 빌헬름 라이프니츠
(Gottfried Wilhelm Leibniz,
1646~1716)

이와 같은 타르드의 논의는 주체이론, 특히 헤겔이 고찰했던 "'정신'의 노동"을 표적으로 했다. 타르드는 자신의 지적 성장기인 1860년대 전반에 걸쳐 헤겔과 라이프니츠를 읽고 있었다. 헤겔의 관념론에서 실천 개념을 차용한 맑스와는 달리, 타르드는 헤겔의 변증법, 즉 주체/객체의 변증법적 과정을 통해 '자기'와 '세계'가 구성되는 과정을 이해하는 방법에 깊은 실망을 느꼈다.

사회체의 구성 과정을 다음과 같은 특수한 관점에서 해석해 보자. 그 관점이란 타르드가 개인주의와 전체론주의 쌍방에 대해 기도했던 비판, 그리고 그 비판의 귀결로서의 새로운 협동coopéra-tion 개념에 의거한 관점이다. 이 새로운 협동 개념은 아담 스미스와 맑스의 저작에서의 그것과는 근본적으로 다르다. 즉 타르드에 의한 협동 개념은 다수 다양한 모나드들의 협동(이는 가능세계의 창조와 실효화에 관계된다)이고 아담 스미스와 맑스에서와 같은 노동 분업으로서의 협동과는 대립하는 개념이다. 타르드에 의한 이 비판은 현대에서도 여전히 유효하다. 왜냐하면 우리는 계급이라는 개념의 위기, 결국 집단적인 것에 관한 사회주의적인 사고방법의 위기에 직면해 있을 뿐만 아니라 자유주의의 이념에서 생긴 개인이라는 개념의 위기에도 직면해 있기 때문이다.

자유주의의 이론에서 개인은 처음부터 구성되었던 존재로서, 자유로운 동시에 자율적인 존재로서 상정된다. 또 사회주의 이론에서 집단적인 것은 그 자체를 산출했던 여러 특이성에서 분리되어séparée 하나의 존재로 간주된다. 그러나 그와는 반대로, 현대의 우리가 있는 곳은 완전히 새로운 상황이다. 즉 개인과 집단은 출발점이 아니라 예측 불가능하고 위험으로 가득 찬, 열린 과정의 도달점이다. 개인과 집단은 이 도달점에서 함께 창조되고 발명될 뿐이다.

우리가 이 책 전체를 통해 검토하는 것은 두 개의 이질적인 구성 과정, 두 개의 다른 정치에로 귀착하는 두 개의 존재론이다. 즉 한 쪽은 실천praxis – 이것은 이원론의(계급의) 정치를 규정한다 – 에 의거한 구성 과정이고, 다른 한쪽은 다양한 세계의 창조와 실효화 – 이것은 다양체의 정치를 규정한다 – 에 의거한 구성 과정이다.

타르드가 라이프니츠 철학을 사용한 것은 데카르트 이후에 발아되었던 주체/객체, 자연/사회, 감각적인 것/지성적인 것, 혼âme/신체corps 사이를 "가르는 심연"[10]을 다시 질문하기 위한 것이다.

타르드는 세계를 구성하는 것이 무엇인가를 명확하게 하기 위해 라이프니츠의 개념인 '모나드'를 재차 받아들인다. 라이프니츠

---

10. Tarde, *Monadologie et sociologie*, p. 33. [타르드, 『모나돌로지와 사회학』.]

가 '모나드'라는 개념을 만들어 낸 것은 사물을 구성하는 힘들을 의인擬人적인 것도 원자론적인 것도 아닌 방법으로 묘사하기 위해서이다. 각각의 모나드는 (무생물, 생물, 인간인지 아닌지는 관계없이) 다소간에 고도의 '정신적'인 힘들(욕망, 믿음, 지각, 기억 등)을 갖추고 있다고 생각된다.

우주는 기계적인 운동의 합성의 결과가 아니라 자연에 내재한 활력의 결과이다. "모든 사물은 사회다"라는 타르드의 말은 이와 같은 정신화된 유물론에 의거하여 이해되어야 한다. 즉 모든 개체 (물리적, 생물적, 인간적인 개체)는 무수한 다른 개체로부터 합성된 것이고, 각자가 다른 정치형태를 뒤따르면서 믿음과 욕망을 기반으로 하나의 통합을 이룬다.

"모든 사물은 사회다"(가장 작은 세포조차 하나의 '공장'이다)라는 말은 세계가 객체와 주체가 아니라 (물리적, 생명적, 사회적) 관계의 짜임새로부터 성립하고 있음을 의미한다. 그 관계의 짜임새는 무수한 다른 개체(물리적 모나드, 생명적 모나드, 사회적 모나드)의 포획에서 이루어진 위계hierarchie에 따라 구성된다.

"아주 극소입자인 조직에서도 모두 정치적이다. 이 분자적 정치성이야말로 사회 그 자체에 영향을 주어 거시macro 권력 형태에 승리하는 것이다"[11](여기에서 말하는 거시 권력 형태란 국가에 그치지 않는다. 예를 들어 '주인과 소유자' 관계로서의 주체와 자연과

---

11. Jean-Cler Martin, "Tarde : une nouvelle monadologie", *Multitudes,* n° 7, Exils, 2001, p. 189.

의 관계, 또는 '주인'인 동시에 '노예'와 같은 관계로서 주체와 타자와의 관계에 대해서도 해당된다).

타르드가 모나돌로지를 이용한 것은 덩어리가 된 모든 실체를 해방하기 위해서였다. 즉 타르드는 실체끼리의 작은 대립을 부정하기 위해서가 아니라, 형이상학적이면서 사회적인 이원론(주체/객체, 자연/문화, 개인/사회, 자본/노동 등)에 희생되고 있었던 역능과 잠재성을 해방하기 위해, 그리고 하나하나의 모나드에 그것이 본래 지니고 있었던 발명과 저항의 역능을 다시 부여하기 위하여 모나돌로지를 활용했다. 그래서 역사란 "똑바로 뻗어 있는 곧은길이 아니라 매우 깊고 갈림길이 무수하게 있는 도로망이다…. 한 걸음 나아갈 때마다 다른 길로의 교차로가 나타난다. 편협하고 단순한 진화론은…, 결정론을 구실로 이 위대한 진실을 부정하는 과오를 저지르고 있다."[12]

이와 같이 타르드는 모나드 속에서 주체에도 객체에도 의존하지 않는, 나아가 주체와 객체를 구축하고 발생시키고 출현시키는 다양한 관계의 관념을 찾아냈다.

타르드의 모나드는 다음과 같은 두 가지 커다란 특징을 지닌다. 그 모나드는 활동을 생산으로서 아니라 사건의 논리에 의거하여 세계의 창조와 실효화로서 이해하는 것을 가능하게 한다. 또한 그 모나드는 특이성과 다양체 사이의 관계를 개인주의와 전체

---

12. Gabriel Tarde, *La logique sociale,* empêcheurs de penser en rond, 1999, pp. 255~256.

론주의의 대립과는 별개의 논리로 고찰하는 것을 가능하게 한다.

모나드는 특이성임과 동시에 다양체이기도 하다. 왜냐하면 모나드는 자신을 품고 있는 세계를 구성하고 있는 모든 관계를 그 내부에 포함하고 있기 때문이다. 모나드가 특이성인 이유는 모나드가 그들 관계 전체의 일부분밖에 뚜렷이 표현하지 않기 때문이다(그 남은 부분은 모나드가 개체화하는 과정에 의해 활동적이게 될 어두침침한sombre 기반을 이루고 있다). 사회학의 언어를 사용하면, 특수한 (혹은 특이한) 관점으로부터 표현되는 것이라고 해도 사회적인 것은 개인 속에 잠재적인 모습으로 포함되어 있다. 그래서 모나드는 그 자체가 사회이며 공적인public 공간이다.

모나드의 존재양식은 차이이다. 결국 하나의 모나드로서 '존재하는 것'은 다른 모나드와 다르다는 것이다. 모나드는 어떠한 사물로도 환원하는 것이 불가능한 특이성이고, 고유명(아담, 케사르, 나, 당신 등)이다. 분명히 라이프니츠는 모나드를 개별적인 실체라고 생각하고 있었는데, 타르드는 또 하나의 다른 지점을 강조하면서 그 의미를 확장했다. "기억해 두어야만 하는 것은, 각자의 모나드는 다르다는 것이다"라고. 타르드에 의하면, 모나드의 존재를 정의하기 위해서는 실체의 관념을 끌어낼 필요는 없으며 차이의 관념에 호소하기만 해도 충분하다. 즉, '존재하는 것'은 '다르다는 것'이다. 이처럼 타르드는 라이프니츠가 개시했던 '존재의 탈실체화'의 작업에 다시 착수하여 그것을 자신의 개념으로 밀고 나갔다.

이때 우리는 타르드의 모나돌로지에 의해 맑스가 언급한 '임의의 주체성'을 고찰할 수 있게 된다. 정치경제학자들과 마찬가지로 맑스 역시 '임의의 주체성'을 경제주체(노동자)와 그 노동이라는 기성의 틀cadre prédéfini 안에 집어넣어 버렸기 때문에 그 의미를 이해할 수 없었다. 그래서 이 '임의의 주체성'이 존재한다면, 그것은 그와 같은 기성의 틀 속에서 수습될 수는 없다. 우리는 바로 모나드의 관념에 의해, 미리 정해진 것 없는 활동을 생각할 수 있게 된다. 즉, 모나드의 활동은 어느 행위에 귀착하는 것이 아니라, 창조를 개시하는 것과 실효화하는 것(혹은 예측 불가능한 연쇄 작용의 실마리가 될 개시를 확장하는 것)에 귀착한다.

모나드의 작용은 무엇보다도 느낌sentir과 관계하고 있다. 작용하는 것은 감각 전체의 현실을 (일방적 또는 상호적인 작용양식에 따라) 변화시키는modifier 것을 의미한다. 세계를 창조하고 실효화하는 것은 무엇보다도 믿음과 욕망, 그리고 의지와 지성에 대해 작용하는 것, 즉 정동에 대해 작용하는 것을 의미한다.

작용을 세계의 창조와 실효화로서 포착할 때, 행위와 발언 사이, 물질적 생산과 이데올로기 사이, 주체와 객체 사이, 사물과 기호 사이에 위계를 설정하여 양자를 구별하는 것은 이제 의미 없게 된다. 하나의 세계는 (하나의 본질이 아니라) 하나의 사건에 기반한 관계의 다양체다. 그들 관계가 전제하고 있는 것은 사건이다. 그 사건은 이미 고찰해 왔듯이 느낌 – 즉 모나드의 욕망과 믿음, 정동 – 의 변형에 의해 작용한다.

그래서 세계의 창조와 실효화는 물질적인 사물의 개념과 생산으로 환원되지 않는다. 세계의 창조와 실효화는 무엇보다도 느낌에 관계하고 있는데 그것은 이미 '이데올로기'의 구축이나 보급과 동일시하는 것이 불가능하기 때문이다. 또한 거기에서 생기는 감각 양식의 변화^{modifications}는 우리에 의해 '실재'^{réel} 세계를 은폐하는 것이 아니라 '실재' 세계를 구성하는 것이기 때문이다.

모나드가 작용하는 힘은 하나의 역능이다. 그 역능은 어떤 종류의 인과성을 지니고 있으며 완전히 특별한 양식으로 작용한다. 즉 어떤 정신으로부터 거리를 두고 있었던 다른 정신에로 작용하는 것이다.

모나드의 작용양식을 이해하기 위해서는 '잠재적인 것'^{le virtuel}과 '현재顯在적인 것(현실적인 것)'^{l'actuel}의 관계부터 고찰해야 한다. 모나드는 그 자신 속에 이념적인 생성적 요소, 즉 내적인 힘을 지니고 있다. 그 힘은 모나드가 변화시키고, 고유의 존재양식을 창조하고, 고유의 세계를 창조하는 것의 원인이 되고 있는 것이다. 하나하나의 모나드는 잠재적인 다양체이며, 그것이 하나의 전체성을, 하나의 특수한 통일을 만들어 낸다. 이와 같은 모나드는, 타르드가 쓰고 있듯이, "에피쿠로스의 원자 안에 플라톤의 이념을 잉태시키는" 것이 된다. 그래서 모든 모나드는 현재화된 세계만이 아니라, 가능세계이고 잠재적인 세계다.

타르드의 신모나돌로지에서 '잠재적인 것'은 세계 속에 정신이 함입되어 있는 것을 묘사하고 있지만, 그 묘사방법은 헤겔주의의 관념론(그리고 헤겔, 맑스에서)이 고찰해 왔던 방법과는 근본적으로 다르다. 정신('잠재적인 것')은 세계에 내재해 있는 것이고, '현재(현실)적인 것'과는 완전히 구별되는 것이다. '잠재적인 것'은 우리의 실재성의 비신체적 부분이다.

시몽동Gilbert Simondon의 말을 빌리면, 다음과 같이 쓸 수 있을지 모른다. 즉, '잠재적인 것'은 존재 속에 '준準안정적métastable인 균형'을 결정한다. 또는 다른 식으로 말하면 존재가 그 자체와 동일하게 되는 것을 방해하는 잠재력의 차이를 만든다. 존재는 자신 속에 차이화를 일으키는 내적 요인을, 즉 잠재력의 차이를 품고 있다. 그래서 존재는 항상 하나의 통일을 넘어서는 것이다. 시몽동과 마찬가지로, 우리도 또한 개체횡단적인transindividuelles 모든 관계에 관해 쓸 수 있을 것이다. 모나드의 어두침침한 기반은 개체성에 앞서 있고 또한 개체성을 만들어 내는 모든 관계의 총체이기 때문이다. 타르드에게 이와 같은 잠재력의 차이는 항상 정동적인 힘에, 그러니까 느낌에 기반하고 있다. 실제로 모나드는 특이성이고 차이이다. 그리고 차이란 느낌이고 정념pathos이다.

신노마돌로지가 정치경제학과도 맑스주의와도 구별되는 것은, 임의의 주체성의 협동이 노동자의 협동이나 자본가의 협동에 앞서 있기 때문이다. 바꾸어 말하면, 세계의 창조와 실효화(감각적 사물의 창조와 달성)가 분업에 앞서고, 분업을 뛰어넘고 있기 때문이다. 감각 양식의 표현과 구축은 생산양식에 의존하고 있기는커녕, 경제의 노동보다 이전에 있다. 앞으로 이어질 논의는 이상과 같은 전제 위에서 읽혀져야 한다. 왜냐하면, 여기서 말한 협동 개념에서 출발해야 우리는 정동의 경제에 관하여, 감각적 사물의 경제에 관하여 고찰할 수 있기 때문이다.

포위^{clôture}에서 포획^{capture}으로

우리는 지금까지 빠른 걸음으로 타르드가 라이프니츠의 철학에서 차용한 몇 개의 개념을 검토했다. 그러나 타르드의 신모나돌로지와 라이프니츠의 모나돌로지 사이에는 근본적인 차이가 있다. 양자의 차이는 특히 타르드가 모나드에 의한 세계의 구성 과정에 관해 기술할 때, 즉 다양한 특이성의 작용으로부터 성립하는 공동존재^{ensemble}와 협동, 조정^{coordination}에 관해 고찰할 때 명확해진다. 서로 완전히 이질적인 모나드들의 관계는 과연 어떻게 조정될 것인가? 우리는 그 물음에서 출발하여 모나드의 정치를 생각해야 한다.

라이프니츠 철학에서 모나드는 포위와 선별^{sélection}이라는 두 가지 조건에 놓여 있다. 라이프니츠의 모나돌로지에서는 모든 현상은 혼돈상태밖에 없고, 그 상태는 무수한 동인^{動因, agent}의 다양성이 가져온 작용에서 유래한다. 그러나 각자의 동인은 맹목이다. 모나드에는 문도 창도 없어서 각각의 모나드 사이에는 직접적인 교류가 없기 때문이다. 그와 같은 모나드들의 관계 조정은 보편적인 일치를 전제하고 있다. 그것은 완전히 독립적으로 자율적인, 완전히 특이적으로 자폐적인 모든 존재(모나드들)의 다양성에 의해 전제된다.

라이프니츠의 모나돌로지에서 여러 가지 모나드 사이의 일치 혹은 소통은 신에 의해 보증된다. 세계 및 그 객관성과 현실성은 각각의 모나드 사이의 관계와 엄밀한 의미에서 일치되고 있다. 세계는 그것을 표현하는 모나드의 바깥에는 존재하지 않기 때문이다. 한편으로 모나드는 세계를 위해 존재하고 있고, 다른 한편으로 세계는 그 부분밖에 명확히 표현되지 않는 방식으로 각각의 모나드 속에 포함되어 있다. 소프트웨어 개발자가 프로그램 하는 것과 마찬가지의 의미에서, 신은 무한히 가능한 조합 중에서 선택하는 것에 의해 모나드와 세계를 동시에 '프로그램'한다. 유물론자가 원자의 구성물을 설명하기 위해 보편적 법칙, 즉 "어떠한 것에도 유래하지 않는, 만물이 따르지 않으면 안 되는 신비한 명령"을 상정해야만 했듯이, 라이프니츠도 또한 모든 모나드의 일치를 설명하기 위해 '예정조화'를 상정해야만 했다.

타르드의 신모나돌로지에서는, 모나드와 세계 사이의 일치와 교착, 교차가 신의 은총에 의해서가 아니라 모나드 자신에 의해 보증된다. 라이프니츠의 모나드는 "축소시킨 세계를 특정한 각도에서 그려낸 어두컴컴한obscure 방"이었다. 그러나 타르드의 모나드는 그것과는 달리, 스스로가 세계이거나 또는 세계가 되기를 원망願望하고 있다. 그러한 타르드의 모나드는 보편적인 시공간 속에 존재하고 있는 것이 아니라 각각 고유의 시간성과 공간성을 낳고 있다. 모나드는 열리고, 문도 창도 지니고 있어서 서로 작용한다. 각각의 모나드는 "서로의 바깥에 존재하는 것이 아니라 서로에게 침투한다."[13]

엄밀하게는, 누구도 모나드에 관해 이 이상 말할 수는 없다. 그

---

13. Tarde, *Monadologie et sociologie,* p. 56. [타르드, 『모나돌로지와 사회학』.]

러한 모나드를 제약하는 것은 그 무엇 도 없으며, 각각의 모나드는 "무한히 넓 어져 가는 작용영역이고…, 그 모든 영 역은 서로 침투하고 있어서 각각 요소 의 영토가 되고 있"[14]기 때문이다. 유물 론이 점(원자)의 연속에 한정해서만 보 려고 할 때, 타르드는 상호 침투하는 작 용영역, 즉 믿음과 욕망의 흐름을 확인 했다. 그가 모나드라는 용어를 계속 사

장-가브리엘 타르드
(Jean-Gabriel Tarde,
1843~1904)

용하는 것은 흐름의 연속성과 불연속성을 그려내기 위해서이고 흐름을 특이성의 배치로서, 또 일련의 특이성으로서 사고하기 위 해서이다.[15]

그래서 20세기 사건의 철학에서 각각의 모나드는 하나의 잠재 적인 우주이고, 하나의 가능세계이며, 상호 교류하고 만나는 복수 의 가능세계이다. 결국, 우리는 예정조화에서 (바흐친에게서 다시 발견된 별도의 음악적 메타포에 의하면) 다성악적인polyphonique 조 합으로, 초월적인 조직화의 과정에서 내재적인 구성 과정으로 이 행한다.

타르드는 모나드를 '개방'ouvrant에 의해 특이성을 구성하는

---

14. 같은 책.

15. 윌리엄 제임스의 '의식의 흐름'과 화이트헤드의 파동, 베르그손의 순수 지속과 마찬 가지로 타르드의 '흐름'은 사건 또는 관계(모나드 '사이에' 존재하는 것)이다. 의식의 흐름은 주체에 속해 있지도 않고 의존하지도 않는다. (칸트와 후설에 따라) 그것은 순수한 내재이다.

'속성(특성의 소유)'propriété이라는 의미에서의 '가짐'avoir 또는 '전유'appropriation, '소유'所持, possession의 철학이라고 불릴 수 있는 사상을 전개한다(이 철학은 들뢰즈에서 '포획의 이론'이 된다).

이질적인 모나드 사이의 차이는 전유의 역능 ― 각각의 모나드에 의해 표현된다 ― 의 다양성에 의존한다. 모든 힘은, 가령 그것이 무한소無限小의 힘이어도, '가짐'에 의해 생기를 부여받는다. 따라서 소유는 어떤 힘에서 다른 힘으로의 작용을 결정하는 것이다. 그리고 어떤 모나드는 다른 모나드를 소유하고 포획하는 것에 의해 그 모나드에 변화를 일으키기 시작하고 그 모나드의 감각 양식을 변화시킨다.

사회란 무엇인가? 근원적 차이의 공존이란 무엇인가? 사회 혹은 차이의 공존, 그것은 "매우 다채로운 형태로서의 각자各人에 의한 전원의 상호적인 소유"이다. 사회는 "동료concitoyen를 소유하고 그리고 동료에 의해 소유되는" 방법에 따라 정의된다. 설득에 의해, 사랑에 의해, 두려움에 의해 믿음과 욕망의 공통성에 의해, 그리고 부의 생산에 의해 "사회의 제요소는 무수한 방법으로 서로 결합되고 끌어당긴다."16

예전부터 사람들은 존재의 다양한 단계degrés의 목록을 만들면서도, 다른 한편으로 "소유의 다양한 단계를 분류하는 것에는 전혀 생각이 미치지 못했다."17 철학이 동사 '있다'être에 정열을 기

---

16. Tarde, *Monadologie et sociologie,* p. 85. [타르드, 『모나돌로지와 사회학』.]
17. 같은 책, p. 89.

울이면서 그것을 진정한 현자의 돌로 여겼던 것은 철학이 존재를 실체로서 계속 생각해 왔기 때문이다. 그러나 세계가 관계이고, 사건이고, 가능태라면, 전유와 소유만이 세계의 구성을 설명할 수 있는 유일한 개념이다. "각각의 모나드가 세계를 자신 쪽으로 끌어당기는 것, 그것은 자신을 보다 잘 파악하는 것이기도 하다. 각각의 모나드가 서로가 서로의 일부를 이루고 있는 것은 확실한데, 그 모나드들은 많든 적든 서로 전유할 수 있고, 또 더욱 높은 정도의 소유를 바라고 있다. 그 때문에 모나드들은 점점 집중해 간다. 또한 모나드들은 무수히 다른 방법으로 서로가 서로를 전유할 수 있으며, 각각의 모나드는 다른 모나드를 전유하는 새로운 방법을 알고 싶어 한다."[18]

타르드의 사회학은 모나드의 두 개의 본성 ─ 호전성과 공감성 ─ 에 관한 견해, 즉 관념적 혹은 실천적인 지식과 결코 분리될 수 없다. 모든 힘(혹은 모든 모나드)이 대립하거나 또는 교감하는 것은 각각의 모나드가 일방적 또는 쌍방적인 전유에의 의지를 가졌기 때문이며, 모나드의 역학은 그로부터 설명된다.

이와 같이 하나하나의 상호작용, 하나하나의 해석, 하나하나의 상황에서, 그것이 비록 일상적이고 사소한 것이었다고 해도 각각의 모나드는 다른 모나드에 대해 전유와 종속 작용을 표현한다. 하나하나의 상호작용에서 그 상호작용이 소통적인지 실천적인지에 관계없이, 어떤 모나드는 다른 모나드에 대해 지도하든지 지도

---

18. 같은 책, p. 93.

되든지 어느 한 쪽이다. 사회관계는 무엇보다도 타자의 행동을 조작하는 전략에 의해 정의된다. "결국 집단적인 것이든 개인적인 것이든 행동의 방향을 고찰하는 것이 중요하다."[19]

　여기서 전유는, 소유에 관한 개인주의와 맑스주의의 견해와 마찬가지로 구성적인 관계다. 그러나 타르드의 신모나돌로지가 이 것들과 다른 점은, 전유 즉 구축의 역능이 단순히 자본주의적 관계에 포함된 것으로서의 소유권과 주체를 보여 주는 것만이 아니라 임의의 관계에 들어서고 있는 임의의 주체성도 보여 주고 있다는 것이다. 일방적인 포획과 쌍방향적인 포획과의 차이, 혹은 일방적 소유와 상호적 파악의 역능과의 차이는 자유와 종속의 정도를 결정하는 요인이다. 그 정도에 상응하여 각자의 모나드는 서로 작용하려는 것이다.

가능세계의 선별^{sélection}

　라이프니츠에게 세계는 신의 은총에 의해 구성된다. 신의 은총은 세계를 구성하는 해당 모나드들을 일거에 모으고 조화시킨다. 신의 오성 안에는 사전에 완벽하게 결정되었던 가능세계(이 세계와는 내용이 다른 별도의 세계)가 무한하게 존재한다. 그리고

---

19. Gabriel Tarde, *Les transformations du pouvoir,* Les empêcheurs de penser en rond, 2003, p. 65.

신은 선별을 통해, 이 무한의 가능세계에서 최선의 것을 유일하게 존재하는 세계로 이행시킨다. 신의 오성 안에 남아 있는 가능세계는 불가능한 세계가 아니라 현재화된 세계와는 공립共立(공존 양립)이 불가능한incompossible 세계이다. 라이프니츠에 의하면, 아담이 죄를 범한 세계(우리의 세계)는 아담이 죄를 범하지 않은 세계(이는 전자와는 절대적으로 다른 세계이다)와는 공립 불가능하지만, 그것이 가능하지 않다는 것은 존재할 수 없다는 뜻은 아니다. 죄를 범한 아담과 죄를 범하지 않은 아담이 모순인 것은 양자가 동일한 세계에 포함되어 있을 때뿐이다. 그러나 라이프니츠가 생각하듯이 만약 무수한 가능세계가 있다고 한다면, 죄인 아담과 죄를 범하지 않은 아담은 다른 세계에 존재할 수 있는 것이 된다. 그때 양자가 살고 있는 세계는 단지 공립하는 것이 불가능한 세계에 지나지 않는다.

타르드가 고찰했던 세계의 현실은 라이프니츠의 그것과는 완전히 다르며, 우리가 있는 현상 세계와 겹친다. 현대의 우리는 이미 라이프니츠 철학에서 배제되었던 것이 현실화되려는 상황에 있다. 그것은 모든 공립 불가능한 세계가 동시에 존재하는 것이 가능하게 되는 세계다. 다양한 세계, 분기分岐하는 세계는 이미 신의 오성 안에 존재하는 것에 지나지 않는 것이 아니다. 들뢰즈가 지적하듯이, "그런 일이 가능하다. 최초originale의 관계인 공립 불가능성은 불가능성이나 모순과는 구별되는 관계이기 때문이다."

이와 같이 타르드의 철학은 주체의 철학과 근본적으로 다르다. 주체의 철학에서는 주체를 구축하는 다만 하나의 가능세계가 있을 뿐이다. 주체의 철학(혹은 노동의 철학)은 최종적으로는 동일성에 관한 제이론의 분석으로 귀착한다. 주체의 철학은 다만 하나의 세계만 가능하다는 전제에 서 있기 때문이다. 사회과학은 이와 같은 주체의 철학을 모델로 하여 쌓아올려지고 있다. 각각 방법은 달라도, 서로 보완하고 있는 것이다.

한편, 신모나돌로지는, 다양한 특이성으로 가득차고 다양한 가능세계가 거주하는 하나의 기묘한 세계를 생각할 수 있음을 인정한다. ─ 그와 같은 세계가 우리가 존재하는 세계이다. 우리가 존재하고 있는 곳은 다양한 다른 세계의 소란으로 가득 찬 세계이다. 그 다른 세계들의 그 어떤 것도 동시에 현재화되기를 바라고 있다. 이러한 사고방식은 정치, 경제, 삶과 대립에 대한 별도의 사상을 전제로 삼고 있다.

그러나 우리의 모나드 ─ '신의 죽음'이 가져온 기회와 곤경에 직면하고 있는 ─ 로 돌아오자. 이 모나드는 이중의 문제에 직면하고 있다. 모나드는 자유임과 동시에 무력함이기도 하다. '신의 죽음' 이후의 모나드는 다수의 다른 모나드의 협력 없이는 운동이 불가능하기 때문이다. 결국 "모나드는 그 자신만으로는 무엇도 가능하지 않다. 그것이야말로 가장 중요한 사실이다. 이로부터 또 하나의 사실이 직접적으로 설명된다. 즉, 모나드에는 집단화하는 경향이 있다는 사실이다."[20] 하나의 모나드의 힘은 그 역능을 증대시키기 위해 전유 관계와 포획관계를 통해 다른 모나드의 힘과 합성되

---

20. Tarde, *Monadologie et sociologie*, p. 66. [타르드, 『모나돌로지와 사회학』.]

어야 한다.

그러나 모나드는 또 다른 이유로 곤경에 직면하고 있다. 즉 신이 사라지고 신에 의한 예정조화도 없어졌기 때문에, 각자의 모나드는 무한한 가능세계에 걸쳐 있는 그대로 복수의 세계에 동시에 참가할 수 있게 되었다.

이 이중의 무력함(모나드 그 자신이 내맡겨져 있다는 것, 모나드가 다른 세계에 걸쳐 있다는 것)은 타르드의 모나드가 라이프니츠의 신에서 이어받은 것이다. 실제로는, 이는 곤경이 아니라 이중의 기회이다. 왜냐하면 각각의 모나드는 선별의 역능을 자신의 것으로 하여, 생각하는 바 그대로 사용하는 것이 가능하기 때문이다. 또는 다른 말로 하자면, 모나드는 여러 모나드의 계열을 배치하고 그들 계열 사이의 관계를 조정하는 능력을 가지게 되기 때문이다. 각각의 모나드는 무한의 세계를 창조할 가능성을 붙잡는다. 타르드의 모나드는 창조와 구성의 역능을 신으로부터 이어받는다. 바야흐로 은총(배치의 역능과 그것을 조정 또는 수렴의 역능)은 모나드에 내재하게 되었다. 모나드는 스스로 특이성을 구성할 수 있게 된 것이다.

"모든 사회적 조정 원리 및 원천은 일반적인 사실 안에 머물러 있지 않다."[21] 결국 사회적 조정 원리는 시장과 가치법칙, 국가, 변증법 등의 안에 있는 것이 아니라 모든 모나드에 내재적인 구성적

---

21. Gabriel Tarde, *Les lois sociales Esquisse d'une sociologie*, Les empêcheurs de penser en rond, 1999, p.112. [가브리엘 타르드, 『사회법칙』, 이상률 옮김, 아카넷, 2013.]

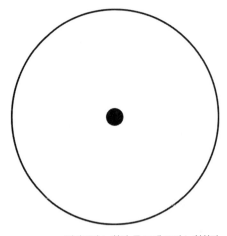

피타고라스 학파 등 고대 그리스 철학자들은 원 안에 점이 있는 이러한 형상으로 제1존재, 모나드를 나타냈다.

작용 안에 있다. 현실의 조화를 설명하는 데 있어서 — 라이프니츠의 모나돌로지와 같이 — 이제 신의 은총을 전제할 필요가 없게 된 이상, 모든 힘은 가령 그것이 무한소無限小인 것이어도 일종의 조정적인 원리를 표현하게 된다. "각각의 기관은, 그리고 각각의 기관 내의 각 세포와 각각의 세포 내의 각각의 요소는 자신 안에서 자신을 위해 작은 은총을 가지고 있"기 때문이다.[22]

이제 우리 앞에는 세계의 구성 과정을 그려나가기 위해 필요한 요소들이, 특이성 혹은 모나드라는 근원적 차이의 공존을 고찰하기 위해 필요한 요소들이 모두 등장했다. 세계의 구성을 이해하기 위해 자연과 사회, 주체와 객체, 개인적인 것과 집단적인 것, 미시micro와 거시macro를 분리할 필요가 없게 되었다. 이제 우리에게는 모순 개념도 부정 개념도 필요 없게 된 것이다.

집단적인 것collectif에 대한 비판

---

22. 같은 책.

타르드에 따르면, 사회의 기능은 뇌의 기능, 즉 사회적 뇌의 기능과 같은 것이다. 신체적 기능과 지적 기능(현대의 범주로 말하면 재생산노동과 비물질적 노동, 혹은 물질적 노동과 인지적 노동(인지적 노동에 관해서는 이 책 3장을 참조)의 위계에 의해서는 근대 사회의 역동성이 설명될 수 없다. 양자를 합한 전체에서야말로 근대사회는 "개인의 작은 뇌를 세포로 하는 거대한 집단적 뇌"[23]가 되기 때문이다.

뇌를 구성하는 요소들의 등질성과 획일성, 그리고 그 기능 면에서의 상대적 동등성은 현대 사회에서 개인들의 문화적 정치적인 동질화의 원인이다. 사회는 문명화해 가면서 '탈유기체화' 된다. 사회는 예전의 '기계적 연대'와 '유기적 연대'[24]를 동시에 잃어버리기 때문이다. 사회는 모든 종교적·도덕적 코드를 해체하고 개인은 예전의 차이를 잃어버리지만, 그 대신에 보다 심층적이고 보다 미세한 차이를 창조할 가능성을 손에 넣는다. 실제로 개인의 등질성과 획일성은 개인의 유동성과 유연성의 또 다른 측면이고, 보다 풍부한 특이화와 다양한 사건이 일어나기 위한 조건이다. 그리고 그 사건들은 사회적 뇌와 그로부터 산출된 사고에 영향을 준다. 그렇다면 사회와 비교하기에 어울리는 것은 어떤 유기체나 "어떤 예외적인 기관이 아니라 어떤 종류의 고차원적인 심리적 메커니즘이다."[25]

---

23. Tarde, *La logique sociale*, p. 218.
24. 같은 책, p. 225.
25. 같은 책, p. 223.

이에 타르드는 사회적 영역에서 특이성(모나드)의 조정과 그 작용을 '뇌의 협동'으로 고찰한다. 이 협동은, '뇌' 혹은 고차원의 심리적 메커니즘이라는 형태를 취하면서, 믿음과 욕망의 원격遠隔 작용에 의해 서로 움직이는 다양한 특이성으로부터 구성된다.

뇌의 협동 현상은 공장에서의 '생산적 협동' 현상과는 동일하지 않다. 그 현상은 여러 뇌의 사이를 흐르는 정동적 관계(아직 표상의 형태를 가지지 못하고 있는 믿음과 욕망의 흐름)의 접속 능력('…와…'), 이접의 역능('…또는…'이라는 배타적이면서 포괄적인 이접), 그리고 해체와 합성을 일으키는 역능에 의거하고 있다.

개개의 뇌는 뇌의 모든 힘 또는 정신적인 모든 힘의 네트워크에서 중계점으로 기능하는 것으로, 여러 흐름을 만들어 내거나(모방), 그들 흐름을 분기시킨다(발명). 그러나 욕망과 믿음의 흐름은 모든 개인의 뇌의 어떠한 부분과도 들어맞지 않는 것이다. 여러 흐름의 원천이 되고 있는 것은 뇌가 아니다. 그와는 반대로 뇌 쪽이 그것들의 흐름의 순환과 접속, 이접에 의존하고 있다.

타르드의 사회학에서 '집단'과 '사회'라는 용어는 개개의 뇌를 요소로 하여 구성된 전체를 의미하지 않는다. 반대로 그 용어들은 개개의 뇌의 특이성과 다양성을 융합하고, 추상화하고, 한곳으로 모으며, 그것을 개개의 뇌로부터 초월한 하나의 현실로 보는 것이 전혀 불가능하다는 사실을 의미한다. 확실히 사회는 하나의 전체를 이루고 있다. 그러나 그것은 개개의 부분을 초월한 것이 아니라는 점에서 놀라운 하나의 전체이다. 사회학자와 경제학자들은 이 특징을 무시해 왔다. 그들은 사회를 구성하는 개인(특이성)과 분리하여 [사회를] 취급할 수 있다고 생각하고 있는 것이다.

그러나 타르드가 주장하는 전체란 어떻게 성립하는가? "완성된 종교, 확립된 언어와 관습 등의 권위 혹은 체계^{édifice}"는 어떻게 만들어지는 것인가? 그것은 어떻게 일상 안에서 재생산되는 것인가?

사회적 전체는 다양한 특이성의 협력에서 생겨난다. 여러 특이성은 서로 작용을 미치면서 서서히 신체적 또는 정신적 관습을 넓혀 간다. 그 전파는 모든 모나드가 형성하는 네트워크^{réseau}를 통해 어떤 때는 천천히, 어떤 때는 바이러스 감염이 확대될 때처럼 급격한 속도로 진행된다.

그와 마찬가지 방식으로, 사회적 전체의 재생산도 결국 여러 특이성이 서로에게 특수한 작용을 미치면서 이루어진다. 이 전체(결국 사회와 제도)를 붕괴시키기 위해서는 모나드들이 이 전체를 재생산하려는 믿음과 욕망의 방향을 변화시키는 것만으로 충분하다. 따라서 이 전체는 그것을 구성하는 여러 특이성으로부터 독립한 실재성일 수는 없다. 그것은 모든 정치적 위기와 사회적 위기가 직접적으로 보여 주고 있는 것이기도 하다.

*

사회적인 영역에서, 특히 가치(경제적 가치 또는 사회적 가치)의 설명에서 타르드는 라이프니츠에서 유래한 개념을 어떻게 이용했는가. 이 점에 대해 지금부터 상세하게 살펴보고자 한다.

여러 가치가 어떻게 구성되는지, [타르드는] 고전경제학과 맑스 경제학에서처럼 노동과 생산에 의해서가 아니라 발명과 모방의 배치, 그리고 가능태의 창조와 그 실효화에 따라 설명한다.

모든 발명은 (위대하든지 사소하든지간에) 사건이다. 그 사건 은 그 자체 안에는 어떠한 가치도 포함하지 않지만, 가능태를 새 롭게 창조하기에 모든 가치의 전제조건이 된다. 발명은 여러 믿음 과 욕망의 흐름 사이의 협동이고, 연결이며, 그들의 흐름을 새로 운 방법으로 재편성하는 것이다. 더구나 발명은, 일종의 구성적인 힘이기도 하다. 발명은 결합과 배치를 통해 여러 힘들을 만나게 하여 그 힘들을 새로운 역능과 새로운 구성으로 표현하고 표출하 기 때문이다. 그때까지 잠재적인 상태에 머물러 있었던 힘을 현재 적顯在的인 힘으로 변환하는 것이다.

발명은 항상 다양한 모나드가 참가하는 공동적인 창조이다. 그리고 이 공동적인 창조는 항상 모나드들의 상호적 포획이다. 그것은 뇌의 포획이고 네트워크 내를 순회하고 있는 믿음과 욕 망의 포획이다. 결국 발명은 사건의 정신적 차원을 표현하고 있 는 것이다.

발명은 운동 중의 다수의 의식이 "자연적으로 또는 우연적 으로 협력하는" 일로부터 일어난다. 즉 타르드에 의하면, 발명이 란 복수-의식multi-conscience의 산물이다. 발명의 시원에서는 모두 가 이 복수의식에 의해 이루어지고, 그 후에 발명은 단수-의식uni-conscience을 통해 드디어 모습을 나타낼 수 있다. 예를 들어 전화의 발명도 기원에서는 많은 무명의 발명가들의 공헌에 의한 사소한 발명들의 부조화한 집합이었다. 그 후 어느 때가 되면 동일한 정신 안에서 작업이 시작되고 끝나며, 어느 날 전화라는 완성된 발명품이 돌연 이 세상에 출연한다. 이처럼 발명은, 어떤 한 사람 개인의 뇌 안에서 일어났던 일조차도 항상 다양한 모방의 흐름(관념, 습관, 몸짓, 지각, 감각) 사이에 일어나는 마주침이고 잡종형성 hybridation이며 협력이다.

특이성, 차이, 가능성의 창출로서의 창조행위는, 차이를 사회적 양으로 변환하는 실효화 과정(결국 모방에 의한 반복과 전파 propagation)과 구별되어야 한다. 발명이 모방을 통해서 실효화하고 전파하는 것은, 사건의 신체적 차원을, 즉 사건이 구체적인 공간·시간 속의 배치에서 실재화하는 것을 의미하고 있다. 이와 같이 각각의 새로운 개시, 각각의 새로운 발명은 모두 구축된 관계들의 직물 안으로 다시 짜 넣어진다. 그 새로운 개시가 협동의 네트워크 안으로 짜 넣은 것은 이어 새로운 별개의 창조 과정을, 즉 별개의 예측 불가능한 사건을 개시하는 결과를 낳는다(들뢰즈는 그와 같은 전파를 '사건-전파'라고 말하고 있다). 예를 들면, 한 번 발명되었던 전화가 가치를 획득하기 위해서는 점차 [사회에] 보급되어야 하고, 사회적 습관 안에 짜 넣어져야 하며, 나아가 사회적 습관을 변화시켜 하나의 신체적 습관이 되어야만 한다. 그렇지 않다면 그 전파의 흐름은 도중에 장애에 부딪치고, 분기하고, 방향을 변화시켜 별개의 새로운 발명이 되었을 것이다.

이처럼 가치는 발명과 그 전파에 따라 어떤 잠재성의 표현과 그 사회적 실효화에 의해 형성된다.

사건을 구성하는 과정의 두 개의 차원(정신적 차원인 발명과 물질적 차원인 실효화)은 서로 영향을 주고받고 서로 이용한다. 이 두 개의 측면에서 이루어지는 사건의 구성 과정은 예언 불가능하고 예견 불가능한 것이어서 위험을 동반하게 된다. 발명도 사회적 보급도 명령에 따라 이루어지지는 않기 때문이다.

그와 같은 구성 과정은 바로 차이와 반복으로부터 성립한다. 구성 과정은 생성변화^{devenir}하고, 변신하며, 계속 차이화하는 차이이기 때문이다. 즉 구성과 생성변화는 같은 의미이다.

*

창조를 사건에서의 마주침, 합성, 간섭, 잡종형성으로서 포착하는 이론에서 발명은, 집단적 작용 또는 사회적 작용을 보충하는 차원을 포함한다는 것을 여기서 강조해 두어야 할 것이다. 확실히 발명은 항상 협력이고, 협동이며, 공동 작업이지만, 동시에 발명은 그때까지 개인 내부와 사회 내부 양쪽에 구성되어 있었던 것, 개체화되어 있었던 것, 습관화되어 있었던 것을 중단하는 작용이기 때문이다. 발명은 항상 존재와 그것의 개체화를 낳는 차이를 창조하는 과정이다. 모든 발명은 개인과 사회에 정해져 있었던 규범과 규칙, 습관으로부터의 단절이다. 발명이란 그것을 성취한 자를 역사적 시간의 외부에 두고 그 자를 사건의 시간 안으로 파고들게 하는 행위이다. 창조는 개인을 사회와의 관계로부터 부분적으로 해방하고, "상호적으로 엮이어 있는 사회적 환상의 직물을, 즉 정신 사이에 있는 영향의 베일veil을 일시적으로 찢는 일"26을 요구한다. 발명은 ─ 니체라면 "발명은 비역사적 차원에서 일어난다"고 썼을지도 모른다. ─ 주위를 둘러싼 모방의 연쇄로부터 일시적으로 탈주한 장소에서 일어나고, 거기에서 발명자는 '바깥의 우주'27와 마주보는face 것이다.

그래서 발명은 새로운 주체성의 생산을 개시하는 이중의 탈주체화 과정을 포함하고 있다. 결국 그 과정은 새로운 것의 생산을 일으키는 특이성과 관련될 뿐만 아니라 그만큼 공중公衆, le public ─ 그들은 그 '새로운 것'의 공동적 창조에 참여하고 그것을 유지하는 역할을 담당한다 ─ 과도 관련되어 있다. 특이성과 공중 모두 확립된 습관(사회적인 것)으로부터, 그리고 습관이 강요하는 양자택일로부터 탈주해야 하기 때문이다.

노동의 효과와는 달리, 발명과 창조의 효과는 무한하다. 발명은 공간적·시간적 배치 안에서 실효화되지만, 그 실효화는 발명을 소진시키기는커녕 발명을 영원히 존속시킨다. 발명은 다른 결합 안에, 다른 배치 안에 언제든지 언제까지라도 들어갈 수 있다.

---

26. Gabriel Tarde, *La psychologie économique,* Alcan, 1902, tome 1, p. 49. Empêcheurs de penser en rond 근간.

27. 이 정의는 푸코의 '바깥의 사유'를 우리에게 상기시킨다. "어느 때 주위를 둘러싼 모방의 연쇄를 단절하는 것에 의해, 자연, 즉 지금까지의 신화와 지식, 의례와 산업 공정에서 표상되고 사고되며 만들어져 왔던 우주의 바깥을 향하는 것"(Tarde, *Les Transformations du pouvoir,* p. 75). 따라서 모든 법칙에 따르는 것은 모방 쪽에 한정되고 발명 쪽은 모든 법칙으로부터 탈주한다. 발명은 새로운 법칙과 새로운 규칙을 정하는 쪽에 있기 때문이다.

발명은 시간에서 무한할 뿐만 아니라 공간에서도 무한하다. 발명은 어떤 주체성에도 배분되고 가능한 한 멀리 확산되어 간다.

또한 이와 같은 발명의 작용은, 노동의 작용과는 달리 그 자체로 공공적인 것이다. 이 작용은 만인에 대해 열려 있기 때문이다. 바꾸어 말하면, 발명의 작용은 만인의 눈에, 정동에, 지성에, 의지에 미치기 때문이다. 이와 같은 발명의 공공성이 여러 가능성을 여는 것은 사건에서의 마주침을 통해서이지 결코 간주관적인 인식을 통해서는 아니다.

배분적^{distributifs} 전체와 집단적 전체

발명이 실효화되면서 차이가 공유되는 것을 상세하게 분석해보자. 왜냐면 집단적인 것의 개념이 비판되는 것은 바로 이 점에서이기 때문이다. 실효화, 즉 사건/발명의 물질적 혹은 신체적 차원의 구성은 어떻게 일어나는가? 사회체를 구성하는 과정, 즉 여러 근원적 특이성(모나드) 사이의 조정이 하나의 전체 안에서 일어나게 되는 것은 어떻게 설명될 수 있을까?

사회적 실효화, 즉 발명에 의해 창조되었던 가능성이 전파해가는 것은 저 모나드가 다른 모나드를 잇달아 포획하고 전유하면서 일어난다. 실효화는 어느 특이성을 인접한 다른 특이성에로 접속하고, 모나드와 모나드를 연결하여 모나드들 사이에 하나의 역선^{力線}을 끌어오며, 모나드들을 동질화하고 일시적으로 유사하게 만들어 한동안 공통의 목적을 위해 협동시키는 것이다. 그것은 모나드들의 특이성을 부정하는 것이 아니며 모나드들을 전체화하는 것도 아니다.

발명에서 가치의 구축으로, 미시micro에서 거시macro로, 로컬local에서 글로벌global로의 이행은 추상화 혹은 전체화에 의해 이루어지지 않고 전체를 성립시키는 힘에 의해 이루어진다. 윌리엄 제임스William James의 말을 빌리면 그 능력은 패치워크들patchworks과 네트워크들을 서서히 편성하는 능력이다. 또한 타르드의 어휘를 가져오자면, 그것은 (믿음과 욕망의) 흐름과 집합체를 편성하는 능력이다.

이 구성 과정을 간단하게 이해하기 위해서는 인터넷에 관해 생각해 보는 것이 좋을 것이다. 인터넷은 흐름과 네트워크로부터 이루어진 그물망 조직이다. 결국 그것은 현재적 또는 잠재적인 여러 흐름과 여러 네트워크로부터 성립한다. 어느 네트워크가 현재화할지 아닐지는 배치의 역능, 즉 접속을 행할 수 있는 역능에 의존하고 있다. 넷 서핑을 하는 일은 흐름에 접속하기도 하고 이접하기도 하는 조작을 연달아 행하는 것이다. 사람들은 넷 서핑을 하면서 어떤 네트워크에 들어가는 즉시 그 구성을 변화시킨다. 그들은 그 네트워크에 대해 고유의 특이성을, 즉 잠재적인 차이와 현재적인 차이를 동반하는 고유의 모나드를 가져오기 때문이다.

우리는 하나의 네트워크에 들어가는 것을 통해 하나의 공감적/대립적인 소유 관계, 공동생산관계, 협동관계에 들어간다. 인터넷은 포착préhension의 포착이고, 포획의 포획이어서, 그것을 전체

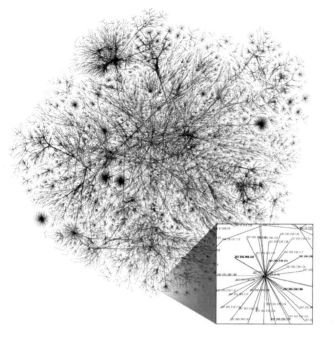

opte.org에서
제공한 데이터로
작성한
인터넷 지도
(2005년 1월 15일)

화하는 것은 불가능하다.

이 구성의 역동성을 이론적 관점에서 설명하기 위해서는 들뢰즈에 의해 거듭 조명된 라이프니츠의 두 개념을 참조하는 것이 좋을 것이다.[28] 즉 '배분적 전체'(또는 '구분적distinctifs 전체')와 '집단적 전체'와의 차이에 착목하는 것이다. 배분적 전체는 여러 특이성이 조정되는 형태로서, 그 총화는 각자의 특이성으로부터 구성되지만 그 구성요소가 하나의 전체로서 종합되는 것은 아니다. 거기에서의 배분distribution을 표현하는 것은 접속사 '와'et이지 동사 '이다'être는 아니다. "이것과 저것. 즉 교체와 교착, 차이와 유사, 인력

---

28. Gilles Delleuze, *Le Pli, Leibniz et le baroque*, Éd. de Minuit, 1988 [질 들뢰즈, 『주름 — 라이프니츠와 바로크』, 이찬웅 옮김, 문학과지성사, 2004]의 8장을 참조하라.

과 척력, 섬세함과 조야함". 배분적 전체에서 조정과 공존은 어떤 역능을 표현하고 있으며 한 사람 한 사람의 모나드라는 특이성이 각자 자신의 방법으로 존재하는 것은 이 역능 덕택이다.

타르드적인 전체는 이와 같지만, 그에 비해 헤겔-맑스주의의 전체, 뒤르켐의 전체, 정치철학의 전체는 집단적 전체다. 이 집단적 전체는 그 요소를 하나의 전체 안에 매듭지어 각 요소들의 모든 특이성을 빼앗아가고 그것들의 잠재성을 무력화하면서 성립한다.

타르드적인 전체가 진행되기 전에 존재하는 것은 동일성이나 모순이 아니라 합성과 해체다. 조정과 이접(배타적이거나 포섭적인 '또는'이 조정을 의미하는 '와'와 함께 배치 안에서 편성된다). 들뢰즈에 의하면 그것이 사물의 본성이다. 그것은 "과정과 군도群島, archipel에서의"[29] 하나의 구성 양식을 긍정하는 것이다.

구성 과정을 흐름과 네트워크, 발명과 반복, 특이성과 다양체의 배치라는 관점에서 고찰하는 것은, 19세기 말 미국의 프래그머티즘과 타르드의 사회학에서 이루어졌던 커다란 이론적 혁신이었다. 윌리엄 제임스의 경우는 몇 가지 점에서 타르드의 관점을 검증하고 있다. 타르드의 고찰이 미국 프래그머티즘의 집단적인 것에 관한 비판과 매우 가깝다는 것은 이 미국 철학자(제임스) 자신이 인정하고 있다.[30]

---

29. Gilles Deleuze, *Critique et clinique*, Éd. de Minuit, 1993, p. 110. [질 들뢰즈, 『비평과 진단』, 김현수 옮김, 인간사랑, 2000.]

30. 다비드 라푸자드(David Lapoujade)는 윌리엄 제임스에 관한 저작(*William James: Empirisme et pragmatosme*, PUF, 1997)에서 미국의 프래그머티즘과 타르드의 저작 사이에 다수의 공통점이 있다는 것을 자주 언급했다. 그는 이 미국 철학자(제임

발명의 사회적 실효화에 의해 주축이 되는 것은 모든 조류(흐름)와 모든 네트워크(또는 응집체^{agrégation})다. 흐름은 모나드가 작용하는 영역(믿음과 욕망)에서 발발하고, 여러 뇌 사이를 넘나든다. 응집체는 서로 서로 소유하고 있는 모나드들의 다양체이다. 하나의 응집체는 여러 특이성을 공존시키기 위한 하나의 방법이다. 그 공존은 여러 특이싱이 일방적 또는 쌍방향적으로 전유되는 것에 의해 성립한다.

각각의 개체(인간에서 생물, 물질에 이르기까지)는 이와 같은 하나의 응집체이다. 그리고 "하나의 응집체는 모두 하나의 합성물이어서 여러 존재가 서로 적합하게 공존하는 것에 의해 또는 여러 존재가 공통의 기능을 통해 공존하는 것에 의해 성립한다. 결국 응집체란 적합체^{adapter}를 의미한다."[31]

라이프니츠의 직관에 따르면, 모든 존재는 여러 힘이 만나 포개지고 서로서로 구성하면서 성립하는 연합체이다. 덧붙이자면, 하나의 연합체는 하나의 모임도 하나의 총화도 아니고, 다양한 특

스)가 이 프랑스 사회학자(타르드)의 저작에 관해 '천재의 작업'이라고 상찬하면서 다음과 같이 쓰고 있음에 주의를 기울인다. "최고의 진리를 감지하기 위해서는 타르드의 학설을 정식화하고 이해하는 것만으로 충분하다고 말할 수 있다." 이어짐과 끊어짐, 네트워크와 패치워크 — 제임스에 의하면 그것들은 세계를 구축하는 두 개의 커다란 축이다. 제임스의 다음의 말은 타르드의 관점과 완전히 일치한다. "우리는 우리 자신을 만들고, 항상 새로운 사물 사이의 결합을 만들어 내고 있다. 그것은 노동집단의 조직과 우편 시스템, 영사관, 상업 시스템, 철도망, 전보망, 식민지연합 등의 조직이 확립되면서, 즉 네트워크에 의해 우리 사이가 재결합되고 여러 사물과 우리가 통합되면서 가능해졌다. 그 네트워크는 하나하나의 그물코가 좁아지면 질수록 더욱 거대해진다…. 그 시스템의 일부를 살피는 것만으로도 세계 전체가 점차 다른 방법으로 결합되고 있다는 것을 알 수 있다."(pp. 73~74)

31. Tarde, *Les lois sociales*, p. 109. [타르드, 『사회법칙』.]

이성으로서의 모나드가 체계적으로 조정된 것이다. 각각의 집합체, 즉 연합체는 하나의 개체화이자 발명이며 사건이다.

하나의 응집체는 복수의 배치로부터 이루어진, 하나의 배치이다. 그리고 이 응집체는 이번에는 또 다른 응집체의 구성 안으로 들어가면서, 더 큰 소유 혹은 배치의 역능을 표현한다. 각각의 집합체 안에서 각각의 모나드는 스스로 상대적 특이성을 유지하고, 또한 각자의 집합체나 각자의 개체성을 유지한다. 다양한 응집체는 하나의 시스템으로 통합되지 않으며 일반적 법칙에 따르지도 않는다. 그러나 그들 응집체는 서로가 서로를 소유하면서 함께 보존(공존)된다. 특이성이 점차 통합되면서 사회적 양이 구축되어 가능태가 가치로 그 모습이 변환된다. 이 글로벌한 통합은 여러 로컬한 통합의 공존체ensemble이다.

언어와 과학도 또한 모든 사회적 양과 마찬가지로 추상과 전체화에 의해 만들어지는 것이 아니라 무한소의 구축주의construc-tivism에 의해 만들어지는 것이다. 여기에서 주의해야 하는 점은, 만일 사람들이 발명도 가능태의 창조도 함유하지 않고 또 표현도 함유하지 않는 구축주의를 생각한다면, 그것은 구축주의를 단순한 재생산의 논리로부터 포착하고 있음을 의미하는 것이다. 삐에르 부르디외Pierre Bourdieu는 (거의 구축주의 사회학자와 마찬가지로) 사회적 행위를 일종의 구축으로 보았는데, 이도 비슷한 논리에 따라서였다. 그러나 사건과 발명을 고려하지 않으면 새로운 것의 출현은 단순한 타락과 악화로서 이해될 수밖에 없다. 발명을 무시한다면 고려의 대상이 될 수 있는 것은 재생산밖에 없다.

타르드는 사회를 하나의 전체로서 이해하는 것을 부정하진 않았다(여러 뇌 사이의 조정). 타르드가 거부했던 것은 사회 전체가 개별적인 것에 대해 우월하고, 개별적인 것과 구별되는 현실에 의해 구성constitution된다는 틀에 박힌catégoriquement 설명이었다. 이와 같은 현실은 "여러 뇌에 의해 조건 지어지는 것은 확실하지만, 그러나 그 뇌들에 의해 구성되어 있다는 의미는 아니다. 또 그 뇌들 사이에 정신적이면서 도덕적인 상호침투가 일어나는 것은 틀림없지만, 그러나 진정한 승화와 변형이 일어나는 것은 각각의 뇌의 운동 외부에서이다."[32] 타르드는 개체(특이성)의 작용에 기반한 구성의 역학을 보여 주고 나아가 조정 방식을 그들 개체에 내재적인 것으로 보여줌으로써, 개체에 자유와 자율을 다시 부여함과 동시에 개체의 작용이 가져오는 불확정하고 예측불가능한 조정의 과정에 길을 열었다.

이와 같이 타르드는 집단적 전체의 이론에 함유된 신비주의적인 설명을 피했다. 실제로 만일 개인적인 것과 집단적인 것 사이에 본성상의 차이가 있다고 생각한다면 어떤 집합성이 처음부터 이미 주어져 있다고 상정하는 것 이외에 개인적인 것에서 집단적인 것으로의 이행을 이해할 수 없다. 그렇게 생각한다면 우리는 개인적인 것의 모든 힘에 수반되는 심리학적 성질이 집단적인 것에 수반되는 사회적 성질로 어떻게 이행하는지 역시 이해할 수 없게 된다(이것이 뒤르켐의 '막다른 골목'이다).

---

32. Tarde, *La logique sociale*, p. 225.

타르드는 방금 언급한 구성에 관한 사고방법에서 더욱 일반적인 결론을 이끌어 냈다. 즉 타르드에 의하면 비인격적인 방법으로 부과되는 사회법칙과 경제법칙은 모든 모나드들이 그것을 바라거나 수용하지 않는 한 존재할 수 없다. 결국 모나드들 사이에는 명령과 복종, 포획의 관계밖에 없다. 시장, 증권 거래소, 자본, 사회는 포획의 포획이다. 우리가 자연 법칙에 관해 말할 수 있는 것은 단순히 우리가 자연의 구성 과정 하나하나의 단계를 추적하는 것이 불가능하기 때문이다. 그러나 사회와 경제에 대해서는 그 구성 과정 하나하나의 단계를 좇는 일이 가능하다. 경제에 관한 '법칙'이라고 부르는 것에 대해, 우리들은 항상 그 법칙을 구성하는 명령과 복종의 관계로 되돌아갈 수 있다.

여기서 우리는 타르드의 관점과 윌리엄 제임스의 관점을 근접시켜 또 하나의 결론을 이끌어 낼 수 있다. 즉 전체라는 것은 인식의 대상이 아니라 실험의 대상이라는 결론 말이다. 다양한 질문과 대답의 영역을 검증하고 구축construction하는 이와 같은 사고법은, 하나의 새로운 정치 개념을 포함한다. 이에 관해서는 이 책의 최종 장에서 논의할 예정이다.

자연과 사회

타르드의 새로운 모나돌로지와 주체의 철학 사이에는 또 하나의 중요한 차이가 있다. 모나돌로지, 혹은 무한소의 관점에 따라,

우리는 사회적 영역의 구성 과정을 의인론적anthropomorphic으로서 가 아니라 우주론적으로 사고하도록 유도된다. 이와 같은 사회학을 현대 미시micro사회학과 안이하게 비교할 수 없다. 현대 미시사회학은 간주체성의 현상학이 갱생한 것이다. 그에 반해 타르드의 미시사회학은 원자의 사회학이고, 박테리아의 사회학, 세포의 사회학이며, 그리고 사회적인 것의 사회학이다. 타르드의 미시사회학에서 하나하나의 개체화는 그에 선행하는 여러 개체화에 의해 가능하게 된다. 그 사회적 개체화는 다른 다양한 개체화를 소거하는 것이 아니라 그들을 통합한다.

그래서 인간은 맑스가 보았던 다양한 사회관계의 총체만이 아니라 여러 다른 관계(사회적 관계, 생물적 관계, 물리적 관계 등) 사이의 조정coordination이기도 하다. 그 조정은 여러 가능태로 이루어진 부드러운 구름paisible nuage에 둘러싸여 있다. 그 부드러운 구름이야말로 인간에게는 존재의 저장고 혹은 차이화의 힘을 구성하는 것이다.

맑스에게서 여러 사회관계는 하나의 본질(즉 노동)로 귀착한다. 그러나 그와 거의 동시대인인 타르드에게 가치와 노동은 사건과 발명, 새로운 것을 처음으로 만들어 내는 능력에 의거한다. 여러 사회관계는 가능성의 창조에 귀착하는 것이지 본질로 귀착하는 것은 아니다. 모든 관계가 생기는 것은 사건으로부터이고, 본질로부터는 아니다. 맑스와 타르드 사이에는 근본적인 단절이 있다.

뒤르켐이 증폭시킨 오해에 따르면, 타르드는 사회관계를 설명하기 위해 심리학주의에 경도되어 있었다고 한다. 그러나 그것이

오해임은 타르드의 '심리학' 개념이 세포의 심리까지도 의미하고 있었음을 생각하면 명확하다.

무한소, 분자적인 것은 라이프니츠와 마찬가지로 우주의 수수께끼를 해명하기 위한 열쇠이다. 즉 "모두 무한소에서 유래한다. 덧붙인다면 아마도 모든 것이 무한소로 돌아갈 것이다."[33] 유한한 것 안의 무한한 것에 대한 이해가 과학과 사회학의 목적이 된다. 대문자 '주체'(예를 들면 '민중peuples정신', '절대지', '노동자계급', '자본' 등)의 대결밖에 보려고 하지 않는 역사철학에 대항하기 위해서는, 그리고 그 '주체'들을 당연한 것으로 여기면서 대문자의 '집단적 행위자'(예를 들어 '사회', '국가', '행위자' 등)밖에는 인식하지 않으려고 하는 사회학자에 대항하기 위해서는, 모든 존재 ─ 그것에는 자연과 사회, 인간과 비非인간이 전혀 구별되지 않는다 ─ 에 대해 창조의 역능과 자율과 독립을 부여하는 것이 중요하다.

타르드는 모나드에 관한 라이프니츠의 고찰을 아직 의인론에 지나지 않는다고 비판했다. 타르드가 유감스럽게 생각한 것은 라이프니츠가 모나드의 차이화에 관해 그다지 깊이 생각하지 않았다는 점이다. "왜 라이프니츠는 모든 것을 자아로 여기는 대신에" 다수의 것이 "각각 안에 하나의 내부를 가지고 있고 그것은 우리 내부에 있는 우리와도, 또한 우리가 자아라고 부르는 것과도 완전히 다르다는 것을 인정하지 않았던 것일까?" 그리고 타르드 자신은 당시 세포 심리학을 받아들여, 원자에 혼이 갖추어져 있다는

---

33. Tarde, *Les lois sociales*, p. 134. [타르드, 『사회법칙』.]

것을 인정한다. 이와 같이 인간이든지 인간 이외의 것이든지 간에, 모든 모나드는 정치조직으로서의 공존체ensemble – 즉 분자사회, 세포사회, 원자사회 – 를 구성한다.

타르드는 사회적인 것을 사실로 환원하려는 뒤르켐의 의사에 대항하여 다음과 같이 단언한다. – "모든 사물은 사회이고 모든 현상은 사회현상이다."

이러한 자연에 관한 사고방식은 아마 주체의 철학을 신봉하는 사람들에게는 기묘하게 보일 것이다. 그러나 그것은 사건의 철학이 수반하는 불변의 특징이다. 타르드 이후에는 이번엔 화이트헤드가 전자파의 사회와 미립자의 사회에 관해 말하면서, 이 프랑스 철학자(타르드)와 미리 입을 맞춘 것처럼 모든 분자는 사회라고 단언할 것이다.

이러한 자연은 주체의 바깥에 있는 것이 아니며 인간의 바깥에만 작용하는 것도 아니다. 자연은 항상, 그리고 이미 주체와 인간 내부에 있다. 무한의 존재 – 즉 무한의 유기체적 모나드와 무기적 모나드, 모든 의지하는 것, 믿는 것, 생각하는 것 – 의 투쟁과 협동이 없다면, 인간은 대체 무엇이겠는가?

타르드의 사회과학이 이해하는 개체는 하나의 개체화를 의미한다. 그러나 즉시 덧붙여 말해야 하는 것은, 그 개체화는 여러 개체화(원자의 개체화, 조직의 개체화, 기관의 개체화 등) 중 하나의 개체화에 지나지 않는다는 점이다. 주체는 주체의 철학이 바라듯이 그 자체에 의거하는 것이 아니다. 주체는 다른 여러 개체화 – 화학적 개체화, 생물적 개체화, 유기적 개체화 – 에 의거한다.

다비드 에밀 뒤르켐
(David Émile Durkheim,
1858~1917)

타르드는 니체와 마찬가지로 주체의 철학을 타도하기 위해, 그리고 개체와 생물체, 세포, 원자의 통일을 해체하고 그들을 구성하고 있는 다양체를 밖으로 표면화시키기 위해, 당시의 생물학, 생리학, 물리학 지식을 마음껏 이용했다.

지금의 자본주의는 바로 그러한 구성과 창조의 우주론적 과정으로부터 착취를 행하고 있다. 창조와 발명, 조정과 협동은 인간만의 속성은 아니다. 바이오테크놀로지가 이익을 이끌어 내고자 하는 것은 신모나돌로지가 기술하는 다음과 같은 비非의 인론적인 구성 과정으로부터이다. "무한소의 세균은 얼마나 경이적인 정복자인가! 그것은 자신의 크기의 수백만 배에 달하는 하나의 덩어리masse를 자신의 제국의 지배하에 둘 수 있다. 그 미소한 세포로부터 발아했던, 다른 세포를 이용하고 이끌기 위한 비범한 발명과 천재적인 노하우는 얼마나 귀중한 보물인가! 우리는 그 세포의 대단한 천재성과 미세함에 대해 경탄의 마음을 품을 수밖에 없다."34

괴물

---

34. Tarde, *Monadologie et sociologie*, p. 98~99. [타르드, 『모나돌로지와 사회학』.]

신모나돌로지와 주체/노동의 이론 사이의 마지막 차이는 주체성의 구성 과정에 관한 것이다. 신모나돌로지에서 주체화의 모델은 괴물이다. 이 우주론적 구성 과정에는 탈-인간적인 주체성 생산밖에 포함하고 있지 않다.

개인이란 집단적인 뇌를 구성하는 네트워크 안의 여러 다른 흐름의 만남과 교착의 귀결만을 뜻하지 않는다. 개인은 또한 여러 심리적인 힘이 자신 안에 투영된 과정에서 산출되는 것이기도 하다. 뇌 사이의 다양한 관계가 만나는 점에서 하나의 리토르넬로, 즉 하나의 주체화 과정이 생겨나고, 그 과정에 고유한 차이의 증표를 모든 힘의 새로운 결합 안에 새겨 넣는다. 이 주체화 과정은 뇌의 네트워크 내부에서 구성되고, 그 과정 자체에서 생긴 하나의 주름, 하나의 정체停滯부rétention, 하나의 굴곡진enroulement 흐름(와류渦流)으로 나타난다.

이와 같은 리토르넬로는 자연의 움직임이 마지막 마무리를 끝내고 주체와 공동체가 완성되었음을 통고하는 것이 아니다. 그와 반대로 리토르넬로는 불가능한 주체화가 일어나는 장소이다. 주체화 과정은 언제나 다양한 힘들의 일시적인 계층화이며 임시적인 봉합인데, 그 계층화와 봉합은 하나의 협동이 조직화됨과 동시에 이 협동에 규칙이 정해짐을 전제하고 있다. 개체(세포, 인간존재, 사회)는 조성적 원리의 작용과 세계를 전유하려는 의지 사이의 간격에서 구성된다. 바꿔 말하면 개체는 이 조정을 뛰어넘으려는 지속적 운동으로 구성된다.

이리하여 모든 개체는 여러 변용의 계열 – 그 계열들은 서로 투쟁하면서 투쟁 그 자체에 의해 유지된다 ─ 에 의해 관통되는 하나의 동적 균형에 다름 아니다. 그러한 동적 균형의 배후에는 일시적으로 그 균형하에 따르고 있지만 잠재적으로는 자유로운 여러 힘이 은폐되어 작동하고 있다. 타르드는 이와 같은 주체화 과정에 대한 매우 탈-인간적인 관념을 만들었다. 이념형type ─ 혹은 개인 ─ 은 무한의 괴물성을 일시적으로 안정시켜 봉합한 것에 지나지 않는다. 무한한 괴물성이란 각자의 힘을 그 자체 안에, 그리고 다른 힘과의 관계 안에 은폐하여 간직하는 것이다. 이와 같이 정의된 괴물성은 예외적인 형이 아니라 자연(본성)nature 그 자체다. 주체화의 모델은 괴물이다.

이야말로 모나돌로지가 노마돌로지로의 생성변화를 시작하기 위한 조건이다. 우리는 지금부터 새로운 모나돌리지를 언제나 노마돌로지로 이해한다.

2 통제사회에서 삶과 생명체의 개념

보다 후대의 민주주의 사회가 이루어지면서 점차 수요, 즉 공중의 주문이 실질적이 아니라 표면적으로 예전 군주의 명령을 대체하게 된다. 철도회사의 고용주는 "공중은 쾌적한 여행을 바라고 있다. 그런데 춥다. 그래서 나는 뜨거운 물을 최고도로 끓여두어야만 한다"고 생각한다. 이와 같은 방식으로 모든 직업적 의무가 생겨났다.

— 가브리엘 타르드

우리는 규율훈련의 시대를 떠나 통제 시대로 들어섰다. 질 들뢰즈는 이 규율사회에서 통제사회[1]로의 이행에 관해 간결하지만 효과적인 방식으로 기술했다. 그리고 들뢰즈는 차이와 반복의 역동성에서 출발하여 자본주의의 탄생과 발전에 관한 새로운 해석을 추가하면서 그 이행을 역사적으로 재구성했다. 그것은 다양체의 문제에 관한 여러 이론적 혁신 중에서도 더욱 중요한 혁신 중의 하나였다. 들뢰즈는 개인과 계급은 이제 다양체의 포획, 통합, 분화에 지나지 않는다고 설명했기 때문이다.

여기서 우리에게는 그 혁신에 관한 현상적인 기술만이 아니라 그 기술에 사용되고 있는 방법 역시 중요하다. 들뢰즈에게 자본주의 제도가 구성되는 과정과 다양체가 구성되는 과정은, 잠재적인 것의 개념과 잠재적인 것이 현실화하고 실효화하는 양식을 생각하지 않는다면 이해할 수 없는 것이었다. 규율사회에서 통제사회로의 이행은 자본주의의 변형을 고찰하는 것에서 출발해도 이해할 수 없다. 그것은 다양체의 역능을 고찰하는 것에서 출발하지 않으면 이해할 수 없다.

*

일반적으로 맑스주의자가 푸코에 의한 규율사회의 기술을 수

---

1. Gilles Deleuze, "Post-scriptum sur les sociétés de contrôle" in *Pourparlers*, Éd. de Minuit, 1990. [질 들뢰즈, 「후기-통제사회에 대하여」, 『대담 1972~1990』, 김명주 옮김, 갈무리, 근간.]

용하는 것은, 그것이 자본주의 생산양식에 관한 맑스의 분석을 보충한다고 생각하는 한에서이다. 그러나 푸코 자신이 맑스에 많은 것을 빚지고 있음을 인정하고 있다고 해도(명확하게 푸코의 규율훈련에 관한 이론은 공장에서의 공간과 시간의 조직화에 관한 맑스의 기술에서 착상을 얻은 것이다), 푸코는 노동자의 감금을 맑스와는 선혀 나른 논리에 따라 이해하고 있었다.

푸코에게서 공장은 감금이라는 패러다임이 현재화한 여러 시설 중 하나에 불과하다. 학교와 감금, 병원(나아가 법률, 과학, 지식. 즉 푸코가 '언표가능한 것'으로 정의했던 것 모두)이 생산과의 사이에서 하부구조/상부구조라는 관계를 갖는 것은 아니다.

맑스주의의 이론은 오로지 착취 부분에 집중하고 있다. 다른 여러 관력관계(남성/여성, 의사/환자, 목사/신자 등)와 다른 여러 권력 행사양식(지배, 종속, 예속)은 노동이라는 범주catégorie의 존재론에서 유래하는 여러 이유 때문에 무시되었다. 이 존재론은 변증법적인, 정치적이면서 이론적인 전체화 권력을 품고 있다. 그 존재론에 대해 우리는 타르드가 헤겔을 겨냥해서 가했던 비판을 그대로 반복할 수 있을 것이다. — 변증법은 다양체의 개념에 의해 '탈중심화' 되어야 한다는 것.

자본주의에 관한 '유일한 드라마' — 헤겔에게서의 '정신'과 맑스에게서의 '자본'의 드라마 — 를 생각하는 것이 아니라 '사회적 드라마의 다양체'를 생각해야 한다. 자본주의의 역동성을 이해하기 위해서는 (자본/노동의) 변증법의 "거대하고 외재적이고 우월적인" 모든 힘에 의거하는 것이 아니라 "한없이 다양한, 무한소의, 내재적인"[2] 힘들에 의거해야 한다. 모순의 논리는 '유일한 드라마'의 원동력이지만 그것은 너무 빈곤하고 무력하다. (타르드 이후에 푸코가 다시 채택하는) 이와 같은 주장은 사회의 토대가 되는 경제구조에 기반하여 권력을 포착하려고 하는 맑스주의적인 사고에 대한 직접적 비판이 되고 있다.

권력의 미시물리학은 맑스주의 사고방식에서의 피라미드형 구조물을 하나의 내재적인 것으로 치환한다. 다양하고 이질적인 '감금 장소(공장, 학교, 병원 등)와 다양하고 이질적인 규율훈련 기술이 서로 연결된다. 이 점에 관해 들뢰즈는, 경제구조와 공장은 이미 규율훈련의 메커니즘이 영혼과 신체에 작용하고 있다는 것을 전제하고 있으며 그 반대는 아니라는 점에 주의할 것을 촉구했다. 그렇다면 자본주의의 발전을 설명하기 위해서는 다른 힘들과 그 역동성을 사고해야 할 필요가 있다. 그 힘들과 역동성은 확실히 자본과 노동의 관계를 포함하고 있지만, 그렇다고 해도 그 관계로만 환원되는 것은 아니다.

자본/노동관계에 관한 맑스의 분석을 부정할 수는 없음에도 불구하고, 사회 및 사회를 구성하는 권력관계의 다양체를 공장 또는 경제관계에서 행사되고 있는 명령과 복종이라는 유일한 관계로 환원하려는 주장을 부정하는 것이 중요하다. 오히려 그러한 주장은 더욱 큰 틀 안에, 즉 규율사회의 틀 그리고 규율사회에서의 두 개의 권력 기술 ─ 즉 규율훈련과 생명권력biopouvoir ─ 의 틀 안

---

2. Tarde, *Les lois sociales,* p. 112. [타르드, 『사회법칙』.]

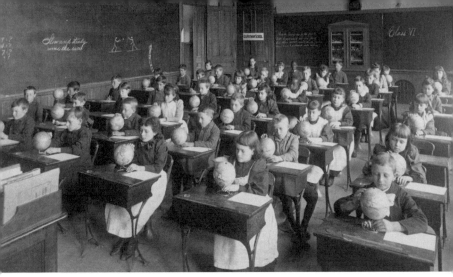

보스턴 퍼트남 학교 (1892년)

에 종합되어야만 한다.

마찬가지로, 행동의 강제와 신체적 종속은 금전적 구속과 경제적 명령만으로 설명할 수 없다. 거기에는 기계적 배치(공장, 감금, 학교)와 마찬가지로 여러 기호 체제, 여러 표현기계, 여러 언표의 집단적 편성(법률, 지식, 언어, 여론 등)이 배치의 톱니바퀴로서 작동하고 있다.

맑스주의는 오직 하나의 권력관계의 차원(즉 착취)에 관심을 집중했기 때문에, 표현기계를 이데올로기로 환원할 수밖에 없었다. 푸코가 규율사회를 연구한 목적 중의 하나는 변증법적 이원론에 의한 문화와 경제의 이해에서 빠져나와 이데올로기에 의해 지배를 설명하는 것의 빈곤함을 명확하게 하는 것이었다.

특이성의 다양체, 특이성의 창조와 공동생산의 역능, 특이성의 존재양식은 포스트포디즘과 동시에 출현했지만, 근대의 역사 전체에 걸쳐 존속해 왔다. 규율사회의 권력(그것은 감금 기술 혹은 생명-정치라고 부르는 기술이다)은 무엇보다도, 항상 다양체에 작용한다. 그래서 변증법적인 이원론은 다양체의 포획으로서 이해되어야 한다. 푸코에게 규율훈련이란, 머리가 나쁘고 쓸모없으며 위험해 보이는 다중multitude을 질서가 서 있는 계급으로 변형시키는 것을 의미하고 있었다.

감금의 기술(규율훈련)은 유익한 효과를 산출하기 위해 어떤 고역 또는 행동을 강제한다. 감금기술(규율훈련)은 적은 수의 다양한 사람들을 학교, 공장, 병원 등 일정한 영역으로 공간이 한정되어 있는 조건에 두고는 유익한 효과를 산출하기 위해 그들에게 어떤 고역 또는 행동을 강제한다. 감금 기술을 구성하는 것은 다음과 같은 것들이다. 우선 다양체를 공간에 다시 배열하는 것(바둑판처럼 분할, 감금, 정렬 등). 다음으로 다양체에 시간의 순서를 붙이는 것(몸짓의 분해, 시간의 세분화, 행위의 프로그램화). 마지막으로 다양체를 구성하는 모든 힘을 강화하면서 다양체에서 유익한 효과를 끌어내기 위해, 다양체를 특정한 공간-시간 안에 다시 틀 지우는 것. 이상 세 가지다.

생명정치biopolitiques의 기술(공중위생, 가정정책 …)은 삶vie을 관리하는 것으로서 이러한 다양체에 대해 행사된다. 이 경우엔 규율훈련의 제도와는 달리, 다양체는 다수(전체 인구)가 되고 공간은 열린다(인구의 한계는 국가에 의해 정해진다).

들뢰즈에 의한 푸코의 해석3(여기서 그 해석이 푸코의 작업에

---

3. Gilles Deleuze, *Foucault*, Éd. de Minuit, 1984. [질 들뢰즈, 『푸코』, 허경 옮김, 동문

충실한지 아닌지는 묻지 않겠다)은, 차이와 반복의 역동성 분석에 다다르면 매우 유효하다. 들뢰즈는 권력관계와 제도를 구별한다. 권력은 여러 힘 사이의 관계이지만, 제도는 여러 힘을 통합하고 계층화하는 심급이다. 제도는 여러 힘의 관계를 명확한 형식 안에 정착시켜 그 힘들 및 힘 관계에 대해 재생산 기능을 부여한다. '국가'와 '자본' 등 여러 제도로부터 권력관계가 생기는 것이 아니라 제도 쪽이 권력관계로부터 생겨난다. 들뢰즈의 해석에 의하면, 이처럼 푸코는 여러 권력 장치를 주체/노동의 패러다임에 귀착하는 양식에 따라서가 아니라 통합과 분화라는 양식에 따라서 분석했다.

권력관계는 잠재적이고 불안정한 관계이며, 또한 국지화^{local-isables}하는 것도 아니고 계층화하는 것도 아닌 잠세(潛勢)적인^{potentiel} 관계여서, 그것이 결정하는 것은 상호작용의 가능성과 개연성뿐이다. 즉 여러 특이성을 결정하는 것은 차이화의 관계이다. 차이화의 관계와 특이성은 제도('국가', '자본' 등)에서 현재화(顯在化)된다. 즉 그것들은 제도에 의해 안정화되어 계층화되고, 이제는 되돌아갈 수 없는 것으로 변해 버린다. 그와 같은 현재화는 통합(포획)^{intégration}임과 동시에 차이화이기도 하다.

'통합하는 것'이란 여러 특이성을 결합하고 동질화하고 공통의 목적을 향하도록 수렴하는 것을 의미한다. 통합이란 일종의 조작이다. 그 조작은 다양한 힘들을 관통하여 그 힘들을 여러 형

선, 2003.]

태 안에 정착시키기 위해 하나의 일반적인 역선力線을 끌어들이면서 성립한다. 통합은 추상화와 일반화에 의해 행해지는 것이 아니며, 융합에 의한 통일과 (헤겔-맑스주의의 용어로 말하자면) 포섭subsomption에 의해 행해지는 것도 아니다. 다양한 권력관계의 현재화는 가브리엘 타르드가 생각하였듯이 조금씩, "하나씩 돌을 쌓아 올리"듯이 진행된다. 권력관계는 우선 로컬한 통합의 총체로서, 다음으로 글로벌한 통합의 총체로서 현재화한다. 들뢰즈가 쓴 바에 의하면, 통합이란 네트워크와 패치워크 또는 흐름과 응집체를 하나로 정리하기 위한 기술이다.

타르드도 또한 '통합'이라는 용어를 사용했다. 그것은 사회적인 양과 가치(경제적이든지 아니든)의 구성에 대해 전체화와 단순한 일반화, 추상화를 통해 이해하는 것을 피하기 위해서였다. 그는 적분계산을 모델로 하여, 사회유형과 사회적 양을 미소한 차이와 변용의 통합(적분)으로 이해했다.

그러나 권력관계가 현재화하는 것은 통합에 의해서만이 아니라 차이화에 의해서이기도 하다.[4] 권력관계는 여러 힘 사이에 차이가 있을수록 행사가 잘 되기 때문이다. 자본주의에서 이와 같은 차이화는 차이가 차이화되는 것도 아니고 다양체가 전개되는 것도 아니다. 그것은 다양한 이원론의 창조이자 재생산이다. 그 이원론들 안에서 더욱 중요한 것은 계급의 이원론(프롤레타리아/자

---

4. 무한소의 계산에 대한 수학적 모델과 관련짓는다면 이 '차이화'(différenciation)는 '미분'(différentiation)이라고 말할 수도 있을 것이다.

본가)과 성의 이원론(남성/여성)이다.

다양한 잠재성과 분자적 배치의 변용 가능성, 신모나돌로지적 협동에서의 상호작용 가능성은, 성과 계급과 같은 이항대립으로 이루어진 집합에 의해 포획되고 코드화되어 통제되어야 하는 것이 된다. 계급은 다양체를 이원론 안으로 밀어 넣고 하나의 집단적 선제로 통합한다. 이 집단적 전체는 여러 근원적 특이성을 전체화하고 통일하려는 전체이다. 노동자계급이라는 개념은 집단적 전체를 보여 주는 것이지 배분적 전체를 보여 주는 것은 아니다.

성의 이원론에 관해서도 노동자계급과 동일하게 말할 수 있다. 즉 다양체의 결합은 단순히 남과 여라는 두 개의 성에 그치지 않는 무수한 성을 작동시키고 섹슈얼리티의 무수하고 미소_{微小}한 생성변화 가능성을 작동시키는 것이지만, 이에 대해 성의 이원론은 그와 같은 다양체의 결합을 포획하고 코드화하는 장치로서 기능한다. 그리고 이 무수한 성이야말로 남성/여성의 이원론에 결부시켜 규율훈련시키고 코드화해야 하는 것이다. 사회계급은 여러 활동의 다양체와 분리된 것이어서 여러 상호작용의 가능성을 하나의 이원론 형식으로 결정화했다. 그와 마찬가지로 남성/여성이라는 대치는 무수한 성으로의 생성변화 가능성을 분리하여 그 가능성을 이성애라는 규범의 이원론 속으로 결정화했다.

다양체를 계급으로 변환하는 것과 무수한 성을 이성애로 변환하는 것은 특정한 유형을 구성하고 다양체를 억압하는 기능을 담당하는 것에만 그치지 않는다. 그것은 또 규범을 구성하고 코드화하며, 다른 생성변화를 향한 다양한 잠재성을 무력화하는 기능도 담당하고 있다. 여기서는 권력행사의 두 양식(억압과 구성)이 서로 모순되지 않는다는 것이 명확하다.[5]

푸코는 경제주의와 노동운동의 이원론에서 빠져나올 가능성을 그려내기 위하여 다음과 같은 것을 주장했다. 즉 사회는 그 생산양식에 의해 정의되는 것이 아니라 그 사회를 표현하는 언표와 그 사회를 현실화하는 가시성可視性에 의해 정의된다는 것이다.

들뢰즈와 가타리는 푸코가 말한 '언표가능한 것과 가시적인 것'의 관계를 자신들이 만들어 낸 개념인 표현기계와 신체적인 배치의 관계에 유비assimiler시켰다. 언표가능한 것과 가시적인 것의 관계는, 표현기계와 신체적인 배치의 관계와 마찬가지로, 하부구조/상부구조의 관계(맑스주의)나 시니피앙/시니피에의 관계(언어학 및 구조주의)로 귀착되지 않는다.

감옥은 가시성의 공간으로, 신체의 혼합 또는 신체적인 배치(감금되었던 자들)를 가시화하고 출현시킨다. 표현기계로서의 형법은 어느 언표가능성의 장(범죄에 관한 여러 언표들)을 정의한다. 그 언표가능성의 장에서 신체에 대한 비신체적 변형이 초래된다. 예를 들어 법정에서의 형의 선고는 피의자를 그 자리에서 범죄자로 변형시킨다. 기계적 배치 또는 신체적 배치는 그 형식(감옥)과 실체substance(수인)를 갖추고 있다. 표현기계도 또한 마찬가지로 그 형식(형법)과 실체(범죄)를 갖추고 있다.

---

5. 억압의 행위와 효과에 관한 푸코와 들뢰즈의 관점 차이는 들뢰즈가 푸코와는 달리 권력의 배치보다도 욕망의 배치에 우위성을 부여했던 것에서 유래한다.

가시적인 것과 언표가능한 것의 관계는 하부구조와 상부구조라는 형식과 시니피앙과 시니피에라는 형식에 따라서는 이해될 수 없다. 형체 없는 informel 외부 dehors, 잠재적인 것, 사건은 비-관계에서 유래하고 있기 때문이다.

감금되는 것은 외부이다

규율사회를 정의함에 있어서 들뢰즈는 또 하나의 사항을 지적하는데, 그 지적은 매우 중요하다. 우리는 이미 학교와 공장, 병원, 병영이 다양체를 감금하기 위한 장치임을 알고 있다. 그러나 들뢰즈에 의하면 "감금되는 것은 외부"라는 것이 더욱 근본적이다. 감금되는 것, 그것은 잠재적인 것, 변신의 역능, 생성변화이다. 규율사회는 차이와 반복과 그 변용의 역능(차이화를 향한 차이)을 무력화하고, 재생산의 강제에 의해 자신의 권력을 행사한다. 신체 훈련은 모든 분기를 방해하고, 행위와 행동과 몸짓에서 모든 변용가능성과 예측불가능성을 제거하는 역할을 담당한다. 푸코는 그의 몇몇 뛰어난 저작에서 규율훈련이란 '몸짓의 잠재성'을 대상으로 하는 권력이며, "잠재성이 현실로 생성변화하고 있는 그 순간"에 간섭하는 권력이라고 말하고 있다.[6]

---

6. Michel Foucauit, *Le pouvoir psychiatrique,* Gallimard/Éd, du Seuil, 2003, p. 53.
   [미셸 푸코, 『정신의학의 권력』, 오트르망, 심세광, 전혜리 옮김, 난장, 2014.]

확실히 규율훈련의 제도는 생산적이다. 그것은 억압만이 아니라 신체와 언표와 성 등을 구성하는 기능을 지니고 있다. 그러나 우리는 푸코보다 더 나아가, 규율훈련 제도가 더욱 깊은 부분에서 억압을 행하고 있다는 것을 인식해야 한다. 규율훈련 제도가 이미 인간적 자연을 부정하고 있기 때문이 아니라 규율훈련과 생명권력이 외부 혹은 잠재적인 것으로부터, 그리고 '차이화하는 차이'의 역동성으로부터 모든 힘을 분리하고 있기 때문이다.

규율훈련과 생명권력은 주체성의 생산양식이다. 그러나 그것은 영혼 안에 잠재하고 은폐된 무한한 괴물성(괴물로의 생성변화)이 이원론(남성/여성, 자본가/노동자 등)의 재생산을 강제당하는 한에서 그러하다.

외부를 감금하는 것, 잠재적인 것을 감금하는 것은 발명의 역능을 무력화하고 반복을 코드화하여 그것[발명의 역능]을 하나의 단순한 재생산으로 환원하고, 그로부터 모든 변용의 역능을 빼앗는 것이다. 규율사회에서 제도(권력 제도와 노동운동 제도)는 생성변화를 인정하지 않는다. 확실히 제도는 과거(전통), 현재(지금 여기서의 다양한 권력관계의 관리), 그리고 미래(진보)를 손에 넣고 있지만, 생성변화와 변용을 결여하고 있다. 사회과학은 이와 같은 제도의 구성과 작용을 정당화하기 위해 균형(정치경제학)과 통합(뒤르켐), 재생산(부르디외), 대립(맑스주의), 생존경쟁(다위니즘), 또는 경합이라는 개념을 활용한다. 그러나 그와 같은 사회과학들은 생성변화를 무시하고 있다.

그 사회과학들은 시계의 시간, 즉 연대기적인chronologique 시간을 만들어 내고 그것을 강요한다. 그러나 어떤 예외적인 사태를 중화시킬 때와 어떤 위험을 피해야만 할 때, 그리고 언제나 비정상이라고 간주되는 우발성(혁명)을 이해해야만 할 때를 제외하면, [사회과학들은] 사건의 시간에 대하여 그냥 무시했다. 사건의 시간, 발명의 시간, 가능태의 창조의 시간은 엄격하게 정해진 기한과 절차 안으로 폐쇄되고 봉인되어야만 하는 것이 된다. 안토니오 네그리는 자신의 정치철학에서, 구성하는 권력(구성적 권력)이 어떻게 별종적인 것l'anomalie이 되고, 구성된 권력의 절차에 종속되어야 하는 예외가 되는지를 보여 주었다. 또한 타르드는 왜 경제과학과 사회과학이 모든 발명과 창조의 이론을 배제하고 있는지, 그리고 현재 부르디외의 사회학이 그렇듯이 어떻게 경제과학과 사회과학이 재생산 이론으로부터 구성되고 있는지 명확히 했다.

가능세계의 증식에 관한 우리의 가설을 현재의 존재론으로서 다시 채택해 보자. 규율사회는 라이프니츠의 신처럼 작용한다. 결국 규율사회는 단지 하나의 세계만을 현실로 이행시킨다. 그 관점에서 말하자면, 규율사회는 생산적이라고 간주되어도 좋다. 규율사회는 규율사회의 세계를 위해 여러 모나드를 구성하는데, 그 세계는 감금 기술과 생명권력의 기술을 통해 각각의 모나드 속으로 함입된다. 그리고 규율사회는 그 이외의 무수한 가능세계가 현실화하는 것을 격렬하게 방해한다. 규율사회는 생성변화와 차이를 봉입封入하고bloquer 통제한다.

균형의 이론(정치경제학과 사회학) 또는 모순contradiction의 이론(헤겔주의와 맑스주의)에서도 또한 그 이론들이 인정하는 실천은 하나의 동일한 공통 지평을 보여 준다. 즉, 단 하나의 가능세계 밖에 존재하지 않는다는 사고방식이다. 권력의 재생산과 권력의 탈취, 균형과 대립은 역설적으로 하나의 동일한 문제에 대한 해답이다. 그것들은, 단 하나의 가능세계 안에서 공존하려면 어떻게 하면 좋은가라는 문제에 대한 해답이다.

외부와 생성변화를 배제하는 그 실천들은 20세기에 놀라운 방식으로 계획적인 정치로 수렴되었다. 바꾸어 말하면 그 실천들은 사건의 논리, 창조의 논리, 새로운 것의 생산 논리를 무력화하고, 사회적 서열하의 통제로 향했다. 자본주의에서도 사회주의에서도 재생산은 차이에 대해 승리를 거두었다고 말해도 좋다. 그러나 그 승리는 짧은 기간의 일이었다. 타르드의 사회학과 철학은 미리 다음을 보고하고 있었다. 즉 20세기의 막바지에 다다르면 외부를 감금하려는 의지, 무수한 가능세계로부터 유일한 규율훈련적인 세계만을 현실로 이행시키려고 하는 의지는 어느새 좌절했을 것이라고. 베버의 '쇠우리'cage de fer[경직된 관료 사회는 깨져 버리고, 동일한 세계 안에 다양한 공립共立 불가능한 세계를 현재화하는 방법이 발명되면서 모나드들이 규율훈련적인 세계로부터 탈출했던 것이다.

모나드들이 구성하는 여러 계열은 이제 규율훈련적인 세계로 수렴하는 것이 아니라 지금 여기서 갈라지게divergent 되었다. 세계는 모든 가능태가 공존하는 보르헤스의 소설처럼 정말로réellement 차이가 되고, 분기들의 분기bifurcation des bifurcations가 되었다.

방금 전에 보여 주었던 예를 다시 거론해 보자. 계급은 이제 다양체에 함입될 수 없으며, 이성애는 이제 무수한 성에서 규범으로 될 수 없다. 주체화 양식으로서의 괴물성은 지금 여기서 전개되고 있다. 그리고 바로 그때, 권력의 조직형태와 권력의 행사양식에 근본적인 변화가 생겼던 것이다.

이제 권력에게 외부를 감금하는 일과 주체성을 (삼재성과 창조성으로부터 분리한 후에) 규율훈련하는 일은 것은 문제로 되지 않게 되었다. 감금 체제가 외부 및 차이의 증식에 의해 파괴되었기 때문에, 주체성에게 일을 하도록 시키려면 주체성을 변조시킬 수밖에 없었기 때문이다. 이제 닫힌 공간 안에서 주체성을 규율훈련할 필요는 없게 되고, 열린 공간에서 주체성을 변조시키는 것이 필요했다. 이리하여 종래의 규율훈련 위에 통제가 새로이 중첩되었다.

사건의 시간, 발명의 시간, 가능성의 창조의 시간은 이제 예외적인 것이 아니라 일상적으로 통제되어 포획되어야만 하는 것으로 생각되었다. 차이와 반복에 의한 배치는 이제 무력화되어야 하는 대상이 아니라 통제되어야 할 대상이 된 것이다.

이처럼 새로운 사태가 전개된 것은 1968년의 다양한 사건이 일어난 이후부터다. 비록 그러한 사태가 그 이전 시대부터 등장하고 있었고 20세기 전체를 통해 매우 다양한 방식으로 표명되고 있었다고 해도(예술에서, 그리고 정치운동과 문화운동에서), 그와 같이 말해도 좋을 것이다.

그런데 권력의 작용양식으로서의 변조란 대체 무엇인가? 변조에 의해 통제되고, 포섭되는 것은 대체 어떠한 힘인가?

핀란드 헬싱키에서 열린 소련의 체코슬로바키아 침공 반대 시위 (1968년 8월)

들뢰즈의 '변조'modulation란 개념7은 우리에게 큰 발견 가능성을 가지는 개념이고, 탐구심을 돋우는 개념이다. 들뢰즈가 보여 준 바에 의하면, 규율사회에서의 사람들 ― 어떤 '감금 장소'에서 별도의 감금 장소로(학교에서 군대로, 군대에서 공장으로) 단선적이고 점진적으로 이동해 가는 ― 과는 달리, 통제사회의 사람들은 무엇 하나 끝낼 수 있는 것이 없다. 예를 들면, 그 사회의 사람들은 학교에서 기업으로 이동한 후 다시 기업에서 학교로 돌아간다.

우리는 이와 같은 변조에 대한 사회학적 고찰을 생산과 주체성의 유연성에 관한 다이어그램으로 확장하면서, 통제사회 권력의 작용 양식에 포함되어 있는 새로운 삶vie과 생명체vivant의 개념을 명확하게 하려고 한다. 이를 위해서는 우선 푸코가 규율사회

---

7. 다음 글에서 서술되고 있다. "Post-scriptum sur les sociétés de contrôle" in *Pourparlers*. [들뢰즈, 「후기-통제사회에 대하여」, 『대담 1972~1990』.]

를 정의하기 위해 사용했던, 삶에 작용하는 권력(생명권력)이라는 개념을 고찰할 필요가 있다.

규율사회에서 통제사회로

규율사회는 규율훈련적인 권력과 생명정치적인 권력 배치에 의해 지속되고 있다. 이 점에 관한 푸코의 설명은 무척 명쾌하다. 그에 의하면 규율훈련적인 권력 기술은 17세기 말에 생겼으며 생명정치의 권력 기술은 그로부터 50년 이상 이후인 18세기 후반에 생겨났다.

그런데 푸코는 생명권력이라는 개념으로 무엇을 의미하려고 했던 것일까? 그것은 모든 다양체를 대상으로 한, 규율권력과 유사한 작용양식이다. 규율훈련 기술이 신체를 변형시키는 것에 비하여 생명정치의 기술은 어떤 종류의 다양체를 대상으로 하고 있다. 그 다양체는 하나의 커다란 덩어리를 이루는 것으로서, 삶의 특유한 과정 전체(삶, 죽음, 생산 활동, 병 등)를 포괄하는investir 것이다. 규율훈련의 권력 쪽은 신체와 개인밖에 인지하지 않지만 생명권력 쪽은 인구 또는 종으로서의 인간을 겨냥하고 있는데, 어떤 강의에서 푸코가 말한 바에 의하면 궁극적으로는 정신으로서의 인간을 겨냥하고 있다. 즉 생명정치는 "생물학적 과정 전체 안에 신체를 위치 짓는다."

푸코가 쓴 바에 따르면, 생명권력의 기술은 복지국가Welfare

State의 정치와 동일한 것으로 간주될 수 있을 것이다. 생명권력은 인류의 번식(가족 정책, 산아제한 등)을 대상으로 하는 것만이 아니라 어떤 인구에서 주요한 병의 확대 범위와 지속 기간, 강도 등도 대상으로 한다(보건위생의 정치). 산업화의 진행과 함께 생명권력이 개입하는 새로운 영역이 출현했다. 즉 노동 재해, 고용 상실(실업), 노화(퇴직) 등이 그것이다. 그리고 생명권력이 개입하는 마지막 영역으로 푸코가 지적했던 것은, 영토 정비라는 분야다. 즉 지리학^{géographique}적인 영향, 기후에 의한 영향, 물의 관리에 대해 생명권력이 개입하게 되었다.

푸코에 의하면 문제는 구제 제도의 발명이 아니었다. 그와 같은 제도는 많은 장소에서 이미 존재하고 있었다. 오히려 문제는 17세기 중반까지 계속되고 있었던 교회에 의한 구제보다 더욱 효과적인, 그러나 그와는 다른 장치를 설립한 것이었다. 그 장치란 보험제도, 개인저축과 집단저축, 사회보장이다.

생명권력의 목적은 바로 삶을 관리하는 것이다. 그 의미는 단지, 생명권력이 인구의 존속 조건을 재생산하기 위해 노력한다는 것에 있다.

규율권력의 기술과 마찬가지로 생명정치의 기술도 또한 2차 세계대전 후의 테일러주의와 복지국가와 함께 크게 발전했다. 그 절정기는 새로운 힘들과 새로운 권력관계의 압력에 의해 감금과 삶의 관리를 위한 여러 장치가 개혁되었던 시기와 중첩된다. 그런데 19세기 후반부터 규율훈련과도, 생명권력과도 유사하지 않은 권력의 새로운 기술이 등장했다. 그 특이한 권력관계 — 들뢰즈는 그것을 통제 관계라고 불렀다 – 를 우리는 어떻게 정의하면 좋을까?

여기서 타르드가 우리를 올바른 방향으로 이끌어 준다. 19세기 말, 즉 통제사회가 고유한 기술과 장치를 준비하고 있었던 시기에, 타르드는 '미래의 사회집단'은 군중도 계급도 주민도 아니라 공중(또는 다양한 종류의 공중들)이라고 주장했다. 공중이라는 개념을 통해 타르드가 이해하고 있었던 것은 미디어가 만들어 낸 공중, 신문이 만들어 낸 독자로서의 공중이다. "공중이란 원거리에서 서로 정신적인 작용을 끼치는, 여기저기 흩어진 군중이다."[8]

19세기 말에 사람들은 공중의 시대에 들어섰다. 즉 [그 시대는] 열린 공간에서 서로서로 원격적인 작용을 끼치고 있는 주체성 모두를 일괄해서 파악하는 것이 더욱 중요한 문제가 되었던 시대이다. 공간은 시간에 종속되고 거기에서부터 하나의 공간-시간적 블록이 결정되었다. 타르드에 의하면, 이 블록은 속도 기술, 통신 기술, 원격지에 전달하고 전파하는 기술 속에 구현되어 있다. 규율훈련 기술이 기본적으로는 공간에서의 조직화인 것에 비해, 통제 기술과 공중을 구성하는 기술은 시간과 잠재성에 최대한의 중요성을 부여한다. 공중은 시간 속의 현전을 통해 구성된다.

타르드는 통제사회가 막 탄생했던 당시의 다음과 같은 세 가지 현상을 잘 파악하고 있었다. 그 현상들은 20세기 후반의 통제사회의 비약적 발전을 지속하게 만들기도 했다. (1) 뇌의 협동의 출

---

8. Gabriel Tarde, *L'opinion et la foule*, PUF, 1989, p. 17. [가브리엘 타르드, 『여론과 군중』, 이상률 옮김, 이책, 2015.]

현, 흐름과 망, 네트워크와 패치워크에 의한 행동. (2) 전신, 전화, 영화, 텔레비전, 인터넷 등 모나드 관계의 원격작용 역능을 강화하고 증폭하는, 원격작용에 필요한 기술적 장치의 비약적 발전. (3) 상호 응답하는 주체화와 종속화 과정. 결국 그것은 공중의 형성이고, 바꾸어 말하면 시간 안에서 공동적 존재l'être ensemble가 구성되는 것이다.

통제사회가 형성한 독자적인 주체화 과정과 기술은 규율사회에서의 주체화 과정 및 기술과는 매우 달랐다. (사회적으로 기술적인) 표현기계는 맑스주의와 정치경제학이 전망한 이데올로기로 귀착될 수 없다. 그 어딘가에서 표현기계는 전략적인 장소가 되었고, 사회적 세계의 구성 과정을 통제하게 되었다. 이제 이 표현기계 안에서, 그리고 표현기계에 의해 사건은 영혼에서 현실화되고 또한 신체에서 실효화된다.

새로운 힘들 및 새로운 권력관계의 통합과 차이화는 새로운 제도(공중의 여론, 집단적 지각, 집단적 지성)와 새로운 기술(원격작용의 기술)에 의해 다시 야기되었다. 통제사회에서 권력관계의 표현은 어떤 정신에서 다른 정신으로의 원격작용에 의해, 미디어와 다수의 테크놀로지를 통해 영향을 주고받는 뇌의 능력에 의해 이루어진다. "지도자의 암시작용(발화, 글쓰기, 인쇄물)을 멀리까지 명확하게 전달하기 위한 기계적 수단은 끊임없이 진보했다."9

이상과 같이 통제사회에서 제도는 기계적인mechanic 테크놀로

---

9. Tarde, *Les Transformations du pouvoir*, p. 59.

지(왕권사회)와 열역학적 테크놀로지(규율사회)가 아니라 원격작용의 테크놀로지를 이용하고 있는 것에 그 특징이 있다.

군중, 계급, 공중

뇌의 협동은 처음에는 여론이라는 형식을 통해, 즉 공유된 판단을 통해 표현된다. 다음으로 그것은 텔레비전과 인터넷 기술을 통해 창조되고 공유화된 다양한 인식과 개념(즉 집단적 지각과 집단적 지성)으로 넓혀간다. 뒤에서 보겠지만, 인터넷은 다양하게 변신하는 여론과 집단적 지각, 집단적 지성을 통합하고 차이화한다.

여기서 우리는 공중에 관하여, 그리고 공중이 사람들의 행위와 공동적 존재 방식에 가져온 새로운 사태에 관하여 생각해 보고자 한다. 공중이란 주체성(모나드)의 유연성과 기능적 동질성을 더욱 잘 표현하는 주체화 형식이다. 개인과 공중 사이의 관계에 관하여 말하자면, 개인이 공중과 일대일의 소속관계를 맺고 있을 이유가 없다면 어떤 공중으로부터 정체성을 부여받는 관계를 맺고 있을 이유도 없다. 즉 한 사람의 개인은 하나의 계급 또는 하나의 군중에 소속될 수밖에 없지만, 복수의 상이한 공중에는 동시에 속할 수 있다(이는 현대의 사회학 용어로 '다중귀속'이라고 불린다). 타르드의 개인은 마치 플라톤이 자신의 국가에서 배제하려고 한 예술가처럼 복수의 상이한 가능세계에 걸쳐 있는 존재다. 즉 그 개인은 다양하며 모방적인 인간이다. 다만 그것은 다양한 공중이 구성되어 진화해 가는 과정 내부에서 일어나는 일이다.

공중은 새로운 주체성의 표현이고 규율사회에서는 보이지 않았던 사회화 형식이다. 실제로 "공중의 형성은 군중과 계급의 형성보다도 훨씬 고도의 정신적이면서 사회적인 진화를 전제한다."[10]

공중이라는 개념에 따른 타르드의 특권적인 비유, 즉 뇌의 비유는 사회를 보다 잘 설명한다. 공중에게서 발명과 모방은 "정말 한 순간에, 마치 완전히 탄력적인élastique 환경 속으로 파도가 밀려"오듯이 보급된다. 그것은 어떤 정신에서 다른 정신으로 원격작용 하는 다양한 기술 덕택이다(사진이 복제되듯이 어떤 뇌 속의 음화가 다른 뇌 속에 있는 감광은판[현대의 필름에 상응하는 카메라 용품]에 복제된다). 그러한 공중의 등장에 의해 "우리는 사회 상태에 관한 기묘한 이상을 향해 돌진하고 있다. 그것은 모든 순간 다수의 소통을 통해 각자의 뇌가 서로 접촉하고 있는 상태다."[11] 이러한 주장은 마치 현대 인터넷이 보급된 상황을 지적하고 있는 것과 같다.

사회는 여러 공중으로 분할division되어 간다. 그 분할은 "점차 눈에 보이는 모습으로, 더구나 강력하게, 종교에 의한 분할, 경제에 의한 분할, 미적 가치관에 의한 분할, 정치에 의한 분할로 거듭된다." 공중으로의 분할이란 그 분할들을 대신한다는 의미가 아니다. 뇌의 협동과 뇌의 관계가 만들어 내는 "탄력성을 지니는 환

---

10. Tarde, *L'opinion et la foule*, p. 38~39. [타르드, 『여론과 군중』.]
11. 같은 책, p. 399.

경"에서 공중은 다양한 흐름이 되어 분기하고, 계급과 사회집단이라는 엄격하게 일의적인 분절을 파괴한다. 결국 "우리가 공중이라고 부르고 있는 보다 광대하고 보다 큰 세력이 된 새로운 그룹들은 예전의 오래된 그룹들을 치환하거나 중첩하면서, 습관의 지배에 이어 유행의 지배를, 전통의 시대에 이어 혁신의 시대를 수립하고 있다. 그러나 공중의 움직임은 그것에만 그치지 않는다. 공중은 끊임없이 항쟁하고 있는 다양한 인간집단 사이에 명백하게 강고한 분할을 완전히 가변적인 분할로 치환한다. 그것은 경계가 애매하고 끊임없이 갱신하며 상호 침투를 재촉하는 분할이다."12

이처럼 사회적 분절화 과정은 유연하게 되는데, 들뢰즈의 용어로 말하자면 탈영토화한다. 사회계급의 해체 후에 일어난, 그러한 주체화의 새로운 과정을 상상하고 이해하는 것에는 명확한 곤란이 따라다닌다. 그것은 첫째, 그 사회적 분절의 구성과 변용의 법칙을 이해하려고 해도 그 분절이 항상 변동하고 변화하기 때문에, 거기에는 객관적인 기반이 전혀 존재하지 않는 것처럼 보이기 때문이다. 둘째, 공중의 결합양식은 맑스주의의 이론적 전통에서 이데올로기 문제로 환원되어 왔기 때문이다.

1879년에 착상하고 1884년에 끝마친 후 1896년에 발표한 공상과학소설(『미래역사 단편』)에서, 타르드는 규율사회에서 통제사회로의 이행을 솜씨 좋게 요약하여 다음과 같이 쓰고 있다. "탐욕의 무정부체제 후에 이어진 것은 이젠 전능全能이 되어 버린 여

---

12. 같은 책, p. 70.

론에 의한 독재적 통치였다."[13] 즉 여론의 정치적 기능과 경제적 기능들이 다시 규율사회와 시장(탐욕의 무정부체제)에 특유한 착취와 예속 메커니즘으로 이끌린다는 일은 불가능하다.

여론, 언어, 기호 체제, 지식의 유통, 소비 등의 통제는 새로운 권력기술을 부상시켰다. 그 기술에 대한 해독은 타르드보다 20년 후에 등장한 러시아(구 소련)의 바흐친의 연구를, 나아가 1968년 경의 들뢰즈와 가타리의 철학을 기다려야 했다.

바흐친이 우리에게 보여 주었던 것은 '자본주의 이전 세계의 다양한 언어와 언표 형식과 기호론(복수언어주의)이 대체 어떻게 단 하나의 언어(단일언어주의) — 즉 강제되고 규범적 코드로 변화한 다수자 majorité의 언어 — 에 의해 억압되고 종속되게 되었는가'[14]라는 것이었다. 또한 들뢰즈와 가타리가 기술한 것은 다양체를 '다수자'로 구성하는 다양한 기술에 관해서이다. 그 기술들은 차이를 평준화하여 모든 것의 기준이 되는 하나의 모델을 만들어 낸다. 우리는 앙케이트 조사를 통해 텔레비전 시청자와 여론을 만드는 계량측정에서 그 모델의 원형을 볼 수 있다.

자본/노동의 변증법적 관계에 기반한 착취 개념으로는 통제사회의 다양한 기술을 이해할 수 없다. 그 기술들은 다양체의 표현에 대한 기호론적 통제기술이고, 새로운 자본주의와 함께 (때로는 앞서서) 생겨난 것이다.

---

13. Gabriel Tarde, *Fragment d'histoire future,* Séguier, 2000. p. 93.
14. 바흐친의 연구에 관해서는 이 책의 4장에서 상세하게 분석한다.

통제사회의 노예화 기술은 규율사회의 노예화 기술을 대신한 것이 아니라 그것과 중첩되면서 점차 넓어졌다. 다음 장에서 보게 되듯이 그 기술은 오늘날 자본축적에 불가결한 전제가 되었다.

이제 언어적 다양체를 다수자의 모델(단일언어주의)로 변형시키지 않는 한, 즉 단일언어주의에 기반한 표현체제를 강제하지 않는 한, 그리고 자본의 기호론적 권력을 구성하지 않는 한 자본축적의 수단으로서의 착취는 전혀 불가능하다.

삶과 생명체

만일 원격작용 기술과 표현기계가 열린 공간에서의 다양체를 포획하기 위한 기본적 수단이며 여론이 그 포획을 위한 중요한 새로운 제도라고 한다면, 그 권력관계 안에서 모습을 드러내고 있는 것은 어떻게 새로운 권력인가?

이 새로운 권력을 명확하게 하지 않는 한, '변조'라는 개념을 검토할 수 없다. 그리고 변조라는 개념에 함유된 모든 의미를 이해하기 위해서는 삶과 생명체 개념을 검토해야만 한다. 마지막까지 분석하면, 변조의 대상이 되고 있는 것은 바로 삶과 생명체이기 때문이다.

생명정치의 기술은 삶에 표적을 두고 있고, 그것은 인류라는 생물 존재를 대상으로 하고 있다. 생명정치의 기술은, 병과 실업, 노화와 죽음에 관계하면서 삶을 통제하는 것을 목표로 하고 있다. 결국 생명정치 기술이 대상으로 하고 있는 삶이란, 인구의 재생산인 것이다. 통제 기술도 또한 삶에 표적을 두고 있지만, 그러나 그 의미는 생명정치와는 명확하게 다르다. 통제 기술이 대상으로 하고 있는 것은 또 다른 삶 (및 생명체)의 개념이다. 통제사회의 모든 기술이 변조하고자 하는 역능이 무엇인지 이해하기 위해서는, 그와 같은 삶 (및 생명체)의 개념을 분명히 해두어야 한다.

그 개념을 이해하기 위해서, 우리는 니체로 되돌아갈 필요가 있다. 니체는 푸코의 권력이론의 진정한 원천이다. 니체도 타르드와 마찬가지로 (양자는 자주 동일한 저작의 독해에서 출발했다), 당시 생물학과 생리학의 성장을 주체의 이론을 비판하기 위해 이용했다. 분자생물학은 살아있는 신체와 그 생리학에서 출발하여 철학자가 말하는 자아의 자율성, 독립성, 통일성에 관해 논의하는 것을 가능하게 했다. 타르드와 나란히 니체도 또한 '분자' 레벨의 생물학 안에서, 즉 신체를 구성하는 무한소의 존재의 다양체(어떤 존재도 욕망하고, 느끼고, 사고한다) 안에서, 또한 그것들의 정치적 유기체로서의 관계와 형식 안에서 칸트적 '나'와는 구별되는 주체성 개념과 행동하고 고통 받는 방식을 발견했다.

니체는 언제나 생물학에서 출발하여 "생명체가 존재하며, 그 이외의 존재자는 없다."라고 주장할 수 있었다. 이 이상의 일반적인 정의를 과연 19세기 후반의 분자생물학 연구에서 이끌어 낼 수 있을까? 니체와 타르드는 각자 다른 방식이지만 기억(잠재적인 것을 현재화하는 역능)을 근원적인 특성으로 보고 생명체의 정의를 기초지으려고 했다. 또한 타르드와 니체는 그와 같은 생명체

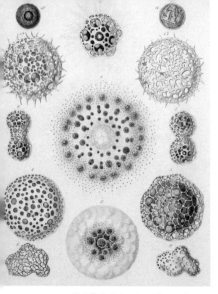

헤켈,『디 라디오라리엔(방사충)』
(*Die Radiolarien*), 1862의 전면 삽화

정의를 당시의 과학연구, 특히 헤켈Ernst Haeckel 15의 『세포심리학 시론』 안에서 발견했다.

헤켈은 어떤 신체를 구성하는 모든 무한소의 요소(미세원형질) 또는 모든 유기적 모나드는, 기억을 지니고 있다는 점에서 이러한 특성(혹은 경향)을 지니지 않는 비-신체와는 구별된다고 생각했다. 이 헤켈의 분자생물학을 타르드는 다양체의 이론에 비추어 해석했다. 타르드에 의하면 헤켈의 설명은 "진화론에 라이프니츠적인, 즉 모나드론적인 해석"을 부여한 "주목할 만한 설명"이었다.

생명체를 기억으로서 정의하는 것은 생물학과 생리학에서는 상도常道이다. 이 정의에서 현대 분자생물학에서의 생명체와 헤켈의 분자생물학에서의 생명체를 구별하는 일은 불가능하다. "생명체의 본질은 기억이고, 그것은 현재에서 과거의 신체를 지속하는 것이다. 생명의 형태는 자기의 재생산을 통해 과거를 현재에 결합하고 미래를 위해 메시지를 기억한다."16

타르드는 기억이라는 힘 — 보존을 행하는 일종의 지속 — 이 없다

---

15. [옮긴이] 에른스트 헤켈(1834~1919)은 독일의 생물학자이다.
16. Lynn Margulis et Dorion Sagan, *L'univers bactériel,* Éd. du Seuil, 2002, p. 64.

면, 앞에 생겨났던 것을 후에 생긴 것 안에 축약하는 풍부한 계승이 일어날 수 없다면, 이 세계에서 감각되는 사물은 아무 것도 없게 되고 생명도 시간도 축적도 없게 되면서, 성장도 없게 될 것이라고 생각했다. 타르드의 으뜸가는 '제자'인 베르그손에 의하면, 이 지속이 없다면 세계는 어떤 순간도 다시 만들어 내야 할 것이다. 그러한 세계는 한없이 반복되는 현재이며, 항상 그대로 동일하게 될 것이다. 물질조차도 이 지속이 없다면 존재할 수 없을 것이다. 감각적 사물의 창조와 실재화는 기억의 활동, 즉 기억에 의한 주의력attention과 기억이 가진 현실화 및 반복의 역능을 전제로 하고 있다.

모든 감각은 시간 안에서 전개되며 어떤 힘을 필요로 한다. 그것은 지금 있는 것의 내부에 이미 사라진 것을 보전하는 힘이다. 바꾸어 말하면, 그것은 살아있는 것 안에 죽은 것을 계속 지속하고 보전하는 힘이다. 이 힘이 없다면 모든 감각은 단순한 자극으로 환원될 것이다. 그래서 뇌의 협동에 의해 움직이고, 새로운 제도(여론 등)에 의해 포획되는 모든 힘은 기억과 주의력이다. 그것은 베르그손이 '지적 협력'이라고 정의하고 타르드가 '뇌의 코나투스'라고 정의한 힘이다.

차이의 철학은 새로운 분자생물학과 뇌의 연구와 대결한 최초의 철학이다. 베르그손의 연구가 생명체에 걸쳐 있는 것은 그것이 생물학 및 진화론과 직접적으로 대결하고 있기 때문만은 아니다. 그것은 베르그손의 연구가 특히 기억을, 그리고 시간과 그 작용양식을, 즉 잠재적인 것과 현재적인 것을 취급하고 있기 때문이다.

베르그손에 의하면 기억이란 모든 잠재적인 회상의 공립[共立]적 존재이다(『물질과 기억』의 유명한 역원뿔은 무한의 원으로부터 구성되고 있는데, 상부 – 잠재적인 것 – 를 향해서는 열려 있고 하부 – 현재적인 것 – 를 향해서는 닫혀 있다). 무엇을 추억한다는 일은 서랍 안을 탐색하듯이 기억 안을 탐색하여 무엇에 대한 회상을 찾아내는 일이 아니다. 무엇에 대한 기억 – 모든 정신활동 전반 – 은 잠재적인 것을 현재화하는 것이다. 그리고 그 현재화는 창조이자 개별화여서 단순한 재생산은 아니다. 헤켈은 이 과정을 '지적 노동'이라고 말하면서, 타르드와 마찬가지로 기억과 주의력에로 눈을 돌린다. "이와 같이 주의력이 없다면 감각 또한 있을 수 없다…. 그런데 주의력이란 무엇인가? 그러나 여기에서 잊어서는 안 되는 것이 있다. 그것은 순수하게 심리학적 측면에만 착목하고 근육에 부수적으로 생겨나는 현상들을 제외한다면, 그 노력은 일종의 욕망이라는 사실이다."[17]

기억과 주의력은 다양한 관계 안에서 현재화하고, 그들 관계와 함께 사회적·경제적 힘들이 된다. 차이와 반복의 배치를 통제하고 착취하기 위해서는, 그 사회적·경제적인 모든 힘을 포획해야 한다. 들뢰즈가 "삶 안에는 잠재적인 것밖에 존재하지 않는다."[18]라고 단언할 수 있었던 것은 이와 같은 사고의 전통에 계속 충실

---

17. Gabriel Tarde, *Essais et mélanges sociologiques,* A. Storck éd., 1985, p. 237.
18. Gilles Deleuze, "Immanence : une vie …", *Philosophie*, n° 47, Éd, de Minuit, 1995. [질 들뢰즈, 「내재성 : 생명……」, 『들뢰즈가 만든 철학사』, 박정태 옮김, 이학사, 2007.]

했기 때문이다.

이제 우리들은 변조의 개념으로 돌아갈 수 있다. 정신 사이의 원격작용을 포획하고, 통제하고, 규제할 수 있는 것은 뇌의 협동 사이를 돌아다니는 믿음과 욕망과 힘들(기억과 주의력)의 흐름을 변조하는 것에 의해서이다.

지금까지 권력이 행사되는 양식은 항상 신체를 문제로 삼아왔다. 그러나 변조라는 양식에서는 오히려 신체의 비신체적 차원이 문제가 된다. 통제사회는 (규율사회와는 반대로) 신체적 기억보다도 정신적 기억을 둘러싸려고 한다. 푸코에 의하면 인간 정신은 생명권력에 의해 가까스로 대상이 될 뿐이었다. 그러나 통제사회에서는 인간정신이 더욱 주요한 대상이다.

통제사회가 그 권력을 행사할 수 있는 것은 떨어져 있는 장소의 영상과 음성, 데이터를 전달하는 기술 덕택이다. 그러한 기술은 파동과 전자파를 변조하여 결정화시키는 기계[19](라디오와 텔레비전) 또는 디지털 신호를 변조하여 결정화시키는 기계(컴퓨터와 디지털 네트워크)에 사용된다. 그 무기적 파동들의 증폭에 의해 모나드들은 서로 작용하는 것이다.

그와 같은 방향으로의 조짐은 이미 19세기 말에 나타나고 있었다. 실제로 타르드는 거리를 둔 어떤 정신에서 다른 정신으로 어떤 인상을 전달하는 경우, 거기에는 두 가지 방식이 있다고 말한다. 하나는 모든 인상이 기억 속에 보존되고 반복되는 방식이다.

---

19. Maurizio Lazzarato, *Videofilosofia*, Manifestolibri, Rome, 1998.

다른 하나는 모든 표현된 인상 또는 "이른바 혼에서 발현되어 날아가게 된 모든 파장이 무한의 파동이 되어 끝없이 넓어져 가는" 방식이다. 그 파장은 일종의 규칙성을 보여 주면서 모습을 드러내고 다양한 기술적 장치가 그 규칙성에 개입하고 작용한다.

만약 기억과 주의력을 생명의 동력으로 본다면 원격작용 기술 쪽은 인공적 동력, 또는 인공적 기억이라고 볼 수 있다. 전자의 생명적 동력은 비유기적 에너지에 의해, 즉 잠재적인 것에 의해 기능한다. 그에 비해 후자의 인공적 동력 또는 인공적 기억 쪽은 기억과 주의력과 함께 배치에 통합되어 기억의 활동과 서로 중첩된다.

시간의 결정화 기계 또는 시간의 변조 기계는, 사건과 뇌의 협동에 있는 힘들을 변조시킴으로써 그 안쪽에서 개입하기 위한 장치이다. 그 개입에 의해 이 기계는 임의의 주체성을 구성하는 과정 전체의 조건이 된다. 그것으로부터 다시 이 과정은 다양한 파동의 조화 또는 (바흐친의 표현을 사용하면) 다성악과 비슷한 것이 된다.

그래서 기억으로서의 삶과 인간이라는 종으로 생물학적으로 특징지어진 삶(죽음, 탄생, 병 등)은 구별되어야만 한다. 즉 기억이 의미하는 삶과 생명권력의 범주가 의미하는 삶은 구별되어야 한다. 여기에서 우리들은 이질적인 것을 동일한 단어로 보여 주지 않기 위하여, 기억과 그 코나투스conatus(주의력)를 대상으로 하는 이 새로운 권력관계를 인지정치noo-politique [20]라고 정의하려고 한

---

20. 아리스토텔레스는 누스(noos 또는 noûs)라는 말을 영혼의 더욱 고등한 부분, 즉

다. 인지정치(통제 기술의 총체)가 뇌에 작용을 미치는 것은 우선 주의력을 불러일으키는 것에 의해서이지만, 그것은 기억과 잠재적 역능을 통제하기 위해서이다. 그때 기억을 변조하는 것은 인지정치의 더욱 더 중요한 기능이다.

규율훈련이 신체를 틀에 박고, 습관을 신체적 기억 안에 구성하는 것을 주안점으로 삼고 있다면, 통제사회는 뇌를 변조하고 정신적 기억 안에 습관을 구성하는 것을 주안점으로 삼고 있다.

그래서 규율훈련은 신체를 틀에 넣는 일(감금, 학교, 공장 등)을 수행하고, 생명정치는 삶의 관리(복지국가, 건강의 정치 등)를 조직화하며 인지정치는 기억과 그 잠재적인 역능의 변조(전파 네트워크, 음향 영상 네트워크, 정보통신 및 여론과 집단적 지각·지성의 구성)를 제어한다. 이들 각각에 대응하는 사회학적 개념은 (감금양식의 하나로서의) 노동자계급, 인구, 그리고 공중이다.

통제사회는 이 세 종류의 장치 모두로부터 구성되고 있어서 마지막 장치만으로 구성되는 것은 아니다.

이들 세 가지 다른 권력 장치는 각자 다른 시대에 생겨났고 각자 다른 목적을 가진 것이지만, 그 하나가 다른 하나에 의해 치환되는 것은 아니며, 배치를 형성하면서 서로 작용하고 있다. 오늘의 미합중국은 이 세 가지 권력 장치의 종합에 의해 더욱 더 완성된 통제사회의 모델이 되고 있다. 미국에서 규율훈련의 감금장치, 특

지성을 지칭하기 위해 사용했다. 또한 이 말은 인터넷 접속 서비스를 제공하는 어떤 공급자의 이름이기도 하다. 이상 두 가지 사항을 이해하면 독자는 이 새로운 말인 noo-politique의 의미를 잘 이해할 수 있을 것이다.

히 감옥은 비약적으로 확대되고 있다. 미국 감옥에 수용된 죄수의 인구는 200만 명이 넘는데, 이는 미국 인구 전체의 1%를 점한다. 일찍이 어떠한 규율사회도 이 정도까지 높은 수치를 달성하지 못했다. 삶의 관리를 목적으로 하는 생명정치 장치는 소멸했지만, 반면 그 장치는 깊은 변형을 수반하면서 확대되고 있다. 즉 예전의 복지제도는 현재 근로복지제도로 변했다. 또한 사회적 리스크(실업, 퇴직, 병)를 보장한다는 예전 방침은, 현재 모든 개인의 삶에 개입하고 예속노동에의 종사를 강제한다는 방침으로 변했다. 인지정치의 새로운 모든 장치(최초의 장치는 19세기 후반에 등장했다)는 정보기술과 통신기술의 발달에 수반하여 비약적인 진보를 이루었다. 세 종류의 권력 장치 사이의 차이는, 들뢰즈의 개념을 이용하면 '탈영토화' 정도의 차이다. 인지정치가 다른 권력관계에 명령하고 다른 권력관계를 재조직한다고 여겨지는 것은 인지정치가 더욱 탈영토화한 차원(다양한 뇌의 상호작용으로 갖추어지는 잠재성)에서 작동하고 있기 때문이다.

세계 전체를 조망하면, 그래도 우리 눈에 띄는 것은 규율훈련 제도의 비약적 확대인 것이 확실하다. 예를 들어 공장과 공장노동 ― 맑스와 경제학자들이 고찰하듯이 ― 은 쇠퇴하고 있기는커녕 그 반대로 확대되고 있기만 하다. 국제노동기구[ILO]에 의하면 2억 6,200만 명의 아이들(5세부터 17세)이 노동자로서 일하고 있다. 또한 서구 제국에서는 포디즘 시대보다도 임금노동자 인구가 더욱 증가하고 있다. 그러나 그 현상들이 일어나고 있는 평면에 근본적인 변화가 일어나고 있는 것도 확실하다. 주체-노동의 패러다임에서 출발하는 한, 이 변화를 이해할 수 없다. 그것은 이론적 평면보다도 정치적 평면에서 더욱 명확하다.

산업노동은 이제 자본주의의 가치창출의 중심이 아니다. 또한 이제 그것은 사회적인 모든 힘을 매듭짓는 정치적·사회적 주체화 모델이 아니다. 더구나 이제 그것은 통제사회에서 여러 제도와 정치성을 산출하는 독점적인 힘이 아니다. 서구 국가들에서 임금노동자는, 한편으로 여전히 자본주의가 주체성의 협

2016년 24개 주에서 2만4천여 명의 수감자가 참여한 미국 역사상 최대 규모의 전미 교도소 파업을 알리는 밈. 수감자 강제노동은 저임금이거나 무상이며, 보잉, 스타벅스, 맥도날드 같은 기업도 이 강제노동의 수혜자다. 수감자들은 열악한 시설에서 살며 강제노동을 거부할 권리가 없어 실질적으로 노예제와 다르지 않다고 주장한다.

동과 그 발명의 역능을 착취하기 위한 주요한 형태이다. 그러나 다른 한편으로 임금노동자는 다양한 활동과 지위로 분산되어 버렸다. 확실히 그들의 다양한 주체성과 기대는 전통적인 계급개념 안으로 수렴되지 않게 되었다.

그러나 문제의 뿌리는 더욱 깊은 곳에 있다. 이제 산업노동이 자본주의의 가치창출의 중심이 아니게 되었다는 것이 중요하다. 그것만이 아니다. 여러 가지 새로운 활동형태를 열거하면서 언어와 정동, 지식, 삶이 재생산 노동에 의해 생산적으로 된다고 생각

한다면, 우리는 이제 창조와 착취를 가능하게 하는 역동성 ─ 즉 차이와 반복의 역동성 ─ 을 이해할 수 없다. 여기서 우리의 이해를 방해하는 것은 바로 주체-노동의 패러다임이다.

노동운동과 규율사회

푸코에 의한 규율사회의 탐구를 보완하기 위해서는 규율사회가 노동운동의 제도들과 유지해 왔던 관계를 연구해야 한다. 19세기 초에 생겨난 노동운동 제도는 규율훈련의 논리와 대립하면서 발전했지만 20세기가 되면 그것은 (노동자를) 가두기enfermement 위한 기본적인 장치가 되었다. 20세기는 자본주의와 사회주의의 거리가 특히 여러 계획적 정책에서 좁혀지는 시기였다. 그 계획적 정책들은 규율사회의 절정기를 보여줌과 함께 재생산 논리의 완성을 보여 주었다. 예견불가능성과 불확실성, 차이와 반복의 배치가 전제하고 있는 변용 가능성, 그리고 그로부터 생겨난 괴물적인 주체화는 경제적·사회적 영역에서 엄밀하게 코드화되어 무력화되었다. 냉전기 사회주의 정책과 자본주의 정책의 계획경제는 근본적으로는 전혀 다른 것이 아닌데, 그것은 바로 '예정조화'를 구현한 것이었다. 예를 들어 다음과 같은 것들 ─ 사회주의와 레닌주의 관념이라든지 바이마르 공화국 시기의 발터 라데나우[21]의 정책이 다시

---

21. [옮긴이] 발터 라데나우(Walther Rathenau, 1867~1922). 바이마르기의 실업가·정치가. 혁명과 융커에 대항하여 자본주의의 조직화를 주장했지만 극우에 의해 암살

채택된 것, 2차 세계대전 후에는 고급관료들의 금과옥조로 되었던 관념 등 – 을 기억해 보았자 여기서는 아무런 도움이 되지 않는다.

다만 18세기와 19세기의 규율사회와 관련해서 생각해 보면, 계획경제의 특징은 당시 노동이 담당하고 있었던 역할 속에서 찾을 수 있다. 즉 그 시기의 노동은 계획경제의 실질임과 동시에 척도이기도 했다. 노동은 사회통제의 더욱 유효한 수단이 되고 있었다. 공장에서의 노동은 새로운 노동자계급(단순 기능공)을 규율 훈련하면서 이 새로운 계급이 임금노동제에 대한 다양한 비판적 세력으로서 출현하는 것을 방해하고 있었다. 다른 한편, 1970년대까지(프랑스에서는 1980년대까지) 노동자 조합운동과 정치운동은 새로운 정치주체가 되었던 단순기능공(이는 맑스가 이해하고 있었던 노동자계급과는 별개의 것이었다)의 출현에 저항했고, 단순기능공들이 재생산 노동을 거부하는 것을 인정하지 않았다.

계획경제 사회에서 여성과 아이들, 노인이 사회적 권리(복지)를 손에 넣기 위해서는 노동자의 임금이 필요했다. 즉 노동을 통해 이성애의 규범이 생산되었고 재생산되었다. 계획경제의 여러 제도를 뿌리부터 관통하면서 그것을 구성하고 있었던 것은 규율훈련과 생명권력, 즉 감금과 삶의 관리를 함께 작동시키는 노동 관념이었다. 그것은 사회를 둘러싸는 벽을 쌓아올리고 베버가 말한 '쇠우리'를 만드는 것이었다. 이와 같이 노동은 파시즘의 붕괴로부터 생겨났던 새로운 공화국에서 구성적 역능이 되었다(예를 들어

되었다.

이탈리아 공화국은, 그 나라 헌법에 의하면 노동을 기반으로 하여 건설된 것으로 되어 있다[22]).

　그렇다면 푸코는 오류이며 맑스주의가 정당한 것이었을까? 즉 노동은 모든 사회관계와 권력관계의 기반인 것일까? 이 의문에 답하기 위해서는 계획경제 사회와 1차 세계대전 전의 규율사회 사이에 있는 근본적 차이를 생각해야 한다. 포디즘과 계획경제의 달성에 의해 이제 노동은 맑스가 말한 바와 같은 존재론적 역능으로서 세계를 '자발적'으로 구성하는 것이 아니게 되었다. 포디즘에서 노동의 역능과 그것을 통제하는 힘이 정치논리와 결부되었다면, 노동은 사회의 실질적인 척도인 것으로서 제도화되어 버렸다. 만약 노동이 사회관계의 성립기반이라면, 그것은 노동이 세계를 구축하기 때문이 아니라 노동 관념을 둘러싼 노동조합과 경영자, 그리고 국가 사이에 정치적·사회적 타협이 행해졌기 때문이다. 세계의 지정학적 분할도 또한 노동 관념을 둘러싼 역학으로 유지된다. 그 역학에 기반하여 차이와 반복의 모든 배치가 재생산되고, 통제되고, 무력화되는 동시에 노동운동의 여러 제도가 권력의 재생산 논리 속으로 통합된다. 요컨대 노동은 경제적 재생산과 정치적 재생산을 일치시키기 위해 양자 사이를 중개하고 있다. 우리들은 20세기를 다음과 같은 시대로 볼 수 있다. ― 즉, 20세기란 자기와 세계를 구성하는 것으로서 노동과 주체가 장기에 걸친 불가

---

22. [옮긴이] 안토니오 네그리, 마이클 하트의 『디오니소스의 노동 I』(이원영 옮김, 갈무리, 1996) 3장 「헌법 속의 노동」 참조.

역적인 위기를 맞이한 시대였다고. 2차 세계대전 후, 주체/노동의 패러다임을 조절 시스템으로 잘 기능시키기 위해서는 완전히 정치적인 결정을 거듭 쌓아올리는 것만으로도 좋았던 것이다.

실천이라는 개념을 통해 세계의 구성 과정을 파악하는 것은 20세기 후반 세계에서는 보수적인 역할을 담당한다. 또는 더 적당한 말로 말하자면 그것은 권력관계를 조정하는 역할을 담당하고 있다. 확실히 맑스 이론은 1848년의 프랑스 2월 혁명부터 파리 코뮌까지의 투쟁 시기에서는 혁명적 효과를 가졌다. 그러나 그로부터 한 세기를 경과하면서 그 이론은 통합을 위한 강력한 수단으로서 기능하게 되었다. 눈부시다고는 생각되지 않는 노동운동의 이 같은 역사의 단편을, 현재에는 많은 사람들이 잊어 버리고 말았다. 그와 같은 사람들은 포디즘과 그 강고함을 후대a posteriori가 되어 칭찬하고 있지만 이는 일종의 기만이며 역사의 무시다.

68년 운동은 그와 같은 오류에 빠지지 않고, 차이와 반복의 배치를 무력화하려는 사람들(사회주의자 및 자본주의자)을 적으로 보았다. 더구나 그 운동은 계획경제사회의 관료(사회주의자 및 자본주의자)를 '쇠우리'의 감시인이자 이원론을 강제하는 자로 보았다. 방금 논의를 다시 취하자면, 68년 운동은 계급의 논리와 이성애의 규범으로부터의 단절이고 탈주였다.

노동운동의 여러 제도는 노동이 조정력을 지녔던 시대의 산물인 정치적 타협 논리 속에서 현재까지도 오랜 삶을 살고 있다. 그러나 자본과 국가는 이미 상당히 예전부터 사회를 규율훈련하는 수단으로서의 노동을 내버리고 있다. 여기서 문제는 노동운동이 실천으로서의 의미를 완전히 잃어버리고 있다는 데에 있다. 어느 덧 지금에는, 노동을 중심으로 한 자기와 세계의 구성 과정 등을 그려보는 것은 불가능하다.

우리가 그려볼 수 있는 유일한 대안alternative은 고용의 대안이 다. 노동에서 고용으로의 이행은 노동운동이 쇠퇴해 간 역사의 또 다른 슬픈 페이지다. 노동이 규율사회에서 지배적 지위를 점하 게 된 것은 바로 규율사회가 쇠퇴하던 시기였다(포디즘). 그에 비 해 고용은 통제사회에서 조절régulation의 기본적 형태 중 하나를 이루는 것이다.

3 기업과 신모나돌로지

어떤 인간이라도 그의 내부에는 창조적 능력이 잠재되어 있다. 이
같이 말했다고 해서 모두가 화가나 조각가가 될 수 있다고 말하려
는 것은 아니다. 그것이 아니라 인간의 모든 일의 영역에는 잠재적
창조성이 있다고 말하고 싶은 것이다 …. 어떠한 일도 어떤 점에서
는 예술과 관계하고 있다. 그러한 예술은 예술을 이해하는 일부 사
람들 각자의 고독한 작업에 따른 것이 아니다. 그리고 그들[예술
가들] 이외의 많은 사람들은 예술과는 별도의 일을 해야만 한다는
의미도 아니다 …. 내가 말하고 있는 것은 모든 활동과 노동형태에
서의 창조성이다. 그것은 예술에서만 나타나는 것이 아니다. 창조
성은 자유롭고 혁명적인 활동에 속하며, 노동자와 학생을 해방하
는 것이다. — 요셉 보이스

우리가 인류에까지 도달했을 때, 자연은 우리에 대한 여러 제한을 철거했
다고 생각된다. 수용과 표현을 중심으로 하는 활동은 인간의 여러 상이한
활동의 중요성을 전도시켰다. 인간 정신에서 아직 실현될 수 없는 가능성의
관념적인 수용이 상상을 뛰어넘는 새로운 것이 도입되는 중요한 사건으로
되었다. 그 새로운 것은 흔히 신성한 것이기도 했고 저주받는 것이기도 했
으며 혹은 특허로서 작자의 권리가 보호되었던 것이기도 했다. 인류라는 개
념을 정의하면, 다음과 같이 될 것이다. 즉 이 동물에게 중심적 활동은 항상
새로운 것과 관련하여 발전한다 …. — 알프레드 노스 화이트헤드

저 광고 메시지를 텔레비전 시청자에게 수용시키려면 그들
뇌를 활동하지 않는 상태로 만들어야 한다. 우리에게 방송은
사람들의 뇌를 활동하지 않도록 만드는 일이다. 즉 사람들을
유쾌하게 만들고 두 개의 메시지 사이에서 느슨해진 상태에
있게 만드는 것이다. 우리가 코카콜라사에 팔고 있는 것은
사람들의 뇌가 활동하지 않는 상태에 있는 시간이다.
— 파트릭 르 레이[TFI(프랑스의 텔레비전 방송국) 사장]

현대 자본주의를 이해하기 위해, 우리는 지금까지 쭉 노마돌로지가 인도하는 길을 따라왔다. 이미 명확하게 말했듯이, 만약 제도가 권력관계의 원천이기는커녕 권력관계에서 유래하는 것이라면, 우리는 뇌의 협동을 고찰하는 데 있어서 제도에서 출발해서는 안 된다. 그러나 제도로부터 설명하는 관습적인 사고방식은 우리의 정신 안에 뿌리를 깊이 내리고 있어서 그와 같은 사고방식을 거부하는 우리는 "모자란 놈들"이라고 생각될지도 모른다. 나아가 만약 노동이 세계를 구성하는 것이 아니라 뇌의 협동을 포획하기 위한 하나의 수단에 불과하다면, 자본주의를 이해하기 위해서는 노동에서 출발해도 안 되고 착취에서 출발해도 안 될 것이다. 그래도 노동과 착취에서 출발하는 사고방식은 우리들의 사고에 깊이 뿌리를 내리고 있다 …….

그래서 우회가 될지도 모르지만, 우리는 기업 활동에 신모나 돌로지를 적용시키고, 거기에서 몇 개의 기본적 귀결을 이끌어 내려고 한다. 기업은 대상(상품)을 만들어 내고 있는 것이 아니라 그 대상이 존재하는 세계를 만들어 낸다. 기업은 주체(노동자와 소비자)를 만들어 내고 있는 것이 아니라 오히려 그들 주체가 존재할 세계를 만들어 낸다. 현대 자본주의에서는 우선 기업과 공장을 구별하는 것에서부터 [고찰을] 출발해야 한다. 2001년에 프랑스 거대 다국적기업인 알카텔사Alcatel(프랑스의 정보산업 회사)는 12개의 공장을 자사와 분리한다고 발표했다. 알카텔사의 계획은 확실히 극단적인 사례일지도 모르지만, 그래도 현대 자본주의의 모습을 잘 보여 주고 있다. 예전엔 대부분의 경우 기업의 기능과 공장의 기능은 서로 결부되고 통합되어 있었다. 그 양자의 분할이 가능하게 된 것은 현대 자본주의적 생산에서 일어나고 있는 깊은 변용을 상징하는 사건이다.

이 다국적 기업(알카텔사)은 노동과 생산을 분리해 버린 후, 기업으로서 무엇을 유지하려고 했을까? 그것은 이 기업이 세계를 만들어 내는 것을 가능케 하는 온갖 기능, 서비스, 종업원이다. 즉 연구와 확대, 마케팅, 아이디어, 소통에 관련된 모든 서비스이다. 바꿔 말하면 그것은 표현에 관한 모든 힘들과 그 다양한 배치(또는 기계들)이다.

서비스 혹은 상품을 생산하는 이 기업은 하나의 세계를 만들어 내고 있다. 이 논리에서 서비스와 생산은 — 소비자와 생산자도 또한 마찬가지로 — 그 세계에 대응하는 것이어야만 한다. 이 세계는 노동자와 소비자의 정신과 신체 안에 내포되어 있어야만 한다. 그리고 이 포섭은 오로지 규율훈련에 기반한 여러 기술에 의해 행해진다. 현대 자본주의에서 기업은 생산자와 소비자 — 기업이 만드는 세계를 표현하는 사람들 — 의 바깥에 있는 것이 아니다. 기업의 세계와 기업의 목적, 기업의 현실성은 기업, 노동자, 소비자가 상호 유지하는 관계 안에서 해체되어 버렸다. 이리하여 기업은 모나드(소비자 및 노동자)와 세계(기업) 사이의 상응correspondence과 조합, 교착交錯, interlacing을 만들어 내려고 한다. 그와 같은 기업이 있는 장소는 바로 라이프니츠 철학에서 신이 점하는 장소 그것이다!

통제사회의 최종목적은 왕권사회와 같이 권력을 채취採取하는 것도, 규율사회처럼 권력의 결합과 증대를 목표로 하는 것도 아니다. 통제사회에서 중요한 것은 세계를 실효화하는 것이다. 새로운 자본주의는 그 조건에 따라서 가치창출을 행한다.

우리는 맑스주의의 정의를 뒤집어서 다음과 같이 말할 수 있다. 즉 자본주의란 생산양식이 아니라 (양식으로서의) 세계의 생산이라고. 결국 자본주의란 일종의 마니에리즘^{maniérisme}1이다.

세계 및 세계에 포섭된 주체성의 표현과 실효화, 그리고 감각적인 것^{sensible}(욕망, 믿음, 지성)의 창조와 실재화는 경제적 생산에 앞서서 행해진다. 그래서 지구 규모에서 전개되고 있는 경제전쟁은 미학적 전쟁이기도 한 것이다.

소통^{communication}/소비

가장 먼저 소비에서 출발하지 않으면 안 된다. 새로운 시대의 수요와 공급 관계에서는 지금까지와는 반대로 고객이야말로 기업전략의 중심인물이 되고 있기 때문이다. 이제부터 우리들은 현대자본주의에서 표현기계(즉 여론, 소통, 마케팅)가 담당하고 있는 전략적 역할을 더욱 상세하게 검토하고자 한다.

소비 행위는 정치경제학과 그 비판자의 주장에 의하면 구매행위 혹은 서비스 상품의 '파괴행위'로 환원되는 행위이지만, 그와

---

1. [옮긴이] 르네상스와 바로크 사이 16세기 유럽에서 성행한 예술 조류로서, 사실적 재현의 전통에 반기를 들고 독특한 양식(매너 혹은 스타일)에 따라 지적이면서 인공적인(자연적인 것과 반대되는) 예술작품을 구현했다.

파르미자니노, 〈목이 긴 성모〉, 1534~40. 마니에리즘은 늘어진 비례와 꾸며진 포즈, 명확하지 않은 원근법으로 유명하다.

같은 주장은 오해이다. 그와는 달리 소비라는 행위는 무엇보다도 우선 어떤 세계에의 소속과 가맹을 의미한다. 그것은 어떠한 세계인가? 그것을 알기 위해서는 텔레비전과 라디오 스위치를 눌러보거나, 마을을 산책해 보거나, 일간지나 주간지를 사보는 것만으로도 충분하다. 그렇게 하면 그 세계가 언표의 배치에 의해 또는 기호 체제에 의해 구축되어 있다는 것을 곧 이해할 수 있을 것이다. 결국 거기에서는 모든 표현이 광고이다. 그 표현은 자기와 타자 쌍방에 대해 그 세계가 부여하는 평가와 판단, 믿음을 받아들이도록 요청하고 명령한다. 거기에서 표현되고 있는 내용은 단순한 이데올로기적 평가에 지나지 않는 것이 아니라, 어떤 생활 형태에 대해 찬동하는 것을 장려하고 요청하는 것이다. 바꾸어 말하면 그것은 어떤 종류의 장식이고 자세이며, 식사법, 소통 방식, 사는 방식, 이동 방식, 태도 방식, 화술 등을 장려하고 요청하는 것이다.

바야흐로 텔레비전 프로그램은 영화와 버라이어티 쇼, 뉴스 프로그램에 의해 정기적으로 중단되는 광고의 대량 흐름이 되었다. 프로그램과 광고는 어느 쪽이 시작이고 어느 쪽이 끝나는 것인지 점차 구별이 어렵게 되었다. 장-뤽 고다르 이후 잡지에서 광고 페이지 전부를 빼면 편집자의 논설밖에 남는 것이 없게 되어 버렸다!

불행히도 우리는 다음과 같은 들뢰즈의 주장을 인정해야 한다. 즉 기업에는 일종의 영혼이 있어서, 마케팅은 기업 전략의 중심이 되었고, 광고 산업은 창조적으로 되었다는 주장 말이다.[2] 기업은 그 영혼을 탈자연화하고, 그것을 자본주의의 가치증식 논리에 따르게 만들면서, 차이와 반복으로부터 성립하는 사건과 그 구성 과정의 역동성으로부터 착취를 행한다. 실제로 기업은 사건을 무력화하고, 여러 가능성의 창조와 그 효과를 미리 준비한 이항 대립 속으로 흡수하여 단 하나의 가능성밖에 실현시키지 않는다. 통제사회의 특징은 '세계'(소비, 정보, 노동, 거주의 세계)가 배출하고 있는 다양성을 잃게 하는 것이다. 그 사회는 평활^{平滑}, lisses하고 통속적이며 미리 포맷이 결정된 세계밖에 실현하지 않는다. 그것은 다수자의 세계이자 특이성을 완전히 잃어버린 세계이기 때문이다. 바꿔 말하면, 그것은 어떤 누구도 위하지 않는 세계이다.

이와 같이 무력화된 세계에 대해 우리가 행사할 수 있는 '자유'는 미리 확립되고 인지된 복수^{複數}의 가능성 안에서 선택하는 자유에 지나지 않는다. 우리에게는 세계의 구축에 참가할 권리도 없으며 문제를 검토할 권리도, 해결책을 발명할 권리도 없다. 우리의 눈앞에 있는 것은 처음부터 부여된 선택지뿐이다. 그 선택지들

---

2. "우리는 기업에 일종의 영혼이 있다는 것을 배워야 한다. 이는 최근 세계에 나타난 가장 무서운 일 중의 하나이다. Deleuze, in "Post-scriptum sur les sociétés de contrôle", *Pourparlers*. [들뢰즈, 「후기-통제사회에 대하여」, 『대담 1972~1990』.]

을 결정하는 것은 (정치와 경제, 행정, 과학 등의) 전문가와 (예술과 문학의) '작가'의 일이 된다. 그와 같은 이유에서 우리는 모든 것이 가능할 때조차 (미리 부여된 선택지 안쪽에서는 모든 것이 가능하기 때문에) 어떤 가능성도 가지지 못한다(그 선택지 이외의 새로운 사물의 창조에 관하여 우리는 어떤 가능성도 가지지 않기 때문에)는 불만을 품게 되는 것이다. 우리가 느끼는 모든 무력감과 권태는 현대 자본주의가 사건의 역동성 그 자체를 횡령하면서 만들어지고 있다는 사실에서 유래한다.

기업에서의 사건은 광고(또는 소통과 마케팅)라고 불리는 것이다. 자동차 산업처럼 오래된 산업조차도, 그것이 생산하는 것은 이미 옛날부터 그 산업이 판매하던 것이다. 그리고 그 판매가 의미하는 것은 무엇보다도 소비자와 고객, 즉 공중을 만들어 낸다.

다양한 기업이 매출의 40%에 달할 정도의 액수를 마케팅과 광고, 디자인을 위해 지불하고 있다(미국의 음악 영상 산업에서는 영화의 총 제작 예산의 50%에 달하는 비용이 선전과 캠페인을 위해 지불된다). 오늘날 표현기계에 대한 투자액은 '고용'과 '생활수단'에의 투자액을 크게 상회한다.

사건 양식으로서의 광고는 어떤 생활양식을 권유하기 위하여 먼저 감각 양식을 퍼뜨린다. 광고는 사람들의 정신에 형태를 부여하기 위해 정동 양식을 표현하는 것이다! 이와 같이 기업은 (광고의 뻔한 문구에 의해) 여러 비신체적 변형을 조작하지만, 거기서 문제가 되는 것은 신체이며, 정확하게 말하면 신체뿐이다. 비신체적 변형이 생산하고 있는 것은 (혹은 생산하려고 하는 것은) 무엇보다도 우리의 감각의 변화이고 가치관의 변화이다. 이와 같은 비신체적 변형은 지향하는 대상을 가지지 않는다. 그것이 지향하는 것은 그 자신이기 때문이다. 거기에는 미리 욕구가 있는 것도 아니고 그 생산에 의해 만족하는 자연적 요구도 없다. 비신체적 변형은 그 대상과 평가를 동시에 제시하는 것이다.

광고는 사건의 시뮬라크르의 정신적 차원을 구성한다. 사건의 시뮬라크르는 기업과 광고회사가 발명한 것으로, 사람들의 신체에서 구현된다. 이 의사^{疑似} 사건의 물질적 차원 쪽에서 실현된 것은 식사의 자세, 옷맵시, 거주 등의 생활양식이 사람들의 신체에서 실천될 때이다. 우리는 자신들이 구입한 상품과 서비스 안에서 물질적 생활을 해 나가고 있다. 정보와 소통의 흐름에 몸을 담그고 있는 우리들은 그 상품들과 서비스들에 둘러싸인 채, 거기서 여러 대상을 마치 그것이 '가능성'인 것처럼 선택하고 있다. 우리가 "이제 슬슬 자자"라든지 "일하자"라든지 "이걸 하자, 저걸 하자"라고 생각할 때도, 전파와 데이터 통신 네트워크와 신문을 통해 광고의 표현이 계속 흐르고 있다. 광고의 표현은 세계와 우리의 실존을 하나의 '가능성'으로서 중합^{重合}시킨다. 다만 그 '가능성'은 광고에 의해 어느 정도 유혹적인 표현이 사용되고 있다고 해도 실제로는 명령인 것이다.

이 과정에 관해 우리는 타르드의 도구 상자를 이용하여 고찰을 진행할 수 있다. 마케팅은 도대체 어떤 방식으로 정신에서 감각의 교체^{changement}를 생산하는가? 광고에 의해 움직이게 되는 것은 대체 어떠한 종류의 주체화인가?

광고가 제기하는 개념과 거기에서 이용되는 이미지의 연쇄와 리듬, 기록 음성은 '리토르넬로' 또는 '선회(소용돌이)'의 양식에 기반하여 구성된다. 광고는 우리 마음 안에 마치 음악의 변주 주제와 후렴처럼 반향한다. 그 결과, 사람들은 자신이 어느새 광고 음악을 흥얼거리는 것에 놀라는 것이다. 라이프니츠는 정신에서의 '현실화'actualisation와 신체에서의 '구현화'incarnation를 구별했는데, 그 구별은 매우 중요하다. 그 두 개의 과정은 일치하지 않을 뿐만 아니라, 모나드들의 주체성에 대해 완전히 예측 불가능한 효과를 주기 때문이다.

텔레비전 네트워크는 이제 국경과 시청자의 계급, 지위, 수입과는 완전히 관계하지 않게 되었다. 유럽 텔레비전 방송국이 흘리고 있는 이미지는 비서구세계 사람들에게도 서구 세계의 빈곤층 사람들에게도 골고루 영향을 미치고 있다. 그 사람들은 구매력이 거의 없거나 전혀 없다. 비신체적 변형은 그와 같은 시청자의 정신에 매우 깊이 작동하고 새로운 감각을 만들어 낸다. 즉 그것은 "여기 가능성이 존재한다, 비록 그것이 광고 표현(결국 텔레비전이 사용하는 이미지)의 외부에는 존재하지 않다고 해도"라는 감각이다.

그러나 신체에서의 구현화는 어떤가? 이 경우, 그것은 구매 가능성인 것이고, 바꿔 말하면 여러 상품과 서비스(기호가 표현하는 가능성의 세계)에 둘러싸인 신체에 의해 살아갈 가능성인 것이다. 그러나 사람들이 텔레비전에 의해 가공된 욕망에 따라 항상 구입할 수는 없다(세계의 대다수의 사람들은 전혀 살 수 없다!). 그것은 사람들이 기대와 욕구불만, 그리고 거절당했다는 감각을 품는 이유가 될 것이다. 수엘리 롤니키Suely Rolnik 3은 브라질에서 그와 같은 현상을 관찰하였는데, 브라질 사람 사이에서는 극단적인 두 개의 주체성이 만들어지고 있으며 그 주체성 내부에 정신과 신체의 변조가 명확히 일어나고 있다고 말하고 있다. 그 변조는 이미 우리가 말했던 논리, 즉 '사치luxe스러운 주체성'과 '쓰레기déchet 같은 주체성'이라는 두 개의 문법에 의해 만들어졌던 것이다.[4]

서구세계는 이슬람 세계의 새로운 주체성에 의해 위협받고 있다. 그러나 이 괴물은 원래 서구의 매우 평화적이면서 매혹적인 기술들에 의해 창조되었다. 우리는 이제 근대화를 필요로 하는 전통적 사회와 대면하는 일이 거의 없게 되었다. 현재 우리가 대면하고 있는 것은 확실히 최신의 기술에 의해 가장 오래된 전통을 움직이고 있는 사이보그이다.

광고 세계는 폐쇄된 전체주의적 세계이다. 그 세계는 이미 존재하고 있는 가능세계(비서구적 생활세계) 또는 존재해 왔을지 모르는 여러 가능세계를 소거하고 배제한다. 기업은 무엇보다도 비신체적 변형을 통해 활동한다. 비신체적 변형은 신체적 변형보다도 현격하게 빠르고 더 먼저 작용한다. 인류의 4분의 3이 (우선 텔레비전을 통해) 비신체적 변형에 용이하게 액세스accès될 수 있음에도 불구하고 그들은 신체적 변형에서 배제되고 있다. 현대 자본주의는 공장에 의해 넓혀지는 것이 아니다. 공장은 현대 자본주

---

3. [옮긴이] 브라질의 정신분석가이자 비평가.
4. Suely Rolnik, "L'effet Lula, politiques de la résistance", *Chimères*, n° 49, printemps 2003.

의에 종속만 되어 있다. 현대 자본주의는 우선 언어와 기호, 이미지에 의해 확장된다. 그리고 오늘날 표현기계가 선도하는 것은 이제 공장이 아니라 전쟁이다.

*

광고에서 사건의 시뮬라크르는 어떤 만남을, 더구나 이중의 만남을 제공한다. 그것은 한편으로 정신과의 만남이고, 다른 한편으로는 신체와의 만남이다. 이 이중의 만남은 이중의 어긋남을 일으킨다. 광고에 의해 나타나는 여러 가능성은 항상 횡령되며, [그 가능성은] 문제의 틀을 변화시키는 상에서 다시 열리기 때문이다.

광고는 하나의 가능세계이다(비록 그 가능성이 평균화되고, 미리 포맷을 부여받은 것이라고 해도). 그것은 여러 잠재성이 접혀 들어간 하나의 주름이다. 접혀 들어간 것의 펼침explication은, 즉 주름을 전개하는 것은, 완전히 이질적인 효과를 산출할 수 있다. 여러 모나드는 모두가 자율적으로 독립한, 잠재적인 특이성이기 때문이다. 다른 세계가 가능한 것은 그것이 잠재적으로는 언제나 눈앞에 있기 때문이다. 현재 자본주의는 수목tree 모양의 여러 분기점을 수반하고 있다. 상상도 불가능한 다양한 세계가, 현실 세계와 함께 세계 안에서 주름을 펴나가듯이 전개되고 있다. 그렇기에 자본주의의 전유 과정은 결코 그 자체로 닫히는 것이 아니라 항상 불확실하고 예견 불가능하게 열리는 것이다. "존재하는 것은 차이화하는 것이다." 그러나 이 차이화는 항상 불확실하고 예견

불가능하며, 위험을 수반한다.

다양한 세계가 잠재적으로 가능해도 현대 자본주의는 그 가능성을 끊임없는 변용과 변조에 의해 통제하려고 시도한다. 자본주의는 (단수형의) 주체도 객체도 생산하지 않는다. 그것이 생산하는 것은 변조의 테크놀로지에 의해 관리되고 끊임없는 변조 안에 있는 여러 가지 (복수형의) 주체와 객체이다.

서구 국가들에서 이 통제는 뇌의 변조라는 수단만이 아니라 신체의 주조(감옥, 학교, 병원)와 삶의 관리(복지국가)라는 수단도 이용하여 실시하고 있다. 자본주의가 다양한 주체와 객체의 끊임없는 변용(뇌의 변조, 즉 기억과 주의력의 포획)을 통해 그 모두를 실행하고 있다고 생각하면, 자본주의의 역할을 보다 잘 이해할 수 있다. 그리고 통제사회는 그들 주체와 객체를 통합하고 오래된 규율훈련 체제를 다시 이용한다. 비서구적 사회에서는 규율훈련적인 제도와 복지국가가 매우 약해서, 이미 발전이 정지되어 버렸다. 그와 같은 사회에서 통제는 직접적으로 전쟁 논리를, 또한 동시에 평화 논리를 그 안에 포함하고 있다.

통제사회에서 신체는 범례적인paradigmatique 신체이다. 그 신체는 이제 노동자와 광인, 병자의 신체를 의미하는 것만이 아니라, 세계 대다수 사람들의 신체가 기아와 폭력과 갈증으로 고통 받는 모습을 텔레비전을 통해 보고 있는 과식증obèse의 신체(기업 세계에 만족해 있는 신체)와 거식증anorexique의 신체(그와 같은 세계를 거절하고 있는 신체)도 의미하게 된다. 범례적인 신체는 이제 규율훈련에 입을 꾹 다물어야 하는 신체는 아니다. 그것은 기호와 언어와 이미지(기업의 로고 마크)에 의해 징표가 붙여지고 말해지고 있는 신체와 정신이다. 그 징표들이 우리에게 각인되는 것은 카프카의 소설 「유형지에서」의 수형자 피부에 명령이 새겨지는 것과 같은 방식이다.

1960년 로마 지역의 젊은이들 앞에서 검열 반대를 주장하는 삐에르 빠올로 빠졸리니

1970년대에 빠졸리니Pier Paolo Pasolini는 어떻게 텔레비전이 이탈리아인의 영혼과 신체를 변화시켰는지, 특히 젊은이들을 인류학적으로 변형시키는 중요한 도구가 되었는지를 상세하게 기술했다. 그는 텔레비전이 원격으로 작용하는 방식을 설명하면서 타르드와 같은 개념을 사용한다. 즉, 텔레비전이 사람들을 변형시키는 것은 규율훈련에 의해서가 아니라 모델의 부여에 의해서이고, 강제에 의해서가 아니라 모방에 의해서라고 말이다. 텔레비전이 부여하고 있는 것은 몸짓의 몸짓이고, 가능한 행위에 관한 행위이다.

이처럼 비신체적 변형이 우리의 머리 속을 조금씩 반복하여 돌아다니는 것만은 아니다. 그것은 당장 지구 전체에 유동하면서 여러 지역의 중심에 들어가 사람들의 두뇌와 신체를 진짜로 대규모로 파괴하고, 지배하고, 포획하고, 속박하는 병기가 되고 있다. 이러한 사태에 대해 우리는 이제 단순한 맑스주의 이론과 경제이론으로는 이해할 수 없다.

여기서 우리가 눈앞에 두고 있는 패러다임 변화는 노동과 실천에서 출발해서는 이해할 수 없다. 노동과 실천에서 출발하여 이해하고자 하면, 오히려 현대의 생산(구성 과정)에 대해 잘못된 이미지를 부여받을 위험이 있다. 우리가 묘사해온 이 과정은 모든 노동조직에 앞서서 진행되고 있기 때문이다.

노동과 가능성의 생산

기업에 의해 표준화된 '세계'를 표현할 '가능성'(상품 혹은 서비스)은 미리 존재하고 있는 것이 아니라 창조되어야만 하는 것이다. 세계와 노동자, 소비자는 사건에 앞서서 존재하고 있지 않다. 반대로, 그들은 사건에 의해 산출되는 것이다.

이처럼 신모나돌로지적인 확신에서 출발하지 않는다면 노동이론을 완전히 재구성하는 것은 불가능하다. 우리는 이제 아담 스미스가 고찰한 침핀 공장과 맑스가 취급한 맨체스터 공장 모델에 의해서는 생산과 노동을 이해할 수 없게 되었다.

현대 자본주의 경제는 이미 타르드가 기술한 가치창출의 사이클을 따르고 있다. 맑스에게서도 [정치]경제학에서도, 사실인즉 생산은 재생산이었다. 그러나 발명이야말로 여러 가능성의 창조임과 동시에 그 가능성들이 (노동자와 소비자의) 정신 안에서 현실화되는 것이고, 진정한 의미에서의 생산인 것이다.

이러한 점에 대해 생각하기 위해, 우리는 다음 절에서 사회학자 필립쁘 자리피앙Philippe Zarifian의 연구를 참조할 것이다. 그의 연구는 여러 주체성의 창조와 실효화 활동인 신모나돌로지적인 협동이 어떻게 현대 기업에 의해 전유되어 명령되고 있는가를 보여 주고 있기 때문이다.

창조적 활동을 포획하는 것은 사건을 포획하는 것이다. 우리는 규율훈련 기술의 기반인 공장에서조차 노동조직이 사건의 논리에 의해, 즉 차이와 반복의 동적 배치에 의해 지배되고 있는 상황을 직시해야 한다. 이는 근원적인 변화이다.

규율훈련을 구체화해 왔던 사상적 전통과 그 실천에서는 "사건은 부정적인 것으로서" 생각되고 있었다. 즉 "사건(돌발사)이 일어나서는 안 된다. 모든 것은 예측과 계획에 따라 진행되어야 한다. 노동의 표준화에 따르지 않으면 안 된다."[5] 노동조직을 규율훈련한다는 관점은 사건과 발명에 입각한 관점과는 정반대다. 거기에서는 사건과 발명이 재생산에 종속되어야 하기 때문이다. 그러나 기업 활동이 고객과 직접 결부되면, 그 활동은 이제 예측과 계량에 완전히 따르게 될 수 없게 된다. 그리고 불안정과 불확실성, 현재 진행 중인 변화에 직면할 필요성이 노동 조직 깊은 내부까지 삽입된다. 그러한 곳에서 노동은 여러 사건의 총체, 즉 "정상적인 상황에 따라 생각하는 것이 완전히 불가능하고, 예견할 수 없는 방식으로 일어나는 사항의" 총체가 된다.

---

5. Philippe Zarifian, *À quoi sert le travail?*, *La Dispute*, 2003, p. 95.

사건이 예측 불가능하게 되고 불확실하게 되면 예측 불가능한 사태에 대처할 필요가 점점 더 증가해 간다. 그 대처는 지금 일어나고 있는 것, 이미 일어난 것, 지금부터 일어날 것에 대해 개인과 집단의 주의력을 높이는 것에서 주어진다. 거기에서 필요로 되는 것은 발명, 배치, 조합, 사건이다. 즉 사건과 발명이 생산과정(상품의 기획부터 제조까지) 전체에 걸쳐 배분되어, 일련의 인습routine과 관습, 조작법과 함께 배치 안에 짜 넣어진다. 이처럼 노동조직은 문자 그대로 '차이와 반복'이라는 개념을 보여 주게 된다.

맑스는 더욱 예언적인 저작에서 이미 노동은 물질을 가공하는 직접적 활동이 아니라 생산을 통제하는 활동이 되었다고 쓰고 있다. 그것은 이미 오늘날의 사태이다. 다만 현대 자본주의에서 통제라는 개념은 사건에 주의력을 기울이는 것을 가리킨다. 일하는 것, 그것은 사건에 대해 주의력을 기울이는 것이다. 사건은 시장에서 고객과의 관계와 제조현장에서 일어난다. 그것들을 통제하는 것은 활동하고 참가하는 능력 나아가 존재할 능력을 사건과 동일한 차원에서 활동하게끔 하는 것이다. 즉 통제란 불확실성과 변화에 관해 이해하는 것이고, 따라서 불안정성에 직면한 활동인 것이며, 모든 것을 '소통적'인 몸짓으로 행하는 것이다.

이와 같은 기업의 노동조직 방식에 관하여 우리는 다음에 소개할 자리피앙의 사상을 요약하면서 이렇게 말할 수 있을 것이다. 현재 우리는 조작opération의 시대를 지나 작용action의 시대로, 집단노동의 시대를 지나 네트워크 활동의 시대로 향하고 있다고.

자본-고객

자리피앙에 의하면, 현대 기업 간 경쟁의 목적은 고객을 탈취하는 것이다. 그것은 다른 말로 하면, 독점적인 작업으로 관리되었던 자본-고객의 관계를 구상하는 것이다. 시장은, 정치경제학이 이해하고 있는 의미에서는 이제 존재하지 않는다. 시장이라고 불리는 것은 실제로는 구성/포획해야 하는 고객들이다. 이 전략에서는 두 가지가 본질적 요소이다. 즉 하나는 충실한 고객층을 만들어 내는 것이고, 또 하나는 혁신innovation에 의해 점차로 새로운 제안을 할 수 있는 능력을 가지는 것이다. 고객을 포획하여 충견忠犬으로 만드는 것은 무엇보다도 그들의 주의력과 기억을 포획하는 것, 바꾸어 말하면 그들의 두뇌를 포획하고 욕망과 믿음을 구축하고 포획하는 것, 네트워크를 구축하고 포획하는 것을 의미한다. "시장은 소거消去되었다. 그것은 공중public도 인정하고 있다."[6]

모든 생산은 서비스 생산이 되었다. 결국 생산은 "고객과 이용자와 공중이 장래 어떠한 활동의 성질과 능력을 가지게 될 것인가를 정하는 조건"[7]의 생산으로 변형되었다. 그 궁극 목적은 '삶의 양식'을 생산하는 것이다. 거기에서 생산된 서비스는 기존의 수요를 채우는 것이 아니라 새로운 수요를 선취하는 것, 아니 차라리 새로운 수요를 만들어 내는 것이어야 한다. 그 선취는 전적으

---

6. Philippe Zarifian, "Contrôle des engagements et productivité sociale", in *Multitudes*, n° 17, Exils, Juin 2004.

7. Zarifian, *À quoi sert le travail?*, p. 47.

로 잠재적인 영역에서 행해지고, 그 수단으로서 언어와 소통, 발화, 이미지 등의 자원이 이용된다. 잠재적인 것과 기호에 의해 서비스 생산을 선취하는 것은, 기업에 우위성을 부여한다. 왜냐하면 그 선취에 의해, 한편으로 기업은 여러 가능성의 탐색에서 언어의 온갖 속성을 잘 다룰 수 있기 때문이고, 다른 한편으로 기업은 소통적인 작업으로 의미 세계에 작용을 미칠 수 있기 때문이다.

모나드로서의 노동자, 그 자율과 책임

자리피앙의 '사건으로서의 활동'이라는 사고방식은 들뢰즈와 가따리 철학의 개념에 의거한 것인데, 나아가 그는 현대자본주의에서 노동자의 주체성과 그 협동을 사고하기 위하여 타르드의 독해를 통해 라이프니츠의 모나돌로지를 탐구하고 있다. 기업 내부에서도 정신의 변조(정신적 기호의 통제)는 신체의 주조 moulding(신체적 기억의 규율화 — 이것이 테일러주의의 본질을 구성한다)와 함께 배치 안에 짜 넣어지고 있다. 기업은 소비자를 위한 세계만이 아니라 노동자를 위한 세계도 창조해야 한다. 현대 기업에서 일한다는 것은 그 세계에 속한다는 것, 즉 그 욕망과 믿음에 동의하는 것을 의미한다.

기업의 이러한 목적을 이해하는 데 모나돌로지는 유효하다. 자리피앙은 모나돌로지에 따라 다음과 같은 모순된 테제를 명확하게 보여 주려고 했다. 즉 기업 활동은 한편으로 점점 더 개인과 심도 있게 공동 작업을 하려고 하지만 다른 한편으로 집단과도 심도 있게 공동 작업을 하려고 한다는 테제이다. 이와 같은 개인과 집단 혹은 개별과 전체의 아포리아에서 빠져나오기 위해서는, 타르드가 잘 꿰뚫어보았듯이, 라이프니츠의 사상을 사용하면 된다. 왜냐하면 라이프니츠 사상에서는 집단적인 것과 사회적인 것이 개개의 모나드 안에 포섭되기 때문이다. "개인이 자신의 활동과 가지는 관계에는 하나의 모나드로 생성되는 경향이, 즉 그 자체가 하나의 전체totalité로 생성되는 경향이 나타난다 … . 이러한 관계는, 예전처럼 미리 역할을 정해놓은 노동 분업을 구성하는 일부분에 지나지 않을 때에는 나타나지 않는다. 이러한 관계는 그 자체로 전체화하고 있는 것이다."[8]

라이프니츠에게서 모나드는 타르드에게서와 마찬가지로, 두 개의 의미에서 열려 있는 존재다. 즉 그것은 외부에 대해 내부가 열려 있음과 동시에 내부에 대해 외부가 열려 있는 것이다. 이에 관해 자리피앙은 우편회사에 금융고문으로 근무하고 있는 인물을 예로 들어 설명하고 있다. 그 인물은 고객과 공중과의 예측불가능하고 불확실한 관계에 대처하기 위해 자신이 자율적으로 책임을 지고 리더십을 발휘하여 결정을 내릴 수 있는 능력이 있음을 보여 주어야 했다. 그러나 이는 책임자로서 사건을 앞에 두고 대처해야 하는 '간부'에 한정된 이야기가 아니다. 자리피앙에 의하면, 더욱 직급이 낮은 노동자, 예를 들어 콜 센터(고객에 전화대응 업

8. 같은 책, p. 62.

무를 행하는 부문) 현장에서 일하는 사원의 경우도 이 금융고문의 예와 마찬가지로 기술할 수 있다.

포스트포디즘 시대의 기업에서는 이미 일어난 사태(또는 일어날 수 있는 사태)에 대처하는 능력은 자율적이고 독립적인 노동자에게만 요구되는 특성이 아니다. 그것은 조직에 의존하고 종속된 노동자에게도 요구되는 특성이다. 중요한 것은, 노동자에게 요구되는 능력의 종류가 증가하는데, 그것이 이제 임금노동자든지 독립사업자든지 또는 실업자든지 상관하지 않는다는 점이다.

모나드의 관계 — 어느 고객과 금융고문과의 관계 — 는 하나의 우주, 즉 우편회사의 상업 활동의 우주에 함입^{陷入}된 하나의 특이성이다. 모나드는 '내부에의 입구'이고, 그 내부는 자신을 통합하는 여러 시도로 꽉 차 있다. 기업의 우주는 "모나드의 특이성을 잃어버리지 않고 모나드를 안쪽에서 관통하고 있다. 반대로 기업 전체의 우주가 의미와 영향력을 가지는 것은 바로 이 특이성에서일 뿐이다."9

물론 기업에서 중요한 것은 방향을 정할 수 있는 가능성이다. 그러나 그 가능성은 "언제나 독자적인 방식으로 각 모나드 속에 흡수되고, 응축되고, 다시 만들어진다."10

확실히 기업이 종업원들의 자율성에 관해 하는 말을 우리가 모두 문자 그대로 받아들여야 하는 것은 아니다. 그래도 기업의

9. 같은 책, p. 64.
10. 같은 책.

그 말들은 기업전략과 노동자들의 주체성에 근본적인 변화가 일어나고 있다는 것을 보여 준다. 현대의 노동은 어떤 종류의 자율성을 희생하여 성립하고 있다. 거기서부터 양날의 칼과 같은 상황이 생긴다. 즉 한편으로 노동자(모나드)의 자율성과 독립성, 특이성은 긍정되지만, 다른 한편으로 노동자는 기업 세계 안에 포획되어 종속된다. 기업의 "세계는 주체의 상황과 움직임에 내재해 있"[11]기 때문이다.

자리피앙은 현대기업에서의 이러한 통제 현실을 고무줄의 비유를 사용하여 설명하고 있다. 노동자는 이제 닫힌 존재도 아니며 직무상의 지위에도 속박되어 있지 않다. 그러나 그러한 노동자는 자신이 근무하는 기업에 고무줄로 결박되어 있다. "샐러리맨은 자유로이 고무줄을 늘일 수 있다. 이제 그는 갇혀 있지 않다. 그는 자신이 좋을 대로, 자신의 기량에 따라, 자신의 판단에 의해 돌아다니며 일하고 이동할 수 있다. 그러나 여기에서 고무줄이 그를 끌어당긴다. 그를 정기적으로 되돌리는 힘이 발동하는 것이다. 그는 자신의 행동을 설명해야 한다…. 일정표와 마감의 압력이 예전의 타임 테이블에 의한 단순 노동 관리를 대신한다. 그러나 이 통제가 정기적인 방식으로밖에 작용하지 않는다는 생각은 잘못된 것이다. 실제로 그 통제는 편재해 있다. 샐러리맨은 그 통제를 항상 고려해야 한다. 결국 그 통제는 밤낮으로 그의 머리에서 떠나지 않게 된다."[12]

---

11. 같은 책, p. 65.

이와 같은 새로운 상황은 과거의 테일러주의적인 노동 분업과 비교하여 더 좋은 것도 나쁜 것도 아니지만, 그러나 [테일러주의 노동분업과] 현대 노동체제는 차이가 있다. 우리는 과거와 현재 상황의 차이에서 출발하여 현대 자본주의에서 노동자의 기업에의 종속을 이해하고, 저항의 가능성을 탐색해야 한다.

여기서 정신에서의 현실화와 신체에서의 구현화 사이의 구별도 고찰해야 할 것이다. 기업 경영이란 정신과 신체의 이중의 마주침에 의해 사건에 달라붙어 있는 예측 불가능한 성질에 직면하는 것이다. 그리고 이 이중의 마주침에 의해 노동자의 주체성과 기업 전략 사이에 어긋남이 생기게 된다. 소비자에게도 이와 마찬가지로, 이 어긋남은 즐거운 전용détournement(이는 바흐친이 '카니발의 불꽃'이라고 불렀던 것이다)이기도 하면서도 주체성의 무서운 붕괴와 폐쇄의 원인이 되기도 한다.

기업에서 통제기술은 규율훈련의 기술을 대체하는 것은 아니다. 그렇기는커녕 양자는 동시에 사용되고 있다. 어떤 노동자가 따르고 있는 통제와 규율훈련이 각각 어느 정도의 비율을 점하고 있는지는 그가 조직의 위계에서 어떤 위치에 있으며 어떤 자격을 가지고 있는지, 그 기업이 어떠한 종류의 생산을 행하고 있는지에 따라 다르다. 통제사회에서는 권력의 여러 기술이 서로 중첩되고 조합된다. 즉 한편으로 기업은 그 안쪽에서 노동자를 공장의 규율훈련을 바탕으로 한 관계들에 종속시키는 것만이 아니라 통

---

12. Zarifian, "Contrôle des engagements et productivité sociale", *Multitudes*, n° 17.

제를 바탕으로 한 관계들에도 종속시킨다. 다른 한편으로 기업은 그 바깥에서 행동거지comportement와 가치관, 생활양식, 의미에 대한 다수자 모델을 부여하여 소비자를 권력관계들에 종속시킨다. 노동자임과 동시에 소비자인 개인은 복수의 다른 질을 가진 권력관계 안에 포획되어 간다.

금융계와 표현기계

표현기계는 감각적인[감각 가능한] 것le sensible(욕망과 믿음)을 구성하고, 여론을 만들어 낸다. 그 기계는 기업 내에서만이 아니라 금융계에서도 작동하고 있다. 우리가 광고에 관해 고찰해 왔던 과정은 주가가 결정된 과정과 동일한 성질을 가지고 있다.

화폐는 선택과 평가, 투자를 행하는 힘이다. 그러나 주가는 여론의 논리에서 생기는 것이지, 시장의 객관적이면서 비인격적인 메커니즘에서 생기는 것은 아니다. 이는 금융에 관한 조절régulation 학파의 근년의 저작에서 인정하고 있는 그대로다. 어떤 기업의 주가가 결정되는 것은, 즉 금융계에 의한 기업의 선택이 이루어지는 것은, 미래에 관한 다양한 파악방식의 혼합물밖에 존재하지 않는 경우에, 그 기업이 어느 정도로 (공중 사이에) 공유되었던 믿음을 부여할 수 있는지에 달려 있다.

여론의 동향을 설명하려면, 우리는 조절학파의 이론보다도 가브리엘 타르드의 이론을 참조해야 한다. 타르드는 이미 19세기 말

T. F. 시몬, 〈파리 증권거래소〉, 1900~1910년경

의 시점에 주식시장을 일종의 사회심리학적 실험장으로 간주하고, 그것에 대해 고찰하고 있다. 주식시장에서 주식의 가격은 개인적 판단의 집단적 판단으로의 변형을 전제로 한다. 타르드에 의하면 어떤 가치와 평가의 결정은 여론을 통해 행해진다. 그 평가의 가장 중요한 요인은 신문press과 대화conversation이다.[13]

---

13. 생-뵈브(Sainte-Beuve)가 "천재란 자신의 백성을 만들어 내는 왕이다"라고 말한 것은 위대한 저널리스트에 관해서도 정당하다. 편집자가 그 독자로부터 공중을 만들어 내고 있는 예를, 우리는 너무 많이 알고 있다. 실제로 예전에 에두아르 드뤼몽(Édouard Drumont)은 반유대주의를 북돋기 위해 사람들의 거칠어진 정신 상태에 잘 호응하는 선동활동을 기획해야 했던 것이다. 그러나 어떤 주장이 사람들 사이에서 고조되지 않는다면, 그 주장이 어떻게 사람들의 정신 상태에 대한 공통의 표현을 준비했다고 해도 그것은 그대로 단순한 개인적 주장에 지나지 않는다. 그것은 충분한 강력함을 가지지 못한 채 사람들에게 전염되지도 못하고 의식되지도 않은 채의 그냥 그대로인 것이다. 그러나 누군가 그 주장에 표현을 부여하고 나아가 그 표현을 집단적인 힘으로 만들어 내었다면, 비록 꾸며낸 것이라고 해도 그 주장은 현실이 된다(Tarde, *L'opinion et la foule*, pp. 40~41 [타르드, 『여론과 군중』]).

모든 사회적 양과 마찬가지로, 여론 또한 전달자와 피전염자의 관계에 있는 복수의 뇌(모나드)의 상호작용과 전유로 간주되어야 한다. 여론은 조절학파가 생각하듯이 단순한 실마리나 비개인적 메커니즘, 시스템의 거울과 같은 것은 전혀 아니다. 우리가 여론이라고 부르는 것에는 단 한 종류의 여론만 있는 것이 아니라 실제로는 항상 적어도 두 종류 이상의 여론이 있다. 바꾸어 말하면 거기에는 항상 복수의 힘이, 복수의 모나드가 존재하고 있고, 그것들은 일방적 또는 상호적인 관계에 기반하여 서로 대립하기도 하고 일치하기도 한다.

그러나 사람들 사이에 공통 여론은 어떻게 생기는 것일까? 사람들의 다양성과 문제의 복잡함을 생각하면 그것이 자연발생적으로 생기는 것이라고는 생각할 수 없다. 어떤 시대에도 의견을 불어넣는 사람들에 의한 선동inspirateur이 있었고, 그 의견이 퍼져 여론이 만들어졌다. 또한 일찍이 여론은 군인 또는 시민의 독재자가 사람들에게 강요하는 것이었고, 그들은 폭력을 가하여 여론을 이끌었다. 그래서 다음과 같이 생각을 변화시켜야 할 것이다. 즉 진짜 정부(=통치자)란 지도자 집단의 여론, 군사 테러리스트나 시민 테러리스트의 여론이라고.[14]

조절학파 경제학자들은 주식가격의 결정에서 두뇌 사이의 관

---

14. Tarde, *Les Transformations du pouvoir*, p. 58.

계에서 일어나는 작용을 인정한다. 그러나 그들은 여론에 주식 소유의 정열을 진정시키고 조정하는 역할밖에 부여하지 않는다.

타르드는 말한다. 사람들은 이렇게 믿고 있다. 결국 더 높은 곳에서 조망하면, 비인격적이며 자연발생적인 것 같은 외부의 권위(시장)가 개인에게 끼치는 강제적 효과를, 주식 상장과 주가 안에서 인식할 수 있을 것이라고.

그러나 실제로 주식 상장을 구체적으로 세밀하게 살펴보면, 시장이 어떠한 지배적 의지를 만들고 그 의지에 의해 가격이 결정되고 있는 듯한 사실은 전혀 눈에 뜨이지 않는다···. 주식 상장에서 주가의 시세를 결정하기 위해서는 일부 투기꾼 엘리트가 있으면 충분하다. 런던 시장과 뉴욕 시장의 밀 가격은 투기꾼 투자자 사이에서 싸움이 일어난 결과이다. 그것은 두 군대가 전쟁하고 있는 것과 같아서, 각각의 편에서 유명한 영향력을 가진 수령이 명령을 내리고 세계 전체에 법을 정하려고 한다.[15]

주식상장에서조차 시장은 존재하지 않는다. 오히려 시장은 공중과 고객을 포섭하는 장, 또는 구성하는 장이라고 생각해도 지장 없을 것이다.

여론을 움직이는 힘은 사회에 새로운 관계들의 테크놀로지가 부여되는 바에 따라서, 즉 표현기계가 발달하는 바에 따라서 증대

15. Tarde, *La psychologie économique*, pp. 32~33.

한다. "그 힘은 신문과 전보, 전화 등의 수단이 부여하는 바에 의해 증대하고, 문명의 진보는 영향력을 가진 개인을 낳으려고 하고 있는 듯이 생각된다."16

그러나 오늘날 금융계는 경제적인 문제에 관하여 왜 이 정도까지 많은 선택과 평가, 결정을 행하고, 규율훈련 사회의 특징이었던 산업계와 금융계의 관계를 전도시켜 산업계를 상회할 정도의 권력을 지니게 되었을까? 그것은 화폐가 언어와 같은 방식으로 "그 자체가 가능성으로서" 존재하기 때문이다. 화폐는 바로 이와 같은 특징에 의해 실물경제보다도 용이하게 차이와 반복에 관계된 배치를 통제하고 포섭한다. 그렇게 화폐는 실물경제의 원동력 ― 잠재적인 영역 ― 에 접속한다.

통제사회에서의 화폐란 자본주의가 잠재적인 힘을 식민화하기 위한 도구이다. 여기에서도 타르드의 논의는 우리에게 유익하다. 타르드는 화폐가 현실화로 향하려고 하는 '가능태 또는 무한의 잠재성'으로서의 힘이라는 것을 확인하고 있기 때문이다. 만약 정치경제학이 사회물리학과 유사하다고 한다면, 그것은 화폐가 경제활동과 생산을 수량화할 가능성을 가져왔기 때문이 아니라 화폐가 잠재적인 것과 현실화한 것 사이의 교환을 가능하게 했기 때문이다. 물리 현상이 잠재적인 에너지로부터 현재적인 에너지로의 끊임없는 교환임과 마찬가지로 경제현상도 구체적 부와 화폐 사이의 끊임없는 교환이다. 부가 화폐 안에서 표현될 때 부의 활

---

16. 같은 책.

동력은 잠재적인 것이 되고 증대한다. 물질적 부에 의해 활동하는 권력과 화폐에 의해 활동하는 권력 사이의 차이는 "현실화하는 것과 잠재적인 것 사이의, 즉 유한한 것과 무한한 것 사이의"[17] 차이에 상응한다.

기업과 뇌의 협동

뇌의 협동 시대가 도래하여 노동이 정동적으로, 그리고 언어적으로 고도한 기술을 요구받게 되었다고 말하는 것만으로는 아직 불충분하다. 근본적으로 변화한 것은 자본주의적 착취와 자본축적의 현실 그 자체이기 때문이다. 이미 자본주의 경제는, 우리가 예전에 맑스주의자와 경제학자에게서 배웠던 바처럼 생산-시작-소비라는 시간적인 흐름에 따라 구성되지는 않게 되고 있다.

여기서 세계적인 자본축적 안에서도 최대의 사례인 마이크로소프트사를 취급해 보자(지금부터 마이크로소프트사에 관해 말하는 바는, 예술 영역과 미디어 영역의 문화 '생산'이라든지 또는 이미 자리피앙의 논의에서 말한 바와 같은 산업생산 특히 제약 산업에 관해서도 정도 차는 있지만 해당된다).

정치경제학과 맑스주의는 자본의 가치 창출 과정에 관해 다음과 같이 가르치고 있다. 즉, 마이크로소프트사는 자신의 노동

17. 같은 책, p. 311.

력(컴퓨터 프로그램에 관한 지식)을 파는 '노동자'(컴퓨터 기술자)를 고용하여 상품과 서비스(소프트웨어)를 개발하고 시장에서 고객에게 판매하고 있는 회사 중의 하나이다. 노동자를 착취하여 높은 수익을 실현하고, 다음으로 타 회사와의 경쟁에 뛰어들어 최종적으로 독점을 얻을 때까지 경쟁을 계속할 것이라는 것이다.

신모나돌로지에서 출발한 우리들은 이에 대해 다른 이야기를 하는 것도 가능하다. 즉, 마이크로소프트사는 시장과도 '노동자'와도 관계하지 않지만 노동자를 매개로 뇌의 협동과는 관계하고 있다. 우리는 이 '뇌의 협동'에서 이야기를 시작하려고 한다. 마이크로소프트사가 포획하려는 것은 무엇보다도 두뇌 사이의 자유로운 협동이기 때문이다.

그래서 이야기는 이 기업의 외부에서 출발한다. 존재론적으로는 뇌의 협동을 포획하기 전에 뇌의 협동이 행해져야 하기 때문이다. 뇌의 협동에서 표현되고 있는 것은 공통으로 창조하는 힘이고, 공통으로 실현되는 힘이다. 그 힘은, 이 특수한 영역에서는 (프리) 소프트웨어를 개발하고 실현할 능력으로서 나타난다. 그 협동은 맑스와 아담 스미스의 경제학이 묘사한 기업이 아니어도, 나아가 자본주의가 아니어도 존재할 수 있다. 반대로 그 협동이 의존하는 것은 하이테크 기기와 정보 네트워크를 시작으로 하는 과학의 발전과 보급이고, 나아가 직업 교육과 보건위생 시스템 등 '인구'에 관계된 모든 서비스다. 그래서 협동에 의한 창조와 실현의 힘은 '공공재'公共財 또는 '집단재', '공통재'共有財, biens commune(과학, 지식, 인터넷, 보건위생 등)의 이용과 취득의 용이함에 의거한다.

협동에 수반되는 힘은 뇌의 협동에 고유한 방식으로 표현된다. 즉 소프트웨어는 네트워크 내를 흐르는 다양한 지식과 노하우, 정동 등의 배치에 의해 개발된다. 그와 같은 네트워크는 여러 특이성과 흐름, 집단을 이종혼교^{hétérogène}하여 배치하는 것으로부터 성립한다(이는 프리 소프트웨어의 개발 커뮤니티가 보여 주는 것이다). 말하자면 소프트웨어의 창조와 실효화는 이접^{disjonction}하기도 하고 협동하기도 하는 힘에 의해서 행해진다. 그것은 소프트웨어를 발명하는 것만이 아니라 실효화(확산^{diffusion}) 할 때에도 해당된다. 그 힘은 소프트웨어를 개발할 때 다양체(개발자들)를 배치하는 것만이 아니라 그것을 실현할 때에도 다양체(이용자들)를 배치하기 때문이다. 그리고 이 두 과정은 처음부터 서로 섞이는 경향이 있다.

이와 같은 창조와 실효화는 항상 충격으로 시작한다. 그 충격은 상호적으로 외부로 열리고, 예측불가능하며 한이 없는 것이다. 왜냐하면 거기에서는 '창조자(크리에이터)'와 '이용자(유저)'가 서로 중첩되기 때문이다. '창조자'와 '이용자'라는 두 기능은 자본주의의 가치관에서는 근본적으로 이질적인 움직임이 되고 있는데, 뇌의 협동이라는 차원에서는 표리일체의 것이다. 양자는 서로 포획하고, 충격을 주며, 그것이 모든 모나드를, 비록 창조와 배치의 역능^{puissance}이 다르더라도 '협력자'로 만들어 낸다.

뇌의 협동이 창조와 실현을 행하는 형태는 공공적인 성질을 수반하고 있다. 그 형태는 모든 사람들의 욕망과 믿음을 사람들 눈앞에 만들어 내기 때문이다. 이 협동의 공공적 차원은 여러 권리에 의해 보증되고 지켜져야 한다(예를 들어 '카피 레프트'의 권리는, 이용자가 복제하기도 하고 수정하기도 하며 배포하기도 하는 권리를 지키는 것이다). 결국 작자의 주도성과 특이성(발명자 각자의 도덕적 권리)이 인정되는 것과 함께 그 활동과 제작물의 공공성도 인정되어야 한다(모든 발명은 누구나 자유롭게 사용될 수 있는 '공통의 용기'$^{pot\,commun}$를 구성한다).

그러나 이 이야기^{récit} 안에서 마이크로소프트사는 어떤 역할을 담당하고 있는 것일까? 지금까지 우리는 소프트웨어의 생산을 설명하면서 기업이 개입할 필요성을 인정하지 않았다. 그것은 이 이야기가 모든 자본주의적 가치관 외부에서 탐구되는 것이기 때문이다. 여기서 우리는 맑스주의의 이야기로 되돌아가 마이크로소프트사는 사원의 노동을 착취하고 있다고 설명해야만 할까? 그러나 이 설명은 충분하지 않다. 왜냐하면 마이크로소프트사의 막대한 이익은 맑스주의와 정치경제학이 가르친 것처럼 착취로부터 생기는 것만이 아니라 고객의 구성과 독점에서의 성공으로부터도 생기고 있기 때문이다.

이 기업과 피고용자에 의해 노동은 '협력자'(모나드)의 다양체를 '고객'의 다양체로 변형하기 위한 일방적 포획으로부터 성립한다. 피고용자들(엔지니어만이 아니라 독점을 유지하기 위해 마케팅 활동과 정치가에 대한 로비 활동에 종사하는 자들도 포함하여)은 뇌의 협동 사이의 접면^{interface}으로서 기능하고 있다. 마이크로소프트사의 활동은 다양체에 기반한 공통적 창조와 공통적 실현에의 움직임을 무력화하고 정지시키는 것으로부터 성립하고 있다. 거기에서는 배치의 역능이 협동 안에서 이종혼교의 방식으로 배분되는 것이 아니라 이 기업의 울타리 안으로 집중된다.

이러한 포획은 어떻게 실현되고 있는 것일까? 그것은 기업의 활동내용을 비밀로 하고, 나아가 소프트웨어의 배포를 기밀사항으로 만들어서(결국 소프트웨어의 기원이 되었던 코드를 입수 불가능하게 하여) 협동의 있는 그대로의 공공적 형태를 부정하는 것에 의해서다. 그리고 공통적 창조와 공통적 실현의 역능을 무력화하고 포획하는 것은 기업의 지적 소유권을 근거로 하여 정당화된다. 그 방식은 공장의 협동에서 기업이 생산수단의 소유권을 근거로 하는 경우와는 다르다.

그러나 마이크로소프트사가 상징적으로 보여 준 '신경제'는 자사의 소프트웨어를 작동시킬 컴퓨터 기계를 만드는 제조업을 필요로 할 뿐만 아니라 다양한 개인을 향한 서비스(교육, 의료 등)를 필요로 한다. 그와 같은 이유에서 "그들의 활동 전체를 노동의 국제 분업 논리에 기반하여 묘사해야 한다"고 주장할 수 있을지도 모른다. 예를 들어 "마이크로 칩과 정보 하드웨어는 글로벌화한 공업의 산물이다. 그와 같은 공장은 마킬라도라 지구[멕시코 미국과의 접경에 있는 수출 보세 가공 지구]와 멕시코 공업지구, 중미 공업지대, 중국 남부, 말레이시아, 필리핀, 대만, 한국에 흩어져 있다." 이로부터 "비물질적 노동에 의한 생산은 글로벌화한 북반부 국가들에 집중해 있으며, [물질적 노동에 의한 생산은] 가난한 남반부 국가들의 노동을 토대로 이루어지고 있다"[18]고 주장할 수 있을지도 모른다.

그러나 이와 같이 비물질적 노동과 물질적 노동을 대치시킬 때, 우리는 타르드가 제출한 명제와 그 현대적 의의로 다시 이끌리게 된다. 지적 기능과 신체적 기능 사이 또는 비물질적 노동과 재생산 노동 사이의, 혹은 인지 노동자와 공장 노동자 사이의 계층 관계를 지적할 때, 그것은 현대사회의 역동성을 전혀 설명할 수 없다. 양자를 포함한 전체가 "개개의 작은 두뇌를 세포로 한 거대한 집단적 두뇌"[19]를 구성하고 있기 때문이다. 정보기구의 일련의 제조과정에서 일하고 있는 노동자도, 마이크로소프트사의 엔지니어들도 모두 '거대한 집단적 두뇌'를 구성하는 '작은 두뇌'라는 점에서는 동일하다.

발명과 재생산 사이의 구별이 그대로 북과 남의 분할에 해당된다고 믿는 것은 정말로 더 경솔하다. 모든 활동은 그 일부에 발명을 포함하며 또한 재생산을 포함하고 있기 때문이다. 여기에서 변화되어야 하는 것은 활동 activité이라는 개념이다.

어떠한 활동도 이제 도구적 논리에는 따르지 않고 사건의 논리에 따르게 되었다(예를 들어 인식 활동에 대해 말하자면, 일찍이 '더욱 중요한 생산력'(맑스)을 구성하고 있었던 포디즘의 노동조직에서도 그 성질이 변화하고 있다). 거대한 사회적 두뇌의 내부를 구성하는 작은 두뇌의 활동의 성질은, 지성과 인식 등 비물질적인

---

18. Nick Dyer-Whiteford, "Sur la contestation du capital cognitif : composition de classe de l'industrie des jeux vidéo et sur ordinateur", *Multitude,* n°10, Exils, 2002.

19. Tarde, *La logique sociale*, p. 218.

것에 의해 결정되고 있는 것만이 아니라 새로운 것을 시작하는 역능에 의해, 즉 여러 문제를 구성하고 그 문제의 해답을 검토할 능력에 의해 결정된다.

뇌의 협동에 의한 활동은 애초에 굳이 전문적인 활동이 아니며, 지적 활동도 아니다. 뇌의 협동이 가진 역동성은 '지적 노동'이라고 불리는 것에 의해 방해되고, 포획될 가능성도 있다. 예를 들면, 뇌의 자유로운 협동과 유리된 것으로 대학제도가 있다. 그 위계와 재생산 메커니즘은 사고가 분기해 가는 과정을 방해하고 발명이 일어나지 못하도록 하는 장벽으로 기능하고 있다. 마찬가지로 2004년 겨울부터 봄에 걸쳐 프랑스에서 일어났던 연구자들의 운동[20]은, 어떤 가능성도 창조하지 않았을 뿐만 아니라 '인지자본주의'가 내리는 명령에 더 적합한 연구자를 선택하고 새로운 지적 위계로부터 이루어진 조직을 정당화해 버릴 수 있는 위험조차 초래했다. 그와는 반대로, 치아빠스의 문맹 인디언들은 생활양식의 식민지화에 대항하기 위해 뇌의 협동의 역동성을 잘 활용했다. 그들은 질문과 회답回答이 가능한 영역을 준비하고, 거기에 다양한 주체가 들어가서 각자가 발명과 모방의 역능을 발휘하면서 이종혼교적인hétérogènes 지성 기계를 작동시켰다(인디언인 그들 자신의

---

20. [일역자] 2003년부터 2004년 봄에 걸쳐 대학 연구의 효율화를 도모하기 위해 예산과 일자리를 삭감하려고 한 프랑스 정부에 대항하여, "연구를 구하라!"라는 캠페인을 전개하면서 연구자들이 봉기한 사건을 가리킨다. 프랑스 정부는 수익성 높은 응용연구를 중시하고 기초연구의 예산 감액과 동결을 진행해 왔는데, 2003년 12월, 파스퇴르 연구소를 시작으로 생물학 연구자들이 항의문을 공표하고 집단 사직 태세를 감행했다. 이들의 운동은 다른 학문 영역으로 비화하고 시민들을 끌어들여 커다란 운동을 불러일으켰다.

전통적인 지식과, 투쟁 속에서 멕시코인 학생 운동 조직의 '전통'을 형성한 '대학'의 지식과의 이종혼교성).

타르드가 지적했듯이 뇌의 협동이란 모든 개인이 사회적 기억 안에서 '의식적 또는 무의식적인 작은 발명'을 가져오는 것을 의미한다. 각자의 발명은 '모방의 방사선'에 의해 주위로 확산되어 간다. 그 확산이 어느 정도든, 그 방사선은 "그의 발견을, 모나드 안에 구현된 순간적인 존재에 지나지 않는 것으로부터, 충분한 시간을 살아남는 것으로 변화시키는 것이다."[21]

세계를 창조하고 실효화하는 활동 모두가 인식활동으로 환원된다고 믿는 것은 다양한 작은 발명을 노동이라는 좁은 범주 내부에 가두는 것이기도 하다.

*

프리 소프트웨어를 만들어 내는 협동의 힘은 그 '협력자들'의 활동에 수반한 인지적 성질보다도 발명의 시·공간을 여는 능력에 더 관련된다. 그와 같은 시·공간에서 문제 제기와 그 해결의 창조는 여러 주체의 다양체를 내포하고 있고, 기업과 국가의 논리로부터 독립해 있다. 협동의 힘을 넓히려면 권리에 관한 새로운 규칙(예를 들어 '카피 레프트')을 발명하는 것이 필요하다. 그것은 가능성을 창조하고 실현하는 힘을 일방적으로 전유하려고 하는 모

---

21. Tarde, *Les lois sociales,* p. 127. [타르드, 『사회법칙』.]

든 의지로부터, 그 힘을 지켜내기 위한 도구로 간주된다.

반대로 마이크로소프트사와 같은 기업은 '고객의 최대행복'을 위해 사람들에게서 문제를 정의할 권리를 빼앗고 그 문제를 해결할 방법에 대한 기밀을 독점하려고 한다. 지적 소유권에 관한 법률이 그러한 정치적 기능을 지닐 수 있는 것은 창조자로서의 권리와 자격을 가지는 것이 누구인지, 그것을 재생산하는 의무와 자격을 가지는 것은 누구인지를 그 법률이 정하고 있기 때문이다. 지적 소유권에 관한 법률은 문제를 창조하고 해결을 발명하는 능력을 다양체에서 빼내려고 한다. 또한 기업과 '자본-노동' 관계는 사건의 사회적 차원(이 차원이 현대에 부의 생산을 특징짓고 있다)을 사람들의 눈으로부터 은폐하고 끝없는 착취와 지배를 위한 형식을 정해 버렸다.

실업과 빈곤, 불안정은 기업 활동(및 고용에 관한 정책)이 직접 가져온 결과이다. 사회의 생산성을 포획하는 것은 생산 활동에 수반되는 사건의 성질과 협동의 성질을 인정하지 않으면서 사회적 위계를 강요하고 있는 것에서 비롯된다. 기업은 무엇보다 사회로부터 착취를 행한다. 그것을 위해 사회를 위계화하고 공중과 고객으로 이루어진 사회를 만들어 내고 창조와 실현을 행하는 가능성의 힘을 사회로부터 탈취하려고 한다.

이와 같은 새로운 착취와 지배 형식에 대응하려면 제약 산업의 특허에 대한 투쟁이 보여 주듯이 공중/고객을 동원할 필요가 있다. 임금에 관한 투쟁은 현대의 다국적기업에 대해서는 별로 효과적이지 않다. 왜냐하면 임금에 의한 관계가, 마이크로소프트사의 사례가 보여 주듯이 다수majorité를 형성하고 있다고는 아무래도 말할 수 없기 때문이다. 또한 제약생산의 다국적 기업의 예가 보여 주듯이, 급여 관계는 현재 기업의 바깥(다양한 단위의 제조 현장)에 집중하고 있기 때문이다. 이에 따라 단순히 임금노동자를 동원하는 데 그치고 공중/고객을 동원하지 않는다면, 투쟁은 성립하지 않을 것이다. 우리는 공중의 힘을 소비능력과 구매능력에서 출발하여 이해해서는 안 된다. 그렇게 된다면 공중/고객의 문제는 소비를 "보다 잘 선택한다"는 문제로 한정해 버리게 되고, 그러면 공중/고객은 정치적으로 움직이려고 하지 않기 때문이다. 또한 공중의 행동은 문제들이 한정된 영역에서 행해질 것이고 또한 당연히 거기에서 행해질 것이기 때문이다.

서구 국가들에서 HIV 환자들은 처음엔 단순한 소비자의 위치로만 취급되었다. 그러나 그들은 의학의 지식에 대항하여 자신들의 지식을 넓히고 인정받으며 자신들의 활동적인 현재를 긍정하면서, 그 위치의 바깥에 설 수 있었다. 그리고 제약기업의 독점에 대항하여 의약연구와 임상시험의 현재를 규정하는 활동에 참가하게 되었던 것이다.[22] 남반부 나라들에서도 거대 제약기업의 횡포에 대항하기 위하여 이러한 동원動員, mobilisation이 조직적으로 행해지고 있다. 예를 들어 그 나라들이 자국 공장에서 제네릭 의약품generic drug [특허권이 끝난 의약품의 카피 약품]을 제조할 권리,

---

22. 더 진행된 논의로서는 다음의 논문을 참조. Antonella Corsani et Maurizio Lazzarato, "Globalisation et propriété intellectuelle, la fuite par la liberté dans l'invention du logiciel libre", *Journal des anthropologues,* 2004, pp. 4~96.

그것을 병행 수입할 권리[23]와 강제 라이선스의 권리[24] 등을 행사하기 위해서이다.

해결할 전망이 없는 이 투쟁은, 글로벌 경제에서 남북 간의 새로운 단절을 보여 준다. 그것은 동시에 현재 자본주의 기업이 3지역 체제(북미, 서유럽, 일본을 중심으로 하는 국제무역체제)에, 그리고 새롭게 대두하고 있는 신경제에 집중하고 있음을 보여 준다. 더욱이 그것은 새로운 국가들에서의 글로벌 자본의 권력이 이제 단순한 '불평등 교환'만 하는 것에 그치지 않고, 사람들의 생존권을 무시하면서 사람들이 지식과 의약에 접근하는 것을 단속하게 되었음을 보여 준다. 그것은 기업이 지적 소유권에 관계되어 있는 다양한 장치를 남용하는 것에 의해 행해지고 있는 것이다.[25]

그래서 뇌의 협동(다양한 주체성의 협동)에 관하여 우리가 주의력을 기울이지 않으면 안 되는 것은, 그 '비물질적'인 성질이 아니라 그 활동의 윤리적·정치적 형식이고 그 조직의 존재 방식이다.

---

23. 병행 수입 시스템은 '권리의 삭감'이라는 법의 원칙에 기반하고 있다. 이 원칙에 의하면 어떤 나라에서 어떤 약의 특허를 보유한 자는 그 약을 제3국에서 더욱 싼 가격으로 수입하는 것에 대해 반대할 수 없다.

24. [옮긴이] 강제 라이선스란 어떤 특허가 공공의 이익(긴급사태나 공공의료 등)에 관계된 것이었을 때, 또는 그것이 경쟁에 맞지 않을 때 그 특허 보유자의 권리가 한정되는 것을 예측하는 제도이다. 그 조건이 만족될 경우에 한해서, 국가가 약의 특허 보유자인 제약회사에 정해진 로얄티를 지불하지 않아도, 자국의 제약회사가 그 약을 생산하는 것이 가능하다.

25. 자키 라이디는 다음과 같이 쓰고 있다. (Zaki Laïdi, "La propriété intellectuelle à l'âge de l'économie du savoir", *Esprit*, novembre 2003, p. 128. "미국은 지적 소유권이라는 명목으로 380억 달러나 거두어들이고 있다. 반대로 한국과 같은 국가는 그 권리를 사기 위해 150억 달러 이상의 금액을 지불해야만 한다. 이 사실은 발전도상국이 지식을 손에 넣기 위해 어느 정도로 고액을 지불해야 하는지 보여 주고 있다."

우리가 여기서 지적하는 사실은, 포스트사회주의 운동에서 단순히 '아니야'non라고 답해서 끝나는 문제는 없다는 것이다. 그 사실들은 우리가 (제도와 경제, 소통에 관계하는) 발명의 공간을 열어야 한다는 것을 의미한다. 그리고 그 공간은 인지적이며 비물질적인 노동에 의한 특수한 것이 아니라, 일반적인 것이어야 한다.

'생산'이라는 개념

통제사회에서 '생산'은 이제 기업과 공장에서 출발해서는 이해할 수 없다. 그보다도 우리는 다양하게 이종혼교적인(인지정치와 생명정치와 규율훈련의) 권력관계를 고찰하고, 명료하게 하는 것에서 시작해야 한다. 또한 (인지적이며 비물질적인) 노동에서 출발하는 경우에, 생산의 '주체'를 이해하는 것은 불가능하다. 그보다도 우리는 우선 공중과 인구, 노동자의 배치를 이해하는 것에서 시작해야만 한다.

공중, 인구, 노동자는 뇌의 협동을 분할하고 그 분할에서 이익을 얻기 위해 정치적으로 할당된 개념적 틀이다. 다수의 다양한 모나드는 그 틀 안에서 계층화되고, 분할되고, 한정된 기능을 배정받는다. 그와 같은 기능과 역할의 배정은 그 모나드들의 '본성'과 힘들, 활동양태에서 양분을 얻기 위해 행해진다. 모나드들은 사건의 시뮬라크르에 의해, 또는 자본주의 제도에 지배된 '가능성의 창조'에 의해 미리 정해진 관계들 안으로 포위된다. 그것에 의해 생산은 발명과 반복의 힘을, 즉 어떤 모나드가 떨어져 있는 다른 모나드들에 대해 "심리학적" 작용을 일으키는 힘(정신적인 기억과 주의력, 뇌의 '코나투스'를 포함)을 착취하는 것이다. 그 힘들이 무력화되는 것은 모나드들이 재생산 노동의 실행부대에 편입될 때이다. 모나드들의 주의력은 정해진 목적을 실현하는 것에 집중되고, 모나드들의 기억은 단순한 습관, 즉 마치 단순한 자동운동으로 떨어져버린 행위처럼 신체의 반복된 수축운동이 된다(테일러주의는 이러한 '심리학적' 힘들의 포획과 무력화의 좋은 예이다).

그러나 여기에 중요한 점이 있다. 즉 함께 협동에 참가하고, 발명과 반복의 힘과 영향을 주고받는 모든 능력 ─ 각 모나드에 따라 정도는 다르겠지만 ─ 을 소유하고 있는 것도 앞에서 말했던 것과 동일한 모나드들이다.

노동(인지적 노동이든 재생산 노동이든)은, 그 자체 안에는 '생산'의 비판을 품고 있지 않다. 그 '생산'은 규율훈련과 생명정치, 인지정치가 나누어질 수 없이 결부된 배치를 이루고 있기 때문이다. 우리는 이미 임의의 주체성의 논리, 소수자의 논리, 생성변화의 논리 안으로 들어가고 있다. 그리고 동맹을 통해 약한 주체를 지도하고 재구성하는 전략적 주체의 논리에서 이탈해 버리고 있다(이제 '자본주의적 생산'의 내부에조차 중심은 존재하지 않는다).

그 존재가 인정되지 않고, 착취가 행해지고, 다양한 관계의 가능성이 거절되면서, 그 대신 단순한 이분법에 의해 완전히 또 다른 관계가 실현되어 버리는 사태(그것은 기업에서 또는 생명정치와 인지정치에서도 일어나고 있는 사태이다)를 목도하게 될 때, 우리는 비판을 행하고 정치적 행위에 관해 말할 수 있다. 즉 그와 같은 착취에 대한 거부에 의해 다양한 관계의 창조를 행하는 공간과 실험 및 검증을 행하는 시간이 함께 열리는 것이다.

상황의 특수성에서 출발할 때, 실험은 다양한 권력관계로부터 이루어진 전체를 횡단하여 질문하고 그 외부로 열리는 행위가 된다.

제약 산업에 대한 투쟁을 다시 다루어보자. 다국적 제약기업이 강요하는 정책에 대한 사람들의 거부는 연구의 문제를 제기하는 것만은 아니다. 그 거부는 생산품 문제(왜, 누구를 위해 생산하는가?), 공공의료에 관한 정치적 문제, 소유에 관한 권리의 문제 등을 동시에 제기한다. 더구나 거기에는 주체의 다양성(이용자, 환자, 연구자, 여론, 노동자, 생명윤리적 관점에서 규제를 정하는 조직)과 인지적 지식savoir과 비인지적인 지식의 다양성이라는 문제도 제기된다.

노동운동의 논리가 이미 실효성을 잃은 것은, 그 운동이 고전적인 조합정치와 그 코드화된 관계들로부터 탈주할 능력을 잃어버렸다는 사실과 결부되어 있다. 그러나 그 사실은 "인지노동자처럼 다양한 지식과 이해를 제어하면서 이종혼교하는 능력도 없고, 또한 그러한 가능성도 없다"는 것을 의미하지는 않는다. 중요한 것은 어떤 전략적 주체(노동자계급)를 별개의 전략적 주체(인지노동자)로 치환하는 것이 아니라, 세계를 창조하고 실현하는 역능으로서 다양체의 활동을 사고하는 것이다. 이 관점에서라면, 인지적 노동과 비인지적 노동 사이의 구별과 물질적 생산과 비물질적 생산 사이의 구별은 이미 의미가 없다. 그것들을 구별하는 사고야말로 현재의 우리를 포박하고 있는 것이며, 지금부터 우리가 탈주해야만 하는 것이다(권력 장치야말로 언제나 중요하다). 다양한 가능세계의 창조는 권력의 배치를 전도시켜 다른 기능, 다른 태도, 다른 능력, 다른 역동성을 그려낸다는 것을 의미한다.

우리가 '물질적 생산'이라는 개념을 버리고, (복수의) 세계의 생산이라는 개념으로 이행할 때, 예전에 맑스가 말한 다음의 요청에 직면하는 것은 당연한 일이다.[26] 즉, '생산'에 관해 말하기 위해서는 정치경제학과는 근본적으로 다른 별개의 방법론을 가지고 별개의 설명양식을 만들어 낼 필요가 있다는 요청이다. 이와 같은 맑스의 관점이라면 부의 새로운 기반으로서 '노동 그 자체'를 사고하는 것이 아니라 과학의 발전과 테크놀로지의 진보, '사회적인 협동과 유통'의 발전, 요컨대 '사회적 개인의 발전'을 생각해야만 한다. 요컨대 "교환가치에 기반한 생산은 붕괴했다"는 것이다.

맑스의 고찰에서는 [이 문제가] 이 이상으로 커다란 문제로서 다루어지고 있지는 않다. 맑스는 과학이 어떻게 만들어지고 있는가에 관해서도 쓰지 않고 있으며, 사회적 협동과 그 유통이 무엇으로부터 구성되고 있는지에 관해서도 설명하지 않기 때문이다.

부의 생산과 그 '주체'를 이해하고 해석하기 위해서는 협동의 기반이 되는 노동에 관해 생각해야 하지만, 『자본론』에서 그 노

---

26. Karl Marx, *Manuscrits de 1857~1858(Grundrisse)*, Éditions sociales, 1980. [칼 맑스, 『정치경제학 비판 요강』 1~3, 김호균 옮김, 그린비, 2007.]

동은 '비참한 기반'으로서만 묘사되어 있다.

　뇌의 협동이라는 개념에서 출발하는 것에 따라 아마 우리들은 (가능세계의 창조에 관한) '생산'의 새로운 개념을 정의할 수 있을 것이다. 그것을 위해서는 뇌의 협동이 가져올 '생산물'과 그 척도가 아담 스미스적인 협동과 어떤 점에서 다른지에 관하여, 이미 검토했던 문제도 다루면서 명확히 할 필요가 있다.

집합화한 뇌의 활동과 그 협동

　뇌의 협동을 만들어 내는 조건은 여러 실천과 그 집단적 차원 (예를 들면 계급, 가치, 법칙, 노동 등)에서 출발해서도, 자유주의 패러다임(즉 개인의 자유, 시장, 소유의 트라이앵글)으로부터 출발해서도 이해할 수 없다. 반대로 정치경제학이 상정하고 있는 협동의 개념은 다양한 주체성에 의한 공통적 창조와 공통적 실현 활동을 파괴하는 것이다. 그 협동 개념은 그 주체성들의 활동을 '노동'이라는 '비참한 기반'을 바탕으로 이해하고, 측정[計測, mesurer]하는 것이기 때문이다.

　집합화하는 뇌의 활동과 협동의 존재방식이란 과연 어떠한 것일까? 뇌의 협동의 역동성은 사건에 의해 부여된다. 그 역동성에서 여러 가치는 어떤 본질(노동)에 귀착되는 것이 아니라 오히려 반대로 사건에 종속된다. 그래서 뇌의 협동에 의한 활동은 그것이 무엇인가 새로운 것을 창조함과 동시에 그것을 실현한다는 점에서 예견불가능성과 불확실성과 연결되는 새로운 출발점이다.

이와 같은 활동 방식에는 위험이 수반된다. 그래서 그 방식은 무너지기 쉬우며, 신뢰라는 전제조건이 없다면 성립될 수 없다. 더구나 공통적 창조와 공통적 실현은 공감과 상호 소유라는 조건이 없다면 성립되지 않는다. 그것은 모나드들이 비록 각각 다른 힘을 표현하고 있어도 모두가 '협력자'이기 때문이나.

그와 같은 모나드들은 다음 두 개의 양태에 따라 서로 관계한다. 그것은 "첫째, 공격자 또는 라이벌 관계이다. 둘째로 지원자 또는 협력자 관계이다."[27]

라이벌 관계와 협력관계는 항상 어느 정도 혼합되어 있지만, 그러나 창조가 만들어지는 것은 공감 즉 상호지원과 협력으로부터, 신뢰와 우애로부터다. 서로 협동하는 관계에 있다는 것은 여러 사물과 사건에 관해 함께 느끼고 서로 '영향 받는' 관계에 있다는 것이다. 우정, 친애의 정, 슬픔[28]은 전부 공감 관계의 표현이다. 뇌의 협동의 구성과 역동성을 설명하기 위해서는 그와 같은 관계를 전제로 해야만 한다.

현대의 기업 경영에서는, 공중을 구성하고 포획하는 전략에서

---

27. Gabriel Tarde, "Darwinisme naturel et darwinisme social", *Revue philosophique*, tome XVII, 1884, p. 612.

28. "유감이지만, 우정과 마찬가지로 사회도 '너무 넓어져서 비틀려 버린 바퀴'이다. 그리고 이 혹독한 반론이야말로 예속계급의 평등을 바라는 목소리에 대한 보수적 저항을 정당화하는 것이었다. 그러나 이 반론이 잘못되었다는 것은, 사회라는 바퀴가 인류 전체로 한없이 넓어졌음을 그대로 보여 준다."(Gabriel Tarde, *Les lois de l'imitation*, Les empêcheurs de penser en rond, 2001, p. 378 [가브리엘 타르드, 『모방의 법칙』, 이상률 옮김, 문예출판사, 2012])

도 마찬가지로, 발명은 명령되어 행해지지 않는다는 점이 고려되어야만 한다. 그리고 세계의 공통적 실효화를 위해 유일하게 필요한 것이 신뢰이고, 공감이며, 사랑이라는 점이 고려되어야 한다.

공감과 신뢰, 상호적 소유야말로 세계와 자기를 만들어 내는 과정의 전제조건이다. 왜냐하면 차이야말로 협동의 원동력이기 때문이다. 자유주의의 이론과 실천에서 출발하면, 에고이즘에서 유래한 경쟁과 대립만이 유일한 진보의 원리가 되어 버린다. 그러나 차이는 그와 같은 방식으로 작용하지 않는다. 차이는 그 창조력과 구성력을 공감과 신뢰와 우정의 공통적 생산으로부터 전개하지 에고이즘의 조정과 대립에서 전개하지는 않는다.

서로 대립하는 양자 사이의 모순이 극복되는 것은 한편이 다른 편에 대해 결정적으로 승리할 때뿐이다. 그러나 서로 이질적인 양자 사이라면 그 이질성이 조합되고 이종혼교 되면서 (결국 발명에 의해) 모순을 극복할 수 있다. 발명이라는 사건의 논리가 풍부한 결과를 가져올지 어떨지는, 대립의 논리의 경우와는 반대로 이질적인 힘을 결합하고 공통으로 생산하고 공통으로 적합하게 만드는 능력을 얼마나 갖추고 있는지에 달려 있다. 다양한 힘이 공통으로 새로운 관계의 변조를 만들어 내는 것은 내재성의 새로운 평면을 형성하여 '서로 이용 가능하기 위한, 아직 발견되지 않은 길'을 발견하는 것에 의해서다.

뇌의 협동에서 표현되는 주체성은 실천과 노동의 범주에 기반한 활동과는 달리 가능성의 창조와 달성의 논리에 기반한 활동과 결부된다.

반복에 의한 발명은, 경제학자와 맑스주의자들이 노동이라고 부르는 것과는 구별되어야 한다. 또한 기쁨은 슬픔과 구별되어야 한다. 왜냐하면 그 표현들은 모두 다른 활동 양태에 기반하고 있기 때문이다. 이 구별은 현대의 주체성의 존재방식을 정확히 이해하는 데에 매우 중요하다.

물질적·비물질적인 모든 활동에서 발명과 협동 속에서 표현되는 기쁨은 규격화된 반복적 행동 속에서 표현되는 슬픔과는 다른 주체성에 속한다. 경제현상의 역동성은 부에의 갈망과 고통의 회피, 쾌락의 추구 속에서는 발견되지 않는다. 그것은 끊임없이 시도되는 노력 속에서 발견된다. 그것은 규격화되는 반복의 비참으로부터 탈주하고, 발명의 기쁨을 증대시켜 노동의 필요성을 줄이며, 협동의 자유를 증대시키기 위해 새로운 길을 탐색하기 위한 노력이다. 이와 같은 발명과 반복의 존재론, 또는 기쁨과 슬픔의 존재론이야말로 자본주의에 대립하는 것이다. 현대 자본주의로서는 여기서 말한 조건을 완전하게 지배하는 것이 불가능하고 오히려 그 조건에 따를 수밖에 없다는 사실이 걱정거리다. 자본주의 논리는 뇌의 협동에 구비되어 있는 내재성과 우애의 논리와는 다른 것이기 때문이다.

뇌의 협동에 의한 생산-공통재

뇌의 협동은 스미스적인 또는 맑스적인 공장에서의 협동과는

미국 국립 초상화 미술관이 소장한 마르셀 뒤샹의 초상 사진

달리, 공통재를 생산하는 활동이다. 공통재란 인식과 언어, 과학, 예술, 서비스, 정보 등을 말한다.

여기서 정치경제학이 공공재와 집합재라고 간주하는 것과 우리가 공통재라고 부르는 것(그것을 '재화'[1]라고 부르는 것이 맞는지와는 별개로)의 구별을 명확히 해두고 싶다. 이 공통재는 물과 공기, 자연환경과 같이 우리 모두가 속해 있는 '재화'에 한정되지 않는다. 마르셀 뒤샹Marcel Duchamp에 의하면, 예술작품은 그 반은 예술가의 활동의 결과이지만 다른 반은 공중(감상자, 독자, 청중)의 활동의 결과이다. 공통재란 이와 같이 뒤샹이 예술작품의 창조과정에 관해 말한 방식으로 창조되고 현실화되는 재화이다.

공통재의 창조와 실현에서 활동하고 있는 것은 바로 '예술'의 역동성이지 생산자와 소비자의 그것은 아니다.

이와 같은 재화는 타르드에 의하면 '만지기도 하고, 소유하기도 하고, 교환하기도 하고, 소비하기도' 할 수 있는 정치경제학적 재화와는 달리, "아는 것은 가능하지만 소유하는 것도, 교환하는 것도, 소비하는 것도 불가능"한 재화이다. 공통재는 다양한 주체성의 협동에 의한 공통적 창조와 공통적 실현의 결과이다. 그것은 "무상임과 동시에 끝없이 분할 불가능한 것"이다. 그것을 소유할 수 없다는 것은 어떤 공통재(인식, 언어, 예술작품, 과학 등)가 비록 어떤 인물에 의해 입수되어 수다하게 축적되었다고 해도, 그것들은 그의 '독점적 소유물'이 될 수 없으며, 공통재의 특성 때문에 분배分有, partagé의 정당성을 인정해야만 하기 때문이다.

개인 소유가 필연성을 가지는 것은 자본-노동관계 아래에서 생산되는 재화만이다. 그 재화의 소비란 그 재화를 파괴하여 그 밖의 다른 사람에게 전달할 수 없게 되는 것을 의미하기 때문이다. 그와 같은 재화는 "나의 것이든, 너의 것이든" 어느 한쪽만의 것이어서, 그 재화들을 공유하려고 해도 그 시도는 그 재화의 성질 그 자체 때문에 허망하게 좌절할 수밖에 없다.

공통재가 교환 불가능한 이유는 그 재화의 성질이 분할 분가능하고 전유 불가능하다는 점에서 유래한다. 정치경제학이 가르쳐준 경제적 교환에서, 각자는 어떤 것과 바꾸기 위해 그가 소유한 것을 남에게 넘기면서 이익을 얻는다. 공통재(예를 들면 인식)의 '교환'에서는 그 재화를 전달하는 사람은 그것에 의해 그 재화를 잃어버리지도 않지만, 그 재화를 사회화하면서 무일푼이 되지도 않는다. 반대로 그와 같은 재화는 사람들 사이로 확산되고 공유되면서 가치를 높이는 것이다. 공통재는 다른 공통재와 교환되지 않는다. 왜냐하면 공통재는 분할이 불가능하고, 등가 교환과는 관계없는 것이기 때문이다(그것은 소비가 불가능하고, 양적 측정의 바깥에 있다).

다양한 공통재는 정치경제학이 만들어 낸 기준에 따라 소비되지 않는다. 교환된 상품의 '파괴적 소비'에 의해 욕망이 충족되는 경우는, 맑스적 혹은 아담 스미스적인 공장에서 생산되었던 재화를 교환할 때뿐이다. 그러나 "사람들이 자신의 신앙에 관해 생각할 때, 그들은 신앙을 소비하는 것인가? 사람들이 유명한 예술작품을 바라보고 있을 때, 그들은 예술작품을 소비하고 있는 것인가?"[29] 모든 공통재의 소비는 그대로 새로운 지식과 예술작품의 창조와 연결된다. 이러한 소비는 파괴적인 행위가 아니라 별도의 새로운 지식과 예술작품을 산출하는 창조적인 행위이다. 이순환이야말로 생산과 소비 과정의 원동력이다.

그래서 공통재의 생산과 순환, 소비에 관한 규칙은 공장에서의 협동의 규칙과도 공장의 경제에 관한 규칙과도 동일하지 않다. 그 규칙은 맑스주의와 정치경제학에 의해서는 설명이 불가능한 것이다. 그 이유는 공통재의 창조와 실현이 현대자본주의에서 예전의 산업자본주의에서의 물질적 생산이 점하고 있었던 장소를 점하게 되었기 때문이다. 그것을 ('자본가에게 명령받는 노동자들'이라는) 오래된 협동조직의 개념으로는 설명할 수 없다.

자본/노동 관계는, 우리가 이미 마이크로소프트사의 사례에서 보았듯이 공통재를 사적 재산으로 변화시키기 위한 불가결한

---

29. Tarde, *La psychologie économique,* tome 1, p. 88.

장치이다. 또한 그것은 '생산'의 사회적 성질을 무시하고, 협력자를 고객으로 변화시키며, 뇌의 협동에 대해 '희소성'이라는 정치경제학에 고유한 논리를 강요하기 위한 장치이기도 하다.

마지막으로 하나 주의할 점이 있다. 공통재를 가져오는 것은 국가적 협동이 아니라 일종의 '공중'의 협동이다. 현재 우리는 이미 국가에 전혀 의존하지 않는 지식이 생산되고 소비되는 영역이 출현하고 있는 장면을 목도하고 있다. 그와 같은 재화가 생산되고 사회화되고 분배되는 영역이 확대되고 있다. 그것은 이제 사적으로 소유할 수 없을 뿐만 아니라 공적公的인 힘조차도 미치지 못하는 것이 되고 있다. 이는 주목할 만한 새로운 사태다. 거기에서는 사적 영역과 공적 영역이라는 고전적인 대립 도식이 해체되고 있기 때문이다.

측정과 그 외부

뇌의 협동은 맑스적 또는 아담 스미스적인 생산협동의 존재방식에 대립하는 것이다. 그 대립은 풍부성과 희소성의, 측정 불가능한 것과 측정 가능한 것의, 척도 바깥의 것과 척도의 대립이다.

만약 경제학이 희소물의 가장 적합한 배분allocation에 관한 과학이라면, 또 현대에서 자연조건이 아닌 법률이 희소성을 만들어내고 있다면, 우리는 부에 관해 생각할 때에 지금까지의 전제를 버리고 공통재가 가진 풍부성의 논리로부터 출발할 필요가 있다.

여기에서 그 같은 문제를 생각하기 위한 지름길로서 영어의 어떤 어휘에 포함된 애매성을 고찰하고 싶다. 그것은 소유권이 있는 소프트웨어와는 별개로, 소유권에서 자유로운 소프트웨어를 의미하는 '프리 소프트웨어'라는 용어이다. 그 어휘에는 단순히 '소유권에서 자유로운 소프트웨어'라는 의미를 넘는 커다란 문제가 내포되어 있다. 프리 소프트웨어에서 'free'라는 영어는 두 개의 다른 의미를 지칭한다. 하나는 '자유'라는 의미이고 다른 하나는 '무료'이라는 의미이다. 여러 프리 소프트웨어 단체가 주장하는 바에 의하면, 프리 소프트웨어는 무엇보다도 우선 '자유'에 의해 정의되어야 하고, '무상'은 그렇게 중요하지는 않다.

이와 같은 주장은, 이 세상에는 무료이지만 자유롭지는 않은 여러 소프트웨어가 있기 때문에 제시된다. 무료이지만 '기업의 소유권이 부착된 소프트웨어'는, 이용자에 대해 제조 기업이 제공한 소프트웨어에의 의존도를 높이는 결과를 가져온다. 다른 한편, 프리 소프트웨어(유료의 소프트웨어도 포함한다)는 이용자에 대해 자유와 독립을 위한 잠재적 상황을 가져온다. 프리 소프트웨어는 그 이용자로 하여금 각자의 특성에 맞는 참여를 요구하기 때문이다. 그에 반해 소유권이 붙은 소프트웨어의 경우, 설령 그것이 무료로 입수 가능한 것이어도, 그것은 이용자를 의존적이며 수동적인 상태에 빠뜨린다.

그래서 프리 소프트웨어에서 무료는 그렇게 중요하지 않다. 그보다도 원₅코드의 입수, 수정, 배포와 소프트웨어의 개작의 자유를 가져오는 여러 가능성이 중요하다. 사람들에게 문제들이 규정되는 영역을 개방하는 것이 이 자유인 것이다.

그래서 프리 소프트웨어의 창조와 배치, 협동은 고객이라는 틀을 파괴하고 활발한 조직생성을 위한 조건의 창조를 커뮤니티에 가져온다(이것은 뇌의 협동에 의한 논리다!). 그와 같은 방식은 의존적이며 수동적인 고객을 구축하려는 기업의 전략과는 근본적으로 다른, 별개의 전략을 만들어 낸다.

여기서 능동적/수동적이라는 관점에서 자유와 무료의 구별을 명확히 한다면, 그 구별 − 무료를 제거한 자유의 개념 − 은 공통재의 경제에도 딱 들어맞는 것 아닐까?

과학으로서의 경제학은, 너무 풍부해서 가격이 부착되지 않는 재화는 "경제학적인 것이 아니"라고 우리에게 가르치고 있다. 결국, 가격이란 희소성을 측정한 값이다. 우리는 소유체제가 없다면 지식이 그 희소성이 완전히 없어질 때까지 축적된다는 것을 명확히 해 왔다. 분할도 교환도 소비도 측정도 불가능한 것은 경쟁 수단으로서 전혀 이용될 수 없을 뿐만 아니라 경제학적 규칙에도 전혀 들어맞지 않기 때문이다.

우리가 풍부성의 경제에서의 생산과 교환, 분배의 형태를 생각할 때, 무료는 거기에 어울리지 않는 것은 아닐까라고 질문할 수 있을 것이다. 왜냐하면 부가 무료라는 것은 그 부에 비용이 들지 않는다는 것을 의미하는 것이 아니라 그 부의 측정과 분배의 원칙이 경제학적인 것일 수 없다는(결국 희소성에 기반하지 않는다는) 것을 의미하기 때문이다.

여기에서 우리는 두 개의 다른 부의 개념에 직면한다. 그 개념들은 전부 두 개의 이질적인 측정과 분배의 원리에 대응하는 것이다. 즉 희소재에 나타나는 부의 개념과 (어디에서도 풍부하고 측정 불가능한 것으로서의) 공통재에 나타나는 부의 개념이다.

'카피 레프트' 원칙은 공공재의 자유로운 유통을 지키는 것에 목적이 한정되어 있어서, 부에 관한 질문을 무시한다. 확실히 그 원칙은 풍부성에 기반한 경제의 성립 조건을 부분적으로 가져올지도 모른다. 그러나 조직화되어 자유로이 유통된 공통재가 어떠한 성질을 가지고 어떻게 측정되어 분배되는가에 관해서는 완전히 침묵한다. 그러나 지적 소유권은 지의 창조와 유통을 통제하는 법적 장치임과 동시에 계속 발명되고 산출되는 작품의 창조와 보급을 방해하여 부와 그 분배를 규제하는 양식이기도 하다.

거기에서 새로운 문제가 생긴다. 그것은 프리 소프트웨어의 커뮤니티가 간과하고 있는 문제다. 거기에서 지의 창조와 유통은 부의 창조와 유통이 안고 있는 문제와 동일한 문제를 제기하고 있기 때문이다. 그 문제란 다음과 같다. 공통재의 생산에서 생긴 자유로운 부를 어떻게 평가할 수 있을 것인가? 분할 불가능하고 어디서도 풍부한 재화를 어떤 척도로 측정하면 좋을까? 만약 이미 논했듯이, 어떤 공통재를 생산하기 위한 조건이 다른 공통재(직업교육, 의료, 과학, 인터넷 등)에 있다면, 어떻게 그 공통재의 비용을 계산할 수 있을까? 또한 생산이 협동만이 아니라 다양한 생산자와 사용자의 발명에도 의존한다면 그 부를 분배하기 위해서는 어떠한 근거에 기반하면 좋을까?

부의 새로운 성질을 묻는 것은 하나의 정치적 행위이다. 즉 그 물음은 맑스가 쓰고 있듯이 "부르주아적 형태를 전복"하는 일이고, '생산노동'(자본을 생산하는 종속적 노동)이 아닌 자유로운 활동과 행위에 기반하고 있는 사물이 무엇일까를 인식하는 일이다. 여기서 자유로운 활동이란 단순히 그 활동에 머물지 않고 그 활동으로부터 탈주하는 능력이기도 하다. (비어 있는 시간 le temps vide, 폴 라파르그Paul Lafargue의 '게으름') 나아가 그 질문은 단순한 주체화에 머물지 않고 주체화 그 자체로부터 탈주하는 행위, 즉 부여된 역할과 기능으로부터의 탈주에 어떠한 목적이 있는가를 인식하는 일이기도 하다.

공통재를 둘러싼 투쟁

기업에 의한 공통재의 포획에 대한 투쟁은 단순히 서비스 무역에 관한 일반협정GATS에서 공통재가 고려되지 않고 있다는 것을 문제로 내걸면서 글로벌화와 세계의 상품화를 고발하는 것에 머무는 행위가 아니다. 그러한 고발활동은 지금의 경우 우리에 대항 수단을 부여하기까지 이르고 있지는 못하다. 현재의 공공 서비스를 지키는 것이 중요한 일은 아니다. 현재의 공공 서비스는 포디즘 체제의 타협의 산물로 보이며, 또한 그와 같이 조직되어 있기 때문이다. 그보다 뇌의 협동에서 기반이 되고 있는 공공 서비스를 새롭게 구상하는 것이 중요하다.

공통재의 사적 전유에 대한 투쟁은 뇌의 자유로운 협동에 고유하고 독자적인 조건을 산출한다. 부와 그 분배에 관한 새로운 권리와 개념에 의해, 공통재의 창조와 실현을 위한 양태와 규칙, 주체성, 테크놀로지 기술 장치가 이제 산업생산에서 '생산'과 '소비'의 그것들과는 완전히 달라진 사태를 발생시킨다.

현대의 투쟁이 가진 의미는 뇌의 협동에서는 잠재적으로밖에 존재하지 않았던 것을 저항과 창조의 행위를 통해 출현시키는 것이다. 결국 그 투쟁은 뇌의 협동을 '인지자본주의'capitalisme cognitif에 의한 포획활동에서 탈주시켜 정치적으로 특이화한다.

뇌의 협동에서 잠재적으로밖에 존재하지 않았던 것은, 투쟁 속에서 어떤 가능성이 된다. 그러나 그 가능성은 이어서 실효화되어야 한다. 그것을 위해서는, 저항의 실천에 의해 그 저항 자체 속에서 생겨난 여러 양태와 목적에 따르는 존재를 재배치해야만 한다. 주체와 행위 내용, 공통적 존재, 대립적 존재는 사전에 눈앞에 주어졌던 것이 아니라 사건으로 출발한 투쟁에 의해 구성되는 것이다. 이와 같은 정치적 행위는 협동의 새로운 성질의 승인과 개시에 머물지 않고 새로운 발명과 새로운 개체화를 향한다.

뇌의 협동은 착취와 지배, 복종이라는 형태 속에서도 예로부터 존재하고 있었다. 그러나 지금이야말로 뇌의 협동은 정치적 가능성으로 구축되어 표현되어야 한다. 더구나 그것은 정치적으로 이미 구성되었던 공간 안에서 정치적 해결을 조직하는 것에 의해서가 아니라, 새로운 질문을 제기하고 새로운 답변을 가져오는 것에 의해 실천되어야 한다. 과연 어떠한 권리가, 어떠한 부가, 부의 어떠한 분배가, 공통적 존재의 어떠한 표현형태가 뇌의 협동 또는 주체성들의 협동에 필요할까?

사회적으로 생산된 부의 사적 전유에 대항하기 위한 구체적인 장치가 발명되어야 한다. 그리고 그 발명은 협동의 구축과 표현의 과정 속에서 요구되어야 하며 세계의 상품화에 대한 단순한 고발로서 요구되어서는 안 된다.

2003년 봄부터 여름에 걸친 프랑스 교직원들과 무대예술의 엥떼르미땅Intermittent 30이 투쟁을 일으켰다. 또한 2004년 겨울에는 연구자들이 투쟁을 일으켰다. 그것들 모두 단순히 새로운 임금투쟁이 아니었다. 그 투쟁들은 민간 또는 공공의 경영자에 대항하여 급여 또는 법적으로 종속되어 있는 관계(즉 고전적 노사관계)를 문제시했던 것이 아니라, 공통재(문화, 교육, 연구)의 창조와 실현의 본질과 그 창조와 실현에 참여하고 있는 공중(학생, 관객, 환자, 소비자 등)의 협동 생산자로서의 역할을 문제 삼았다. 결국 그 투쟁들은 (공통적인) 부의 창조와 분배, 그 융자, 새로운 협동에 여러 주체성이 참여하는 권리를 실현하기 위해, 그것에 필요한 제

---

30. [일역자] 음악가와 가수, 배우, 감독, 조명, 공구 등 연극과 영화, 텔레비전 프로그램의 제작에 관계된 비상근 예능 종사자. 프랑스 정부는 지금까지 실업 보상에 의해 그들의 생활을 보호해 왔지만 근년이 되어 그 보호를 중단하려고 하여 문제가 되었다. 엥떼르미땅 제도는 1936년에 영화산업 기술자의 생활보호를 위해 설립되었는데 69년부터 영화만이 아니라 무대예술의 아티스트와 기술자로도 확산되었다. 엥떼르미땅으로 일하는 아티스트와 기술자는 연간 507시간 이상의 노동을 한다면, 최대 12개월은 일이 없어도 실업보험으로 평균 일급의 약 3할을 받을 수 있다. 그러나 프랑스 정부는 이 수급제한을 좁혀서 2003년 10월부터 실업보험의 수급을 최대 8개월간, 약 2할까지 감소할 것을 결정했다. 이에 대해 엥떼르미땅 측은 아비뇽 연극제를 보이코트 하는 등 다양한 저항운동을 일으켰다. 이를 수용하여 정부는 새로운 제도의 적용을 2004년 1월까지 연기하고, 나아가 다른 제도에 관해서도 재고할 것을 약속했다.

도적 테크놀로지적 장치를 문제시했던 것이다. 그와 같은 문제제기는, 나아가 학교와 미디어 예술의 '문화산업'이 조직하고 있는 주체성 생산 과정에도 질문을 던지고 비판을 더하게 되었다.

그러나 이러한 현대의 투쟁은 커다란 장애와 부딪치고 있다. 그 장애 중의 하나로, 자본/노동의 관계 틀에서 그 투쟁들을 이해하여 그 오래된 형식 안으로 (투쟁들을) 밀어 넣으려는 의지를 들 수 있다. 그 의지는 공장노동의 오래된 원리 ─ 노동과 부에 관한 개념, '경제/사회'와 '상부구조/하부구조'라는 분할을 바탕으로 한 사고방식으로 이루어진 ─ 에 기반하여 조직과 요구, 동원, 행동 방식을 그 코드에 따르도록 강요한다. 그때 공통재를 둘러싼 투쟁은 노사투쟁이라는 구태의연한 코드에 따르는 형태로 환원되어 모두가 예전부터 알고 있는 문제가 되어 버린다. 그래서 새로운 문제를 제기할 가능성도, 새로운 해결을 발명할 가능성도 놓치고 만다. 기존의 노동조합과 노동단체는 예전의 노동운동의 활동내용과 활동방식을 계속 참조하면서 세계의 상품화를 고발하려고 한다. 하지만 그와 같은 노동조합과 노동단체의 방식은 실제로는 뇌의 협동을 지배하려고 하는 기업 권력을 재생산할 뿐이다.

공통재를 둘러싼 투쟁은 급진적인 정치적 행위이다. 그것은 자본/노동 관계를 코드화하려고 하는 의지로부터 탈주하는 것을 목표로 하는 행위이며, 또한 뇌의 협동 가능성을 긍정하고 전개하는 것을 목표로 하는 행위이다. 나아가 그 투쟁은 뇌의 협동을 발명하는 것과 함께 실현하는 것을 목표로 한다. 이와 같이 세계를 창조하기 위한 다양한 주체성들의 협동은 이 투쟁에 새로운 의미와 목적을 부여하기 위한 조건이다. 그 투쟁에는 기업과 공장에서 일어나고 있는 투쟁을 포함한다. 그들의 투쟁도 또한 자본/노동의 논리에 의해 방해받고 있기 때문이다.

68년 이후의 사회운동은 다양한 새로운 가능성을 만들어 냈다. 그 이유는 그 새로운 투쟁들 어느 것이나 여러 가지 문제와 그 해결을 문제시하고, 증가시키고, 다양화하는 것이었기 때문이다.

중요한 것은 슬로건이 아니라 예측 불가능한 실효화effectuation에 운동을 개방하기 위한 실천, 그것을 위한 장치, 집단의 조직화이다. 결국 고용자(민간기업과 공공기관)에의 종속에서 탈주하려는 새로운 활동 방식을 발명하고, 그 발명을 기업적 가치가 아니라 공통재의 창조와 실현을 위해 활용해야 한다. 그와 같이 하여 발명된 새로운 활동은 고용에서 보수를 분리하고, 고용에 약속되어 있지 않은 시간을 받아내는 것이어야 하며, 또한 그 자체가 부의 창조와 주체화 과정을 가져오는 것이어야 한다. 나아가 그것은 생명정치적인 제도들(복지) 및 종속 노동자의 재생산(근로복지)을 목표로 하는 금융 권력을 전복시켜 개인(임의의 주체성)에 대한 융자와 공통재의 창조에 이바지하는 인프라 정비를 가능하게 하는 것이어야 한다. 끝으로 그 활동은 발명과 재생산, 창조자와 이용자, 전문가와 비전문가 사이에 지적 소유권이라는 제도가 만들어 낸 벽을 파괴하기 위한 조건을 만들어 내야 한다. 그래서 뇌의 협동을 확대하고, 거기에 참가한 다양한 주체를 새로운 민주주의의 개념 안으로 통합하는 것이 중요하다. 그 새로운 민주주의는 고객과 이용자, 실업자라는 기존의 틀을 비국가적인 새로운 공공

영역에서의 정치적 활동자라는 틀로 변형해야 할 것이다.

자본주의와 빈약한 삶의 양식

끝으로, 몇 개의 일반적 결론을 내고자 한다. 우리가 지금까지 명확히 하려고 시도해 왔던 것은, 현대 자본주의를 이해하기 위한 중요한 열쇠는 여러 노동이론과 신모나돌로지 사이의 차이에 있다는 점이었다.

오늘날 자본주의 발달단계에서 착취되고 있는 것은 '생산' 노동(이는 맑스주의의 정의에 의하면 자본을 생산하는 노동이다)이 아니다. 착취되고 있는 것은 반복을 수반하는 차이의 배치이다. 자본주의가 손에 넣으려고 노리고 있는 것은 다양한 가능세계의 창조와 실현이다.

보다 근본적으로 생각하기 위해 노동이라는 범주를 다시 거론해야 한다. 이 범주는 현재 경제학자와 사회학자의 손에 의해 염려스러울 정도로 절단나고 ^{mutilée} 있다. 경제학자와 사회학자는 항상 노동을 기업에 의해 동원되는 종속적 활동으로 본다. 우리는 노동에 관해 고찰하면서 발명과 재생산이라는 두 개의 활동을 구별해야만 한다. 다른 방식으로 말하자면, 차이와 반복을 구별해야만 한다. 이를 위해서는 현대의 기업이 이미 포위한 '자유로운 활동'으로부터 출발할 수밖에 없다.

자유로운 활동에서 작동하는 창조적 힘들은 한편으로 각자의

'모나드'에 내재해 있지만, 다른 한편으로는 협동에 의해서만 특이화되는, 기업의 바깥에 초과하는 일련의 관계들에 의존하고 있다. 뇌의 협동은 여러 전문적 활동의 조정에 지나지 않는 것도 아니고, 인지적 노동자 또는 비물질적 노동자만의 협동으로 한정되지도 않는다. 그것은 모든 개인의 활동하는 역능을 표현한다. 즉 그 역능은 개인의 주의력에 따라 지성(믿음)과 욕망(의욕^{volonté})을 동원하면서 생겨난다.

즉 '집합화된 뇌'의 협동에서 발명은 위대한 인물이 행하는 것도 아니며 위대한 사상만으로 나타나지도 않는다. 그와 같은 발명은 사회적임과 동시에 무수한 성원들의 사소한 협력과 조정의 결과이다. 그것은 "통상 거의 영광을 받지 못한 이름 없는" 다수의 사색의 결과이고 "완전히 보통 사람들의 머리 안에서 때때로 나타나는 작은 사상과 사소한 혁신을 요소로 하여 만들어진 공통의 건조물"[31]인 것이다.

그 가치는 한정 없는 무한소의 협동이 산출한 것이다.

주체성의 활동은 뇌의 협동에서 '자유로운 활동'으로 나타나며, 기업에 의해 포위되기 이전부터 기업과는 독립하여 존재하고 있었다. 그와 같은 주체성의 활동을 사고하면서 타르드는 우리에게 다음과 같은 사고방식을 남겼다. 즉 자동기계의 행동과 천재의 행동이라는 두 개의 다른 종류의 행동은 모두 동일한 힘으로부터 생기며, 양쪽 모두 자유로운 활동에 그 기반을 두고 있다. 그렇기

---

31. Tarde, *La logique sociale*, p. 148.

에 끝없는 무한소의 변용을 통해 우리는 한 쪽의 행동에서 다른 쪽의 행동에로 이행할 수 있다. 결국 자동기계든 천재적 인물이든, 양쪽 모두에 행사되고 있는 것은 자신의 기억과 코나투스, 즉 주의력l'attention인 것이다. 자동기계의 행동에서 그 주의력은 목적으로 정해진 행위를 실현하는 것에 완전히 집중된다. 또 그 기억은 거의 새겨진 습관이라고 부를 수 있는 것이다. 그와 같은 주체성은 일종의 자동기계로서 운동을 받아 전달하는 행동의 중심이 된다. 그 주체성은 감각 운동의 기록 같은 것이기 때문이다.

반대로 천재의 활동의 경우, 주의력은 이제 목적이 된 행위에 묶여있는 것이 아니라 기억이 행위와 반응 사이에 삽입되어, 불확정성과 선택의 공간을 창조하고 거기에 여러 가능성으로 이루어진 '부드러운 구름'을 만들어 낸다. 그 주체성은 항상 행위의 중심이지만, 그것은 또한 새로운 것을 구축하기 위해 행위와 반응 사이에 지연과 지속을 삽입할 능력도 유지한다. 이와 같은 기억은, 감각 운동과는 다른 무엇이다. 기억은 이제 습관도 아니고 무의식의 자동운동도 아니다. 그것은 일종의 지적 기억이며, 이질적인 것을 모으고 발명하는 능력을 갖추고 있다. 이로부터 타르드는 "노동과 발명을 분명하게 구별하는 것"[32]이 필요하다고 주장했다.

경제학자와 맑스주의자가 이해하고 있는 노동이란 여기서 말한 '자유로운' 행위를 포획한 것이며, 그것은 새로운 해독의 격자grills와 활동의 새로운 평가방법을 통해 이해되어야만 한다. 일단

---

32. Tarde, *La psychologie économique,* tome 1, p. 226.

이렇게 노동에 관한 구별을 할 수 없다면 우리는 경제적 노동에서, 지적 노동과 예술적 노동에서와 마찬가지로, 창조와 모방이 각자 어떠한 역할을 점하고 있는지 생각할 수 없을지도 모른다.

*

우리가 '살아있는 노동'이라는 맑스의 공식에서 사용되고 있는 '노동'이라는 개념의 애매함을 비판할 필요가 없다면, 또한 '살아있는'이라는 개념이 생물학에서의 개념과 의미가 다르다고 비판할 필요도 없다. 생물학에서 사용하고 있는 '생명'이라는 개념은 감각을 구성하고 보존하기 위한 기억을 의미하고 있다. 그러나 한편 맑스에게 '생명'이라는 개념은 독일 고전철학이 정의한 의미로서, 주체에 수반되는 능력을 지칭하기 위해 사용되고 있다.

산업노동은 오로지 물리학적(또는 화학적) 힘들에 기반한 활동인데 비해, 기억으로부터 생기는 행위는 오로지 '심리학적 힘들'(감각)에 기반한 활동이다. 기억은 다른 다양한 두뇌로부터 욕망과 믿음의 각인을 받아서 그것을 자신의 두뇌에 각인하는 능력을 지니고 있기 때문이다.

기억으로부터 생겨난 행위가 노동과 구별되는 이유는, 전자가 감각에 관계하기 때문만이 아니라 시간에 관계된 힘으로서의 차이의 활동(발명)과 반복·재생산 활동(모방)을 혼합하면서 배치하기 때문이기도 하다. 기억에 의한 행위는 새로운 것(이미지, 감각, 관념)을 창조할 능력과 함께 그것을 무한하게 반복할 능력을 갖추고 있다(그것은 "이미지와 감각, 관념의 한없는 연쇄이다").

기억은 진화하는 것도 아니고, 여러 노동이론이 쓰고 있듯이 주체적 활동의 객체화를 통해 사회화되는 것도 아니다. 기억의 특징은 자기를 잃어버리는(소외되는) 것 없이 자신을 외재화하는(표현하는) 능력이다.

정신적 기억과 신체적 기억을 동적으로 배치하는 일은 한편으로는 항상 외재화(표현)된 기억을 빼앗아 사적으로 전유하는 일을 가능하게 한다. 그러나 다른 한편으로 [그 배치는] 창조적 활동성을 손실 없이 통제하는 것도 곤란하게 한다. 기업의 전유가 가능한 것은 이 활동성으로부터 생산된 것뿐이다. 그러나 이 활동 그 자체와 그것이 의존하는 관계들은, 그것들을 특이화하는 것으로서의 개인과 그 협동에 그대로 결부되어 있다.

어떤 발견과 발명이 우리의 내부에서 구현화될 때, 그와 동시에 그것들은 우리의 기억 안에 새겨진다. 그것은 "정신적인 음화 또는 획득된 습관이고, 관념과 재능이라는 형태로 새겨진 것이기도 하며 우리의 외부, 즉 책과 기계 안에 각인되는 것이기도 하다…"[33] 기억은 이와 같이 내부와 외부에서의 이중의 구현화와 관련된다. 그래서 소외되는 것 없이 사회화되는 힘pouvoir의 가능성이야말로 공통재 – 전유도 교환도 소비도 불가능한 재화 – 의 창조와 그 경제가 성립하기 위한 기반이다.

설령 맑스가 원했던 것처럼 객관적 요소(즉 상품)로부터 출발

---

33. 같은 책, p. 353.

해도, 결국은 주체/노동이라는 패러다임이 통용되지 않는다는 것을 확인할 수밖에 없다. 왜냐하면 상품은 노동자의 노동시간이 결정화된 것이 아니기 때문이다. 결국 상품은 사건과 발명, 인식의 결정체cristallisation임과 동시에 반복적 활동과 주체성이 지닌 다양체의 결정체이기도 한 것이다(주체성은, 정도는 다양하다고 해도 일련의 발명으로 간주된다).

*

통제사회에서 가능한 여러 선택지는 규율사회에서 가능했던 선택지보다도 더욱 급진적이고 극적이다. 그 이유는 첫째, 자본주의 사회가 우리에게 부여하고 있는 가능성은 모두 빈약하기 때문이다. 여러 다른 생활양식과 증식하는 가능세계는 실제로는 모두가 동일물同一物의 변조에 지나지 않는다. 자본주의의 생활양식을 산출하고 있는 것은 일종의 동질화homogenization이지 개인성의 특이화가 아니다. 거기에서 여러 가능성의 창조는 사건의 예측 불가능성에 열려 있지 않고 자본가들의 가치법칙에 따라 코드화되어 버린다. 즉 주체화의 여러 양식은 인간정신에 갖추어진 무한한 괴물성으로 향하는 것이 아니라 단순한 백인 중산계급의 주체성 ― 현재 미국 정부의 신보수주의가 요란하게 범죄적인 방식으로 선전하고 있는 주체성 ― 을 향하고 있는 것에 불과하다. 통제사회에서 주체성의 변조와 변주는 평균적인 인간상에 기반하고 있다. 결국 그것은 다수의 믿음과 욕망의 평균치, 즉 주체성의 '다수자'적인 개념에 기반하고 있는 것이다.

더욱이 서구인의 생활양식(미국적 생활양식)을 세계인구 전체에까지 넓히려고 한다면, 모든 지구환경을 철저하게 파괴하는 수밖에 없다. 이미 자본주의는 자신의 보편성을 보여줄 수 없게 되었다. 그 확대하는 힘도 바로 자본주의적 생활양식 그 자체에 의해 이미 한계에 직면하고 있다. 또한 서구인은, 2차 세계대전 후의 미국인처럼 세계 전체에 마샬 플랜을 보여 주면서 자신들의 생활양식을 확대 재생산하는 일 역시 불가능하게 되었다. 세계 전체의 생활양식에 관한 급진적인 논의를 빼놓고는 어떠한 일반화도 불가능하다. 만약 우리가 미국적 생활양식과 연을 끊는다면, 유혈사태를 아주 좋아하는 미국의 대통령은 오직 전쟁 준비에만 박차를 가할 것이다. 이와 같은 서구의 움직임은 종종 로마제국의 패권주의와 비교되고 있지만, 그것은 오해이다. 그것이 준비하는 것은 평화를 위한 전쟁이 아니라 서구의 생활양식을 지키기 위해 서구인 이외의 지구인 모두를 희생하기 위한 전쟁이기 때문이다.

이상과 같이 생활양식의 생산과 증식하는 가능세계를 포획하는 자본주의는 일종의 반-생산의 힘이며, 뇌의 협동과 그것이 존재하기 위한 조건들 ― 생물학적 조건도 포함한다 ― 을 파괴하는 힘임이 명확해진다.

그와 같은 자본주의는 무엇보다도 우선, 개인적·집단적 특이성을 만들어 내는 재생산의 역능을 파괴한다. 자본주의는 노동에 의한 차이와 반복의 구성 과정을 계속 측정하기 때문이다. 실업과 불안정한 생활, 빈곤 상태에서 문제는 노동(고용)의 결여가

치아빠스 팔렝케에서 발언하는 사빠띠스따 민족해방군 CCRI-CG의 아마다 사령관 (2017년 10월 18일)

아니다. 그 상태들은 집단화한 뇌의 협동을 파괴하기 위한 수단인 것이다. 그 수단은 주체성의 조건인 차이와 반복의 사회적 과정을 공격하는 것을 목적으로 삼고 있다. 내기는 고용이 아니라 모든 개인 ─ 치아빠스의 가난한 커뮤니티에 있는 인디언에서부터 서구 사회의 풍요로운 연구조직에 있는 대학교수에 이르기까지 ─ 이 지니고 있는 창조의 잠재적인 역능에 걸려 있다.

천재를 말살하는 것, 그것이 그들의 명확한 관심사였다. 만약 여기서 문제가 되는 것이 천재만이라면, 우리는 문제를 그다지 심각하게 생각하지 않아도 살아갈 수 있을지 모른다. 그러나 실제로는 거기서 문제가 되는 것은 천재만이 아니다. 거기서는 우리를 포함한 모든 개인 안의 독자성과 재능이 활동하고 존재하는 것이 문제로 되고 있는 것이다. 왜냐하면 유명하건 그렇지 않건 간에 사람들이 무엇인가를 모방할 때, 그들은 동시에 무엇인가를 발명하며 개선하고 변화varions시킨다. 우리의 언어와 종교, 과학, 예술 속에 깊숙이 눈에 보이지 않는 주름을 만들어 내고 있는 것은 우리 안의 한 인물만은 아닌 것이다.[34]

노동 혹은 고용이라는 패러다임은 노동과 비노동 혹은 노동과 삶을 완전히 구별하지 않는 채, 세계를 구성하는 관계들의 다양체가 (거의가 무상으로 자본에 의해) 전유되는 것을 정당화해 버린다. 또한 한편으로, 그 패러다임은 소득 분배가 임노동에 결부되는 것을, 즉 공공 혹은 사적 조직의 경영자를 따르는 것을 정당화하고 촉진한다.

잉여물은 단순하게 노동 착취에서만 생기진 않는다. 그것은 앞에서 보았듯이, 다양한 주체성과 그 배치로부터 생기는 부의 강탈prédation과, 고용과 노동의 틀에서 정의되는 소득 분배 사이의 격차로부터 생기는 것이다.

중요한 것은 노동의 목적을 확인하는 것도, 또한 반대로 모든 사람들이 노동자라고 말하는 것도 아니다. 그것이 아니라 평가의 원리를 변화시키는 것, 1세기 전에 니체가 『도덕의 계보학』에서 전망한 것처럼 '가치의 가치'의 인식형태를 변혁하는 것이 중요하다.

현대 자본주의가 행하는 일은 뇌의 협동의 파괴다. 결국 그것

---

34. Gabriel Tarde, "Sociologie", in *Etudes de psychologie social*, 1898. [가브리엘 타르드, 「사회학」, 『사회법칙』, 이상률 옮김, 아카넷, 2013.]

은 두뇌의 창조적 활동을 오염시키고 있는 것이다(펠릭스 가타리의 표현35). 자본주의가 공중과 공중의 집단적인 지각 및 지성을 만들어 내는 방식은 완전히 반-생산적으로 작용한다. 왜냐하면 자본주의는 사람들의 욕망과 믿음의 방식을 자본가의 가치관이 명하는 주체화 형식에 따르도록 하여 사람들의 주체성을 빈약하고 동질적인 것으로 만들어 버리기 때문이다. 거기서 우리의 눈앞에 나타나는 것은 매력적인 '사치스러운luxe 주체성'에서 비참한 '쓰레기 같은 주체성'에 이르기까지, 가능성의 다양한 스펙트럼이다. 이러한 자본주의의 반-생산적인 작용이 두뇌를 극히 오염시키는 힘임은 분명하다. 그 작용은 감각과 의미와 생명에, 즉 기억에 직접적인 영향을 주고 있기 때문이다.

---

35. Félix Guattari, *Les trois écologies*, Galilée, 1989 [펠릭스 가타리, 『세 가지 생태학』, 윤수종 옮김, 동문선, 2003]을 참조하라.

4 표현과 소통의 대립

발화는 교환되는 말의 연쇄 속의 단 하나의 톱니바퀴에
지나지 않는다. 언어에는 명확한 한계가 있다. 그러나 언
표는 그 한계 내부에서 마치 라이프니츠의 모나드처럼 언
어의 과정을, 타자의 언어를, 그리고 과거로부터 쭉 이어
진 연쇄를 비추어 내고 있다.
— 미하일 바흐친

주체화와 사건, 뇌라는 개념은 나에게는 거의 같은 의미
이다. — 질 들뢰즈

만약 사람들이 공공 장소에서 웃지 않는다면, 그때 '사람들은 입을 닫고 있
다'. 만약 그 나라가 어떤 위기로 위협받고 있다면 사람들은 자신의 의무를
다하여 그 위기에 대처하려고 하겠지만, 고매(高邁)한 국가가 내건 슬로건
을 성실하게 받아들이고자 하지는 않을 것이다. 고매한 국가가 정열적으로
진리를 말하면 말할수록 그와는 정반대로 사람들의 영웅주의는 아이러니
한 모습을 띠게 된다. 고매한 이데올로기가 심각하고 정열적으로 표명되어
도, 그것이 사람들의 마음 저변에까지 이르지 않는 것은 그러한 이유 때문
이다. 고매한 이데올로기는 어느 시점에서 넘을 수 없는 벽에 부딪친다. 추
잡한 풍자와 아이러니로 세워지고 있는 그 벽은, 쾌활하게 저주를 내리면
서 카니발의 불꽃처럼 모든 심각한 것을 파괴해 버린다. — 미하일 바흐친

통제사회는 표현기계가 강한 힘을 가지고 있다는 데 그 특징이 있다. 사건의 철학에 의해 우리는 새로운 투쟁의 장의 중심에 도달했다. 규율사회에서 무시되었던 그 장소에서 '소통communication=정보'의 논리·실천에 대해 '표현=창조'의 논리·실천이 대치된다. 즉 그곳은 표현과 소통 사이의 투쟁의 장이다.

통제사회와 정보는 가능성의 창조가 행해지는 장소의 바로 내부에서 기능한다. 다양한 기호와 언표는 사건에 수반되는 관계와 그 예측 불가능한 분기, 새로운 투쟁으로의 가능성을 표현한다. 그러나 소통과 정보는 그러한 분기와 가능성을 단순한 '정보전달장치'나 '소통 교환'으로 변화시켜 버린다. 소통 이론과 정보 이론에서는 "사물은 처음부터 모두 준비되어 있다 ― 거기서는 사물도, 그것을 표현하는 언어적 표현도, 세계관을 그려내는 예술가(우리는 여기서 공중도 부가해 둔다)조차도 사전에 준비되어 있다. 거기에서 도구와 세계관은 모두 기성품이고 예술가(와 공중)는 기성의 사물을 비추어 내는 거울이 된다. 그러한 세계에서 무엇인가가 일어나고 있다고 한다면, 그것은 다양한 사물이 제조되고, 예술가(와 공중)가 제조되고, 세계관과 표현수단까지도 제조되는 것과 같은 사태이다."[1]

사건에 수반되는 현실화와 실효화의 과정은, 정보와 소통에 의해 규격화되고 재생산의 논리에 종속된다. 여기서 문제는 정보와 소통이 사건을 무력화하여 전유하고 있다는 것이고, 또한 그

---

1. Mikhail Bakhtine, *Esthétique de la création verbale*, Gallimard, 1984, p. 300.

것이 사건에 수반되는 예측 불가능성과 미지의 관계를 예측 가능
성과 기지旣知의 관계로, 결국 규격화된 소통으로 변화시켜 버린다
는 것이다. 표현기계 영역에서 우리는 사건에서 출발하여 고찰되
는 구성 과정과 주체에서 출발하여 고찰되는 그것[구성 과정] 사이
의 대립을 발견한다. 나아가 우리는 언표의 집단적 배치가 행해지
는 영역에서 다시 차이의 철학의 문제, 즉 새로운 것을 생산하고
차이의 현실화와 실효화를 행하는 배치의 문제를 발견한다.

언표는 그 외부에 미리 존재하는, 처음부터 만들어진 사물의 단
순한 반영과 표현인 것은 아니다. 언표가 표현하는 것은 항상, 결
코 그 이전에 만들어진 것이 아닌 새로운 것, 재생산되지 않은 것,
그리고 항상 가치(진, 선, 미)와 결부되어 있는 것이다. 그래도 만
들어지는 것 모두는 언제나·이미 주어진 것에서 출발하여 만들
어진다.[2]

우리는 여기서 미하일 바흐친의 사상을 채용하고자 한다. 그
의 사상은 행위의 다양성과 그 제 양태들에서 출발하여 정치의
근본적인 가능성을 만들어 낸다. 바흐친은 언어학과 언어철학과
는 달리 '특이성의 과학'을, 즉 '재생산이 완전히 불가능한 언표로
서의 개체성'의 이론을 만들어 내었고, 또한 동시에 표현의 영역이
어떠한 의미에서 투쟁의 장인지를 보여 주었다. 그 투쟁은 조직과

---

2. 같은 책, p. 301.

체제의 존재방식에 관련된 사회적 힘들과 정치적 힘들의 대결인 것이다.

이 투쟁을 우리는 복수언어주의plurilinguisme[복수언어성]와 단일언어주의monolinguisme[단일언어성] 사이의 투쟁으로서 정의할 수 있다. 바흐친에 의하면 언표가 다양하게 배치되어 차이를 창조하는 것은 사회적 힘들과 정치적 힘들이 언표를 움직이게 하는 것의 결과이다. 그리고 그 움직임의 목표는 다양하고 새로운 의미의 가능성을 창조하고 다성악polyphonie화하는 것이다. 이와 같은 언어표현의 존재방식을 바흐친은 복수언어주의라고 부른다. 그와 반대로 정보와 소통의 실천은 통일과 중앙집권화를 목표로 하는 힘들로부터 성립한다. 그 힘들은 발화, 언어, 의미의 다양성과 이질성을 파괴하는데, 바흐친은 그와 같은 존재방식을 단일언어주의라고 부른다. 우리는 복수언어주의와 단일언어주의라는 두 개념에 의해, 동일한 언어와 기호체제에서 유래한 표현에 작용하고 있는 사고와 활동의 존재방식을 두 종류로 나누어 이해할 수 있다.

단일언어주의에서 작용하는 힘들은 어떻게 모습을 나타내는가? 언어규범을 만들어 내는 것에 의해서. 확실히 "언어규범은 추상적 명령은 아니"[3]고 단순히 억압적인 것도 아니다. 반대로 언어규범은 언어의 생명을 창조하는 힘마저 있다. 다만 거기서 창조되는 언어는 어디까지나 "복수언어주의를 초월하는" 것으로서 통일언어이다. 그 언어규범은 "다종다양한multilingue 국민언어 내부에

---

3. Mikhail Bakhtine, *Esthétique et théorie du roman,* Gallimard, 1978, p. 95.

공적으로 승인된 문자언어라는 강고하고 견고한 언어적 중핵을 만들어 내고, 이미 형성되었던 중심언어를 복수언어주의의 압력으로부터 지키려고 한다."[4]

그러나 단일 언어를 향한 사회적 힘들은, 다시 되돌릴 수 없는 힘이긴 하지만 유일하게 작용하는 힘인 것만도 아니다. 바흐친은 거의 모든 철학과 언어학이 무시해 왔던 힘들에 주의를 기울였다. 그 힘들이란 '탈중심화하는 원심적인 흐름'이다. 이 흐름에서 우리들은 저항과 투쟁, 창조와 만난다. 그리고 바로 이 원심적인 흐름 안에서야말로 언어적 다양성이 구축되는 것이다.

창조적인 흐름과 억압적인 흐름이라는 두 개의 흐름이 있다고 생각해서는 안 된다. 이 두 개의 흐름은 모두 창조적인 것이다. 그러나 한 편은 '무엇보다도 다양성의 통일을 요구하는' 흐름이고, 다른 한 편은 그 자체의 '다양성·복수성을 요구하는' 흐름이다.[5] 전자의 흐름은 재생산과 통일의 논리에 따라 표현기계를 (소통과 정보를 통해) 사용한다. 그에 비해 후자의 흐름은 '차이의 차이화'(타르드), 또는 '항상 미완인 대화'(바흐친)를 산출하기 위해 표현기계를 사용한다. 한쪽은 완전한 통일을 목표로 한다는 특징이 있고 다른 쪽은 다양성과 대화, 다의성을 목표로 한다는 특징이 있다.

19세기 끝 무렵부터 원거리에서 행위를 재생산하는 테크놀로

---

4. 같은 책.
5. 같은 책, p. 97.

지 장치(라디오, 전화, 텔레비전, 인터넷)의 발전에 따라 표현기계의 힘은 확장^{démultipliee}되고 있었다. 뇌의 협동의 흐름과 네트워크, 협동을 행하는 생명체의 힘(기억과 그 코나투스, 주의력)은 다양한 네트워크와 흐름, 인공적 기억에 의해 크게 증대했다. 뇌의 협동의 공통적인 창조와 공통적인 실현은, 배치와 이접·협조의 역능에 의해 움직이고 구축되며 관리되었다. 나아가 그 역능은 인간적인 힘들만이 아니라 비인간적인 힘들까지도 끌어들였다.

그 이후 여러 세계를 창조하고 실현하는 과정은 네트워크 흐름과 인공적 기억과는 분리할 수 없게 되었다. 다양한 발화의 왕복(언표의 배치)과 이미지(공통의 인식), 지식, 정보, 지식(공통의 지성)은 미학적이면서 기술적인 대결의 장이 되었다. 그것은 감각적 사물을 창조하고 그 창조를 표현장치에 의해 실현하기 위한 투쟁의 장이다. 이 투쟁을 이해하는 데 있어서 바흐친의 지적은 중요하다. 그 지적에 의하면 정치적으로 더욱 중요한 투쟁은 복수언어주의와 단일언어주의 사이의 투쟁인데, 그것은 서구에서 처음 발생하여 현재에는 세계 속으로 퍼져나가고 있다. 우리는 예전에 언표 배치의 창조와 실현에서 일어났던(현재도 일어나고 있는) 대립과 투쟁이 텔레비전과 인터넷에서도 일어나고 있다는 것을 알고 있다. 경제학자와 정치학자, 맑스주의자들의 주장과는 달리, 글로벌화는 글로벌 시장이 가져온 결과인 것만은 아니다. 그것은 표현기계와 테크놀로지 장치가 '다양성의 압력'을 '탈중심화'하는 방향으로 움직이게 한 결과이고, 그 때문에 다종다양한 지각과 지성, 언어가 퍼질 수 있게 되었던 것이다. 바흐친에 의하면 이와 같은 다양체의 정치는 "다양한 다른 문화와 다른 언어의 강력한 협력"
이 아니면 실현 불가능하고, "양자를 떼어놓는 것은 불가능하다"
는 것이다.

여기서 바흐친은 언어의 정치학과 문화의 정치학이 이미 당시
부터 다문화주의의 방향이 아니라 크레올[복수의 언어들이 접촉하
여 형성된 혼성어]화를 향하고 있다고 말한다. 이 투쟁의 결과에 따
라 다양체의 운명이 어떻게 될 것인지 결정된다. 거기서 내기는 표
현의 힘에 걸려 있기 때문이다. 이 투쟁은 문화적 영역의 투쟁에만
한정되는 것이 아니라 모든 경제적 기획을 성립시키는 조건으로서
의 표현기계에 관련한 투쟁, 즉 감각의 창조와 실현에 관련한 투
쟁이다.

대화와 여론

> 대화의 작용과 여론의 변화 사이에는 긴밀한 관계가 보이지만, 그 관계는 권력
> 의 부침으로부터 독립한 것이다. 여론이 거의 변화하지 않거나 변화가 매우 완
> 만한 경우에는, 사람들 사이에 대화가 거의 나타나지 않고 발언이 줄어들어서,
> 풍문 이야기도 좁은 범위로밖에 확산되지 않는다. 한편 여론이 어지럽게 변화
> 하고 극단에서 극단으로 이행하는 경우에는 사람들 사이의 대화가 빈번하게
> 나타나며, 대담하고 자유로운 발언이 행해진다. ― 가브리엘 타르드

이제부터 우리들은 특이한 관점에서, 즉 여론과 대화의 관계
라는 관점에서 단일언어주의와 복수언어주의의 충돌에 관해 생
각해 보려고 한다.

지금까지 우리들은 잠재적인 것의 현실화 과정, 주체화의 통제, 또는 노동과 금융 등의 다양한 영역에서 표현기계의 중요성을 보아 왔다. 언어와 이미지, 기호는 원재료를 재현하고, 그 안에서부터 또는 그것에 의해 사건이 생성되며 잠재적인 것이 출현한다. 통제사회의 주체화 양태로서의 공중은 개인적 소통으로만 구성되는 것이 아니라 광고, 신문, 정보산업에 흐르고 있는 언어와 무언無言의 모델로부터도 구성된다. 확실히 기호와 이미지, 언표의 배치야말로 개인들의 주의력(뇌의 코나투스가 지니는 강한 힘)과 기억을 움직이게 만들고, 고정화하며, 포획한다. 이와 같은 관점에서 타르드는 이미 19세기 말에 사람들이 무시해 왔던 어떤 사회적·언어학적 현상에 주의를 기울였다. 그 현상이란 즉 대화이다.

대화는 매우 미세한 현상이지만 끊임없이 넓어지는 활동이고, 사회의 모든 형성formation과 변형의 원인이다. 즉 대화가 야기하는 것은 (굳이 말할 필요도 없지만) 언어적인 변형이 아니라 종교적, 정치적, 경제적, 심미적, 도덕적인 변형인 것이다. 이를테면 산호 벌레가 산호초珊瑚礁를 만들어 가는 것과 같은 대화 과정의 이러한 중요성은 지금까지 완전히 무시되어 왔다.[6]

대화 속에서 다양한 사회적 변형의 뿌리enracinement가 자라지

---

6. Gabriel Tarde, "L'interpsychologie", *Bulletin de l'Institut Général Psychologique,* juin 1903.

알버트 블로흐, 〈대화〉(Conversation), 1950

않는다면, 광고와 정보, 보도, 여론은 존재할 수 없었을 것이다. 대화의 존재가 보여 주고 있는 것은 삶의 세계 또는 표현의 집단적 배치이다. 그리고 바로 그와 같은 장소에서야말로 믿음과 욕망 ― 모든 가치의 형성조건을 구성하는 것 ― 이 만들어진다. 이 의미에서 경제학 이론은 대화의 영역을 분석대상 안에 넣어야 한다. 기업이 말을 걸고 있는 상대는 '단독자'로서의 고객이 아니라 공중이기 때문이다. "대화는 바로 경제학자가 관심을 가져야 할 주제이다. 왜냐하면 만약 사람들이 말을 하지 않고, 글자도 쓰지 않으며, 인쇄물도 전보도 전화도 사용하지 않는다면, 그러한 사람들 사이에서는 경제적 관계 등도 존재하지 않기 때문이다."[7] 이러한 타르드의 주장은 맑스주의와 정치경제학에서는 이해하기 어렵다. 그러나 1세기 이상을 경과하면서, 현대의 기업전략을 이해하기 위한 열쇠가 되고 있는 것은 바로 이 타르드의 주장 ― "시장이란 대화이다" ― 을 이해하는 것이다.

차이의 철학에서 대화란 "일상의 범용성 속의 존재상실"(하이데거)이 아니라 일상생활에서 활동하는 구성과 차이화의 역능이다. 바흐친은 타자의 언어 전달에서 대화가 가진 기능을 분석했다.

---

7. 같은 글, p. 195.

대화가 가진 중요성을 이해하기 위해서는 주체성의 구성 과정에서 타자의 말^{mots}이 어떻게 작용하는지를 처음부터 파악해 둘 필요가 있다.

바흐친의 이론에서 언어란 포획의 포획, 파악의 파악, 또는 소유의 소유이다. 언표의 저자(또는 화자)는 성서에서 처음으로 말을 했다고 전해지는 아담 같은 상상 속의 인물이 아니다. 바흐친의 설명에 의하면, 대화 관계에서 말해지는 말은 결코 중립적인 말도, 의도를 전혀 가지지 않는 말도 아니다. 그것은 타자의 목소리에 점유되어 있는 말이다. 화자는 우선 타자의 발화(그것은 모친의 목소리에서부터 시작된다)를 받아들이고, 그와 동시에 타자의 모든 의도, 모든 감정적인^{émotionnelles} 표현도 받아들인다. 자신에게 고유한 표현이라고 생각되는 것도 그 하나하나의 말 안에는 모두 타자의 표현이 깃들어 있다. 말한다는 행위는 타자의 말을 전유하는 것에 의해 일종의 대화관계에 들어가는 것이다. 그것은 말의 의미작용에 의해서가 아니라 표현과 억양, 목소리에 의해 시작된다. 말한다는 것은 타자의 발화를 서로 전유하려는 것을 의미한다. 바흐친은 다음과 같이 쓰고 있다. 말한다는 행위는 타자의 목소리, 억양, 욕망의 다양성으로 충만한 말 그 자체에로 이어지는 길을 다시 개척하는 것이라고.

말이란 도대체 누구의 것인가? 그것은 나의 것인가 아니면 여러 타자의 것인가. 또는 누군가 특정한 개인의 것인가? 어떤 사물이 누군가의 소유물이라는 것과 마찬가지로 언어와 같은 공통재가 누군가의 소유물이 된다는 일이 과연 가능한가?

말(그리고 일반적인 의미에서의 기호)은 간-개인적인 것이다. 모든 말해진 것과 표현된 것은 정신과 화자의 바깥에 위치해 있어서 독점적으로 소유될 수 없다. 말은 유일한 화자에 위탁되어 있지 않다. 확실히 저자(화자)는 자신의 말이 침해되어서는 안 된다고 말할 권리를 가지고 있다. 그러나 그의 말을 듣는 자, 즉 그의 말 속에서 다양한 목소리의 반향을 듣는 사람들 또한 자신들의 권리를 가지고 있는 것이다.[8]

"나는 타자이다"[랭보의 시구]라는 정식은 우리의 주체성의 층을 구성하는 다양한 말들의 안쪽에 존재하는 것으로서 이해되어야 한다. 우리의 말 안에는 모든 목소리들이 반향하고 있다. 그 목소리는 과거의 인생에서 우리의 말을 계속 전유해 왔던 것만이 아니라 장래의 인생에서도 계속 전유해 갈 것이다. 타자는 이미 말했던 말 안에서 현전하는 것만은 아니다. 타자는 장래의 모든 언어행위를 안쪽에서부터 구성하는 요소가 될 것이다. 이렇게 바흐친에게서 말로서의 타자는 다양한 가능세계다. 그래서 타자의 말과 관계를 맺는 일은 항상 사건과의 만남이어서 단순한 (언어학적인) 교환이나 (간주관적인intersubjective) 인식인 것은 아니다.

타자의 다양한 발화와 담론에 대한 논의나 전달에서 대화는 가장 중요한 배치 중의 하나이다. 그것은 뇌 또는 타자의 말을 포획하고 구성하기 위한 장치이다. "어떠한 잡담 안에도 타자의 발화

---

8. Bakhtine, *Esthétique de la création verbale*, p. 331.

의 전달과 그 해석이 가득 차 있다." 잡담은 뇌의 협동에서 전략적 역할을 담당하며, 공공의 여론을 구성하는 모든 장치가 잡담에 의존한다. "사회에서 살아가는 사람들의 발화는 적어도 그 반은 타자가 발화한 말로부터 성립한다." 사람들이 전하고, 생각하고, 사고하고, 논의하는 것은 "타자들이 말하는 언어와 여론, 주장, 정보인 것이다. 그것들에 대해 사람들은 반대하기도 하고, 납득하기도 하며 참조하기도 한다."[9]

그래서 바흐친에 의하면, 타자는 언어적인 창조행위 안에 참여하는 존재다. 타자들의 사고가 일단 나의 사고가 되어 버린다면, 현실의 사고활동에서 타자들은 단순한 수동적 청자가 되지 않는다. 비록 침묵하고 있다고 해도, 타자들은 언어를 교환하는 능동적인 참가자가 된다. 뇌의 협동에서 타자들은 나의 발화의 공통적인 창조자이고, 공통적인 실현자이다. 타자들이 수동적 존재가 아닌 것은 그들이야말로 다양한 가능세계를 내포하고 있는 존재이기 때문이다.

이와 같은 이유에서 말의 교환은 단순한 정보전달이나 코드로 규정된 소통으로 이행될 수 없다. 정보와 소통에 관한 현대의 여러 이론들은 대화를 이해할 수 없었다. 그 이론들은 언어의 교환을 대화적인 사건으로서, 또는 다양한 주체성의 협동의 공통적 창조와 공통적 실현으로서 이해하려고 하지 않았기 때문이다.

바흐친에 의하면 대화란 일상의 해석이다. 애초부터 이 철학

---

9. 같은 책, p. 157.

자에게 이해와 해석은 그 자체가 차이의 개화와 가능성의 창조를 동반하는 사건이었다. 그러나 자본주의 사회에서 감각을 창조하는 여론은 미디어에 의해 관리되는 것으로 추락한다. 본래 여론은 욕망과 믿음을 형성하고 변형하는 무한소의 힘을 수반하며, 그 힘에 의해 다양화한다. 그러나 자본주의 사회는 그 다양성에서 모든 잠재성을 탈취하여 단일 언어를 강조하는 수단이나 정보·소통을 전달하는 수단을 만들어 내고, 다양한 가능세계의 공통적인 창조와 실현을 행하는 역능 모두를 무력화하는 것이다.

들뢰즈도 또한 바흐친과 동일한 사상적 전통에 연결되어 있다. 그에 의하면 새로운 것을 창조하는 힘은 논의와 논쟁에서가 아니라 대화와 그 '광적인 분기'에 있다. 들뢰즈는 바흐친의 대화 개념을 직접적으로 참조하면서, 대화에서 표현되고 있는 것은 "대위법적, 다성악적, 다중음악적인 방식으로 구성된 공통적 존재이다"라고 쓰고 있다. "대위법은 대화(현실의 대화이든 상상 속의 대화이든)의 산출에만 유용한 것은 아니다. 오히려 그것은 모든 대화로부터, 설령 그것이 마음속의 대화일지라도, 그 광기를 부상浮上시키는 것에 유용한 것이다"[10]

바흐친의 분석에서 대화와 여론의 관계는, 기본적으로 아직 인쇄물(신문, 문학 등)에 결부된 미디어가 만들어 내는 기능의 고찰에 머물러 있었다. 그러나 현대의 우리는 발화의 유통, 대화와

---

10. Deleuze, Gilles et Félix Guattari, *Qu'est-ce que la philosophie?*, Éd. de Minuit, p. 178. [질 들뢰즈·펠릭스 가타리, 『철학이란 무엇인가』, 이정임·윤정임 옮김, 현대미학사, 1995.]

여론 사이의 관계를 기억의 테크놀로지, 즉 '시간의 테크놀로지'에 의해 구성되는 것으로서 분석해야만 한다. 여기서 '시간의 테크놀로지'란 텔레비전, 라디오, 전화, 컴퓨터 네트워크 등을 말한다.

감각과 공중을 만들어 내는 장치는 한편으로는 신문과 텔레비전, 라디오를 통해, 다른 한편으로는 인터넷을 통해 작동한다. 그것들은 "모두가 그렇게 말하고 있다", "모두 그렇게 생각하고 있다", "모두 그렇게 사고하고 있다"라고 말해지는 사물을 현실화시키고 작용시키기 위한 두 개의 다른 방식이다. 바꾸어 말하면, 간접적 담론을 전달하면서 주체성을 포획하고 구성하기 위한 두 개의 이질적인 방식이다. 라디오, 텔레비전 및 인터넷은 복수언어성의 촉진/무력화, 모나드의 활동성의 무력화/증대 등, 다양한 지점에서 대립하는 두 개의 논리에 기반하여 타자의 담론을 유통한다.

텔레비전

철도, 여행, 이동, 상업, 우편, 전보, 전화, 신문 — 그 모두는 하나의 전체를 유지하기 위한 유사한 관념과 감정을 사람들 사이에 만들어 내고 있다. 왜냐하면 그것들은 사람들 사이에 상호작용과 상호의존을 이끌어 내고 있기 때문이다 …. 현대의 우리가 국가적 통일성을 갖추게 된 것은 다양한 여론과 정보를 빠르면서도 용이하게 유통시키는 테크놀로지 덕분이다 …. 그러나 기계의 시대는, 그 간접적 효과를 이용하고, 다양화하고, 강화하고, 복잡화한다. 그리고 사람들의 행위 사이에, 극히 먼 거리에 떨어져 있음에도 불구하고, 견고한 유대(이는 비인간적인 유대여서, 공동체와는 관계가 없다)를 만들어 냈다. 그리고 그 유대에서 생겨났던 공중은 이제 자기 자신이 누구인지를 이해하는 것도, 식별하는 것도 불가능하게 되었다. — 존 듀이

「혁명은 텔레비전에 나오지 않는다」의 시인이자 음악가인 질 스콧-헤론을 그린 벽화

　만약 프로그램 편성표에서 영화와 연속 드라마를 빼버린다면, 이제 거기에는 발화의 끊임없는 흐름만이 남게 되며, 나아가 나머지 태반은 대화(모든 토크 쇼)로 점철되었을 것이다. 사람들은 거기서 요리 조리법에서 과학까지, 또는 축구에서 문학까지 뭐든지 이야기한다. 그 대화들에 존재하는 것은 엄밀한 의미에서의 이미지가 아니라 거의 영상visuel이라고 부를 수 있는 것이다. 그러나 이 영상을 어떻게 이해하면 좋을까? 이를 위해서는 텔레비전의 보도 프로그램과 버라이어티 방송을 보면서 소리를 삭제해 보는 것만으로 충분하다. 이미지가 가지고 있는 감각적인 (전언어적인) 주체화를 향하는 벡터는 그것이 수반하고 있는 말의 흐름에 의해 무력화되고 있다. 고다르가 말했듯이, 텔레비전이란 사실 영상에 의해 채색된 라디오인 것이다.

　텔레비전에서 타자의 발화는 어떻게 전달되는가? 행위는 비디오 테크놀로지에 의해 타자의 발화에서 떼어져서 중앙집권적으로 통일적인 텔레비전 언어의 권력에 의해, 즉 표현 형태를 균질화하는 권력에 의해 온통 포위된다. 원래 처음부터 텔레비전은 국가의 독점물이거나(유럽처럼) 또는 소통 관련 사기업의 독점물이었다(미국처럼). 그 후 텔레비전은 모나드 간의 상호 표현과 상호 포획을 가능하게 했던 비디오라는 테크놀로지 장치를, 사건에 수반되는 관계를 일방적으로 포획하고 무력화하기 위한 중앙집권적인 정치장치로 변형시켰다. 이리하여 발화의 공통적 창조와 공통적 실현은 이제 단순한 정보 전달로 추락해 버렸다. 비디오에 수반되는 복수언어주의적인 잠재력potentiel은 단일언어주의에 굴복되어 버렸다.

텔레비전은 다양한 담론의 간접적인 원천이 되려고 한다. 결국 텔레비전은 이름도 모습도 알지 못하는 다수의 시청자에게 몸소 중심이 되어 이미지와 정보, 발화를 일방적으로 전달하는 시스템으로 기능한다. 텔레비전은 다수의 시청자에게서 반응의 모든 가능성을, 상호성의 모든 가능성을, 사건과의 마주침의 모든 가능성을 빼앗는다. 텔레비전은 모나드들을 협동의 잠재적 협력자가 되게 하는 것이 아니라 공중/관객이 되어 버리게 하는 것이다.

다양한 가능세계의 공통적 창조와 실현이라는 활동은 뇌의 협동에 수반되는 특징 중의 하나이다. 그러나 [텔레비전에서] 그 활동은, 다수의 여기저기 존재하는 정신과 뇌를 향해 중심부에서 일방적으로 방송하는 단순한 행위로 왜소화된다. 이와 같이 상호적 전유의 장치(예술가들의 주장에 의하면 그 장치는 비디오의 존재론적 일관성을 구성하는 것이다)에 대한 폭력적인 파괴가 행해진다. "테크놀로지적인 실존이라는 관점에서 보면, 비디오 기술에 의해 우리의 반응을 요구하는 전화와 레이더 장치 같은 기기가 사용될 시대가 가까워지고 있다. 앞으로 우리는 그러한 기기가 없다면 소통이 중단되어 버릴 뿐만 아니라 소통을 개시하는 것조차 불가능하게 될 것이다."[11]

다른 다양한 뇌들을 파악하고 포획할 가능성은 각 모나드를 배치하는 역능이다. 그러나 그 역능은 어떤 장치에 의해 한 군데로 모이고 수용되어 버린다. 그 장치는 개인의 소수성minor이 활동하는 다양한 영역을 흐름과 네트워크를 분리/접합하는 권력으로 전도시켜 버리는 것이다. 인류 역사상 이 정도까지 의미론적이면서 언어적인, 그리고 집중적이면서 확산적인 권력은 예전에 존재했던 적이 없다.

텔레비전이 완전히 전복하고, 규격화하고, 통제하려고 하는 것은 "언표의 진정한 장, 즉 언표가 만들어지고 계속 살아나가는 장"이다. 바흐친에 의하면 그곳은 "언어처럼 익명적으로 사회적이지만, 그러나 개인의 언표처럼 구체적으로 내용이 들어차 있는 대화적 복수언어성의 장이다."[12]

텔레비전은 단일언어주의에 의한 중앙집권화와 조직화를 통해 다수자를 구성하고, 평균적 인간을 만들어 내기 위한 기계가 된다. 그 기계가 만들어 내는 것은 특이성의 배치와 소수자의 증식을 향하는 주체성이 아니라, 반대로 모든 생성변화가 무력화되

---

11. Paik, Nam Jun, *Du cheval à Christo et autres écrits*, Ed. Lebeer Hossman, 1993, p. 110. [백남준, 『백남준 – 말(馬)에서 크리스토까지』, 백남준아트센터, 2010.]

12. Bakhtine, *Esthétique de la création verbale*, p. 96.

는 획일적인 주체성이다. 시청률 조사는 평균적 인간을 만들기 위한 척도가 되고, 다수자의 욕망과 믿음의 평균치를 측정한다. 평균적 인간이 구성되는 것은 아담 스미스가 믿고 있듯이 경제적 교환이 가져온 결과가 아니라 소통적 교환의 결과인 것이다. 채널과 정보, 방송국의 확대démultiplication는 시청자가 이미 마케팅과 시청률 조사 계획에 의해 정해졌던 선택을 하도록 하기 위해서이지, 결코 다양한 가능성으로 열리는 선택지를 늘리기 위해서가 아니다. 그것은 소통의 확대라 하더라도 창조성의 확대는 아니다. 나아가 텔레비전에 의한 소통의 확대가 주체성에 대해 작용하는 방식은 병리적이라고 생각될 정도이다. 거기서는 사람들의 주체성이 다양한 선택지(사람들이 그 선택지에 접근하는 수단을 가지고 있다고 해서) 속으로 내던져지지만, 그들의 주체성은 그 선택지들을 만드는 것에 전혀 관여하지 않는다.

대화와 내셔널리즘

텔레비전은 유럽인의 단일언어주의적인 경향에 기반하면서 그 경향을 더욱 확대하고 있다. 현재의 텔레비전은, 타자의 담론 영역에서 복수언어성이 가져오는 '압력'에 대해 정치적·경제적 권력을 전개하기 위한 장치가 되었다. 거기서 억압되고 있는 복수언어성은 다양체를 만들어 내고 다양한 믿음과 욕망, 지성을 만들어 내기 위한 조건으로, 다양한 경제적 조건과 마찬가지로 중요한 것이다. 텔레비전은 소설에서 볼 수 있는 것과는 정반대의 과정을 조정한다. 바흐친에 의하면 소설은 다양한 문화적, 의미적, 표현적인 의도가 "단일언어라는 멍에로부터 해방되는" 과정이다. 소설이 '이데올로기-언어'의 세계를 탈중심화하는 것은 고도로 차이화(분화)한 사회집단을 전제로 한다. 그 탈중심화는 "다른 사회집단 간의 긴장관계와 상호관계의 안쪽"에서 행해진다. 소설에 의해 생명이 부여된 언어적 다양체는, 나아가 문학적 차원에서의 다양체를 구축하고 표현한다. 소설의 이러한 기능은 바로 텔레비전 네트워크 기능과는 정반대다. 대화주의, 복수언어주의, 다성악(폴리포니)성은 원심적인 힘의 흐름에 의해 전개되면서, 단일언어적인 논리에 표현의 내용과 형태를 충돌시켜 그 논리를 거꾸러뜨린다. 그 단일언어적인 논리를 우리는 '텔레비전의 은어'라고 부를 수 있을지도 모른다. 텔레비전의 은어에 수반되는 가치관과 악센트, 억양의 변조는 목소리의 다양체를 횡단하면서 그 다양성에 균질화를 가져오기 때문이다.

텔레비전에서 중요한 것은 물론 인텔리의 언어가 아니라 민중적인populaire 언어이다. 이 민중적인 언어가 가져오는 효과는 목소리의 다양성 즉 표현형태와 의미형태의 다양성을 포획하는 능력에서, 그리고 사람들의 기억과 주의력을 움직이고mobilisant '광적인 분기'의 모든 가능성을 무력화하는 능력에서 뚜렷이 드러난다. 그 통일로 향하는 힘은, 근대정신에 기반하여 다양한 방언과 표현형태의 이질성을 파괴하는 힘(그 흐름은 프랑스 혁명에 의해 경이적으로 가속화되었다)과 연속해 있는 동시에 단절되어 있는 것이기도 하다. 전통적 혹은 민중적인 방언과 언어, 표현 형태를 억압하는 것은 근대국가를 건설하기 위한 예전의 언어적 조건이었다(국내에서의 소수 문화·언어의 식민지화). 그에 비하여 언어의 중앙집권화를 위해 텔레비전과 원거리통신망을 이용한 것은 그 다음 단계의 내셔널리즘이다. 이와 같은 제2단계의 내셔널리즘은 나치즘의 그것과 비교할 수 있다. 나치즘은 라디오와 영화를 '미시 파시즘'을 조직하기 위해 활용했기 때문이다. 그 "유연하면서 분자적인 선분segmentarité 또는 이미지와 소리의 흐름"은 "사회의 모든 세포를 완전히 전도할 수 있"[13]을 정도였다.

일찍이 빠졸리니는 텔레비전 방송이 '파시스트' 장치라고 정의했다. 그때 그가 보고 있었던 것은 2차 세계대전 후의 이탈리아에서 뒤늦게 진행되고 있었던 제2단계의 언어적 중앙집권화였다.

1960년대 이탈리아에서는 칼비노Italo Calvino와 빠졸리니 사이에 새로운 자본주의와 언어의 관계를 둘러싼 격렬한 논전이 벌어진 바 있었다. 칼비노는 새로운 자본주의의 힘 안에서 '새로운 표현'을 만들어 낼 가능성을 보고 있었고, 그 힘은 이탈리아어의 귀족주의적이고 관료주의적인 구조를 근대화할 수 있을지도 모른다고 생각했다. 이에 대해 빠졸리니는 새로운 자본주의가 사람들의 감각을 직접적으로 저격하는 것이기에 파시스트적인 통일보다도 더욱 전체주의적인, 새로운 중앙집권화가 일어날 위험을 강조했

---

13. Deleuze et Guattari, "Micropolitique et segmentanté", *Mille Plateaux* [들뢰즈·가타리, 「미시정치와 절편성」, 『천 개의 고원』]를 보라.

다. 우리는 현대 신보수주의의 흐름이 맨 처음 미국에서 (복음파에 의해) 형성된 후, 다음으로 이탈리아에서 (베를루스코니에 의해) 텔레비전을 통해 퍼졌음에 주의해야 할 것이다(이를 테면 신보수주의는 미국에서도 마찬가지로 라디오를 통해 확산되었다).

그러나 빠졸리니와 칼비노 두 사람 모두 표현의 정치에 수반되는 두 개의 기본적인 측면을 놓치고 있었다. 그것은 20년 후의 우리가 현대의 인터넷 정치의 중심에서 발견하게 될 두 측면이다. 첫 번째는 언어적·의미적 다양체이고, 두 번째는 표현의 테크놀로지 장치의 다양체인데, 이 양자는 한 쌍이 되고 있다. 그래서 다수성majority을 파괴하는 것은 소통 장치의 (공적 또는 사적) 독점을 파괴하는 것과 한 쌍을 이룬다. 원심적인 힘들은 (공적 또는 사적인) 표현수단의 독점을 박살내고, 탈중심화하고, 복수언어성을 넓히기 위한 테크놀로지를 손에 넣어야만 한다.

러시아 혁명 시기 미학적임과 동시에 테크놀로지적이고 사회적인 하나의 위대한 사상이 나타났다. 그것은 시간의 테크놀로지를 통해 지각과 정동, 대화, 언어의 미시정치를 실천하는 것과 관련한 사상이었다. 그 지가 베르토프Dziga Vertov [14]의 작업이 바흐친과 그 동료들의 작업과 마찬가지로 소비에트 정부의 권력에 의해 탄압받은 일은 혁명운동에서 헤아릴 수 없는 손실이었다.

---

14. 다음 졸론(拙論)을 참조. Maurizio Lazzarato, "La machine de guerre du Ciné-œil et le mouvement des Kinoks lancés contre le spectacle", *Persistances,* n° 4, 1998. [지가 베르토프는 러시아 혁명 초기에 활약한 영화감독이다. 당시 가장 첨단 기법을 다수 사용했다. 〈카메라를 든 사나이〉(1929)로 유럽 전체에 알려지게 되었지만 그 영화로 러시아 정부에서 '형식주의'의 낙인을 받아 지위에서 내쫓겼다.]

지가 베르토프, 〈카메라를 든 사나이〉, 1929의 한 장면

바흐친은 칼비노와 빠졸리니가 놓친 또 다른 커다란 변형을 고찰했다. 그 변형은 바로 현대의 우리가 경험하고 있는 것이다. 복수언어성은 언어의 글로벌화 과정 내부에서, 바꾸어 말하면 이질적인 언어와 문화의 마주침이라는 사건 속에서 넓어질 수밖에 없다. 추상적인 유일한 것으로서의 국민언어 안에는 '구체적 세계의 다양체'가 숨 쉬고 있다. 그것은 자기와 타자, 그리고 세계의 평가에 관계된 다양체이다. 이미 바흐친은 그 자체로 닫혀 있는 복수의 국민언어가 공존하는 시대는 끝났다고 쓰고 있다. 다양한 언어는 상호 반영하며 관계 맺는다. 왜냐하면 어떤 언어도 다른 언어로 비추어지지 않는다면 자신을 의식할 수 없기 때문이다. "국민언어의 내부에 정착한 '구어'들 ─ 즉 다양한 시골 방언, 사회적·전문적인 특수용어와 은어, 문학어, 또는 그 밖의 다양한 언어 ─ 이 소박하게 공존한 시대는 이제 끝을 고했다. 그 언어들은 모두 변화의 흐름에 있고, 행위 과정 속으로 들어가 서로가 서로를 비추어 주게 되었다."[15]

언어학적이면서 의미론적인 탈중심화는 국민문화를 뛰어넘지

---

15. Bakhtine, *Esthétique de la création verbale*, p. 186.

않으면 표현되지 않는다. "위와 같은 언어와 이데올로기의 탈중심화가 일어나기 위해서는, 국민문화가 그 폐쇄적이며 자율적인 특징을 잃어버리고 다른 다양한 문화와 언어 사이에서 자기 자신을 의식할 필요가 있다."16

시간의 테크놀로지

당신은 인생의 3만3천 시간을 학교에서 보내고, 6만3천 시간을 일을 위해 쓰며, 게다가 9만6천 시간을 텔레비전 앞에서 지낼 것입니다. 즉 이 세상에 텔레비전이 등장한 이후 당신은 지금까지 자신이 손에 넣고 있었던 인생의 희망 모두를 텔레비전에 넘겨주게 되었습니다. — 장 비알(프랑스의 사회학자)

통제사회에서 어떤 두뇌에서 다른 두뇌로 원격작용을 가져온 장치 전체를 종합하여 정의한다면, 그것들은 시간 혹은 기억에 관한 테크놀로지라고 할 수 있다. 영화의 등장 이후 우리는 지속과 경험적 시간을 창조하고 보존하는, 또는 압축하고 전개하는 테크놀로지 장치의 진보를 목도하고 있다. 주지하듯이, 지속과 경험적 시간은 기억의 다양한 소재로부터 구성되어 삶 안에 죽음을, 미래 안에 과거를 함입하는 것이다. 그것은 모든 감각과 지각, 지성의 조건이고, 그래서 우리의 모든 활동능력의 조건이기도 하다. 그에 대해 시간의 테크놀로지 장치는 인공적인 지속을 만들어 내고

---

16. 같은 책.

제어한다. 그 장치는 사람들의 주의력을 움직이게 만들고, '자연'스러운 기억의 지속성에 영향을 주어 감각의 창조에 개입한다. 그 장치가 사람들의 기억을 움직이게 만든다는 것은, 그것이 생명체를 움직이게 한다는 것을 의미한다.

시간의 테크놀로지 장치는 통제사회에 특유한 동력이다. 그것은 왕권사회의 기계적인 동력과 규율훈련사회의 열역학적 동력과는 구별되어야 한다. 그 장치는 떨어진 장소에 있는 다양한 정신적 습관과 그 구성요소인 욕망과 믿음을 움직이게 만들기 때문이다.

안드레이 타르코프스키는 영화의 테크놀로지에 관해 다음과 같이 정의한다. "예술과 문화의 역사 안에서 인간은 처음으로 시간을 고정하기 위한 수단을 발견했다. 이와 함께, 언제라도 원할 때엔 과거로 돌아간다는 듯이 고정된 시간을 재생하고 반복할 수단도 발견했다. 그때 인간은 실재 시간의 모태 matrice de temps réel를 손에 넣었던 것이다. 눈에 비치는 각각의 광경이 고정된다면, 그 후 그 시간은 논리적으로는 은색 상자 안에 영원히 보존된다."[17]

그러나 그 '실재 시간의 모태'에 어울리는 테크놀로지가 발견되기에는 비디오가 등장하기를 기다려야 했다. 그리고 비디오를 경유하면서 영화에서 컴퓨터로의 이행이 가능하게 되었다. 우리는 그러한 기계적 기억의 진보를 목도하고 있다. 기계적 기억은 시간

---

17. Andreï Tarkovski, *Le temps scellé*, Les cahiers du cinéma, 1989, p. 59. [안드레이 타르코프스키, 『봉인된 시간』, 김창우 옮김, 분도출판사, 2005.]

을 창조하고, 반복하고, 유지하는 힘, 즉 시간에 개입할 힘을 가지게 되었다. 나아가 그것은 시간이 가진 힘을, 즉 영향을 주는 것과 함께 영향을 받는 (즉 느끼는) 힘을 지닐 정도가 되었다. 그와 같은 기계적 기억은 생명체 활동의 역능을 확장하여 인간의 기억이 가진 보존과 창조의 역능을 확장할 정도가 되었다.

"처음으로 등장한 (비디오테이프가 부착된) 비디오카메라는 무엇이든 조잡하게 기억하는 '눈'을 우리에게 가져왔다. 현대의 우리는 그보다 더욱 진보한 새로운 단계에 있다. 즉 우리는 인공적이지만 지적인 사상을 지각하고 구축하는 시대에 존재하는 것이다."[18] 빌 비올라[저명한 비디오 아티스트]는 디지털 기술이 발전하면서 차차 비디오의 '기억의 조잡함'이 줄어든다고 주장한다. 그 위에서 그는 비디오에서 컴퓨터로의 이행을, 지각을 지원하는 기계(비디오)에서 지성intelligence을 지원하는 기계(컴퓨터)로의 이행으로 포착한다.

그러나 우리들은 우선 텔레비전에 관해 고찰을 진행하려고 한다. 텔레비전은 백남준이 쓰고 있듯이 "그것 없이는 소통의 개시조차 불가능한" 도구가 되고 있으며, 모든 표현관계에 수반하는 사건 차원을 부정하고 억압하는 것이 되었다. 그것은 영화의 테크놀로지와 달리, 직접적인 모습으로만, 즉 사건 안에서만 존재한다. 영화의 경우 그 시간은 명확히 차연差延의 시간un temps différé(녹화된 과거의 시간)이지만, 그에 비해 전파 네트워크와 디지털 네트워

18. Bill Viola, "La video", *Communication*, 1982, p. 72.

크의 경우는 비디오카메라를 사용하면서 지금 막 일어나고 있는 시간을 취급할 수 있기 때문이다. 그것에 의해 텔레비전은 '현실시간'에 개입할 가능성을 수중에 넣는다. 바꾸어 말하면, 그것은 세계의 다양한 지속에 개입하기 위해, 또는 일어나고 있는 현재에 작용하기 위해 그 시간을 독점하고 이용할 가능성을 손에 넣고 있는 것이다. 그래서 텔레비전은 현재 진행 중인 시간을 통제하고, 이중화하기 위한 장치이다. 공중은 텔레비전에 의해 소통 속으로 수용되고 있는 것만은 아니다. 그들은 원래 텔레비전에 의해 근저에서 만들어진 사건의 시간 속으로 수용되고 있는 것이다.

*

표현기계는 두 개의 작업을 통해 시간에 개입한다. 첫째, 그것은 사건을 그 자체로 만들어 내는 방식이다. 둘째, 그것은 사건의 현실화를 조정하고 통제하려고 시도하는 방식이다. 미디어에 의한 사건의 창조는 시간을 분기하는 것이 아니라 미리 정해진 선택지에 따라 시간을 응고한다. 미디어가 만들어 낸 사건은 질문을 촉발하지도 않고 해결방법의 발명을 촉발하지도 않는다. 다만 공중에 대해 선택지를 '제공'할 뿐이다. 통제사회에서 차이는 마케팅과 통계조사, 광고, 정보에 의해 미리 만들어지고 준비된 선택지의 다양성diversité 안으로 환원되어 버린다.

3장에서 우리가 고찰했던 것은 표현기계가 시간에 개입하는 첫 번째 기능이다(미디어에 의한 가짜 사건의 창조). 그에 비해 우리가 9월 11일에 뚜렷이 볼 수 있었던 것은 그 두 번째 양태다.

만들어진 사건들 사이에서 붕 뜨게 된 텅 빈 시간은 사람들의 정신 안에 불안과 동요를 일으킨다. 그러한 상태에 있는 사람들에 대해 표현기계는 "과거에 일어난 것, 현재 일어나고 있는 것, 이로부터 미래에 일어날 것"을 이미지와 소리를 구사하여 지속적으로 말한다. 사건의 불확정성과 예측 불가능성은 우선 기호와 언어, 이미지에 의해 표현된다. 그리고 — 약간 부유^{浮遊}하고 있는 시간 이후에 — 미디어가 미리 준비한 익살스러운 양자택일이 나타난다. 즉 선/악, 끝없는 전쟁/테러리즘에의 협력, 문명적인 서구/야만스러운 이슬람 등의 양자택일 말이다.

시장이 가져온 '무한'의 선택은 그러한 정치적 양자택일(선인가 악인가)의 협소한 틈 안에 있다. 왜냐하면 시장도 또한 동일한 전략을 채용하고 있기 때문이다. 즉 그것은 가능성의 창조를 착취하고, 문제를 구성할 능력과 사회적 힘들을 분리하며, 미리 준비된 해결책을 강요하는 전략이다. 이와 같은 무력화는 사건의 표현 방식을 조작하는 작업이고, 저널리스트와 군인, 정치가, 전문가들이 행하고 있는 작업이다. 우리는 텔레비전 화면과 신문, 라디오를 통해 그 작업이 길게 지속되는 모습을 본다. 거기서는 언제나 어딘가 왜곡된, 미디어가 만들어 낸 단조로운 시간이 흐르고 있다.

이상과 같은 미디어에 의한 사건의 실현^{effectuation}에 의해 전쟁의 길이 열리면서 그 이외의 가능성은 무력화되어 버렸다(예를 들면 글로벌화를 이끌고 있는 신자유주의의 정치와 경제적 선택에 관한 논의는 이제 미디어에 의해 무력화되어 버리고 있다). 그럼에

2003년 2월 15일 뉴욕의 이라크 전쟁 반대 반전시위. 이 날 전 세계 600개가 넘는 도시에서 동시에 집회와 시위가 열렸다. 인류 역사상 가장 큰 시위였다.

도 불구하고 사건은 미디어가 만들어 낸 힘과는 별개의 힘을 지니며, 미디어와는 다른 방식으로 집요하게 작용한다(그것은 들뢰즈의 용어를 사용하면 "반-효과로서 작용한다"). 사건이 지니는 힘은 별개의 표현기계를 통해 시간과 공간에 걸쳐 있는 고유의 배치를 구성하기 때문이다(이라크 전쟁에 반대하는 2003년 2월 15일의 세계 선언은 대안적인alternatifs 미디어가 작동한 결과이다).

텔레비전과 미디어가 만들어 내고 관리하는 사건은, 어떠한 가능성의 생성 없이 단순히 의미를 독점적으로 생산하기 위한 출발점을 구축할 뿐이다. 그것이 목적으로 삼고 있는 것은, 모든 언표로부터 독립한 단일 언표주체를 형성하는 것이고 다수의 합의로부터 이루어진 공중이 형성될 수 있도록 슬로건의 출발점을 만들어 내는 것이다.

이 출발점과 계기가 될 수 있는 의미는, 사건의 다양한 창조적 기능을 착취하고 무력화하면서 '연출'되었다. 영화와 라디오, 텔레비전, 인터넷에서 창조적 기능은 적어도 잠재적으로는 이제 작가(와 그 권리)가 필요하지 않게 되고 있다. 그 창조적 기능들은, 주체와 그 소통이나 표현 양태에 관련하여 재코드화되었던 것이다. "책과 사상이 작가의 기능을 버리고 창조행위가 이제 작가의 기능을 필요로 하지 않게 되었던 그때, 그 기능들은 라디오와 텔레비전, 저널리즘에 의해 다시 이용되었다."[19]

중앙집권적인 금융 권력과 테크놀로지의 독점은, 표현의 배치에 작용을 미치면서 마케팅과 정보, 광고, 통계조사의 출발점 또는 계기가 되었듯이, 작가의 기능을 새로 만들어 내고 있다.

통제사회는 다양성을 표현하고 구축하는 역능을 통합하고 유도한다. 그 통합과 유도는 다양체에 특유한 여러 가능성을 창조하고 보급하는 능력을 분리하는 것에 의해 실행되고 있다. 그것이야말로 현재 자본주의가 사람들을 수용하는 형식인 것이다.

인터넷

이상으로부터 언어와 지각 인식의 유통을 탈중심화하는 것은 표현수단을 탈중심화하는 것과 동시에 행해져야 한다. 그것이야말로 사건의 현실화와 실효화가 표현기계에 의해 균질화되고, 중

---

19. Deleuze, *Deux Régimes de fous*, p. 130.

앙집권화되는 것을 방어하기 위한 유일한 방법이다. 공중을 만들어 내는 독점적인 지배체제를 타파하기 위해서는 획일적인 다수자의 주체성을 파괴하고, 소수자의 주체성과 그 역동성을 증식해야 한다. 따라서 중요한 것은 공공적 독점을 선으로 보아 사기업에 의한 독점이라는 악에 대치하는 것이 아니라 모든 독점을 타파하는 것이다.

아날로그적인 네트워트(텔레비전)는 그 통일화와 균질화를 향하는 힘에 의해 원심적인 힘들을 포획하고 봉인한다. 그러나 그 원심적 힘들은 인터넷의 등장에 의해 해방되어 자유롭게 활동할 수 있게 되었고, 거기서부터 텔레비전과는 다른 다양한 표현기계와 기호체제가 발명되었다. 그래서 원심적 힘들은 그 불확정한 성질에 더하여, 가능세계를 창조하고 실현하기 위한 힘을 손에 넣은 것이다.

인터넷의 기능과 구성 방식은 텔레비전의 기능과 구성 방식과는 매우 다르다. 왜냐하면 인터넷은 집합화한 각 두뇌에 대해 사고의 비약과 상호작용을 촉진하기 때문이다. 텔레비전에서는 집단 전체가 한 묶음으로 취급되는 데 반해, 컴퓨터 네트워크에서는 예컨대 각인에게 다른 데이터를 배포할 수 있다. 그 점에서 컴퓨터 네트워크는 언어와 지각, 복수적 지성의 발전을 향하고 있다.

인터넷을 통해 모두에게 배분이 행해지는 조직 구성 방식은 그 테크놀로지 장치 안에서 구현화된다. 다양한 사회적 힘들은 각자가 다양한 이해의 담당자로서 이 열린 시스템의 구성에 공헌해 왔다. 거기에 나중에 가담한 기업체들은, 언제나 그렇듯이 탐욕스러운 논리에 기반하여 이 공통재를 간단하게 사유화하는 것이 가능하다고 생각했다. 텔레비전이 처음부터 독점물로서 생겨났던 것에 반해, 인터넷은 패치워크로서 생겨났다. 그 기능에 관해서도 마찬가지인데, 애초에 '웹' 자체가 하나의 패치워크였다. 그것은 다양한 통신규격과 하드웨어, 소프트웨어(저작권이 붙든 '프리'이든), 지적 소유권(특허, 상표권 및 카피 레프트)으로부터 구성되는, 이질적인 것조차도 포함하는 하나의 전체이다. 그러나 우리가 참조하는 이 모델의 본질은 뇌의 협동으로 이루어져 있다는 것이다. 인터넷에서는 다종다양한 지식과 기호, 소통의 기준이 유통되고 있는데, 그에 반해 신경제는 그것들을 독점하여 계층화와 중앙집권화를 가져오고, (지적 소유권이라는 간접적인 방법으로) 새로운 '인클로저'를 시도하고 있다. 그러나 그 시도는 성공하지 못했다. 인터넷의 다양성을 기업과 그 독점적 전유 양식에 종속시키기는 불가능했기 때문이다. 더욱 큰 이유는 우리가 이미 고찰했듯이 '무상성'의 논리가 희소성의 논리와는 상응할 수 없었기 때문이다.

더욱 일반적으로 기술해 보자. 이 새로운 표현기계와 그 용도는 그것이 탄생한 이래 대립하는 두 개의 전략(한쪽은 단일언어주의적이고 다른 한쪽은 복수언어주의적이다)에 의해 다음과 같은 방식으로 발전했다. 즉 개인은 컴퓨터를 사용하여 외부로 열린 하나의 모나드가 되었고, 멀리 떨어진 다른 모나드와 통신하게 되었다. 그러한 모나드 전부가 위계도 중심도 없는 하나의 네트워크에 포섭되었던 것이다.

웹은 복수의 네트워크로부터 이루어진 하나의 네트워크이다.

거기에는 이질성을 통일하거나 종합하는 것도, 하나의 집합으로 융합하는 것도 불가능하다. 거기에 있는 모나드들 모두는 각자 정도는 달라도 다른 모나드들을 배치하고 파악하고 포획하는 능력을, 즉 네트워크를 구성하는 능력을 지니고 있다. 배치의 역능은 수용되거나 중앙집권화되거나 하는 것 없이, 네트워크 전체에 다양한 정도로 배분된다. 네트워크가 현실화하는지 어떤지는, 타르드의 낙관주의에 의하면 배치와 결합을 조금씩 만들어 내는 능력에 달려 있다. 그 망網, réseaux의 구성은 이미 언급한 두 개의 축, 즉 네트워크와 패치워크에 의해 조직된다. 거기에서 모나드들은 기호와 소리, 이미지의 흐름에 편입된다. 그 흐름은 분기하는 것도 있다면(발명), 그대로 넓어져 가는 것도 있다(반복).

넷 서핑은 흐름의 끊임없는 결합과 분리를 조작하는 것을 의미한다. 우리는 네트워크에 들어가면서, 다른 모나드들과의 공감적이거나 대립적인 협동을 일방적이거나 상호적으로 전유하는 관계를 만들어 낸다. 인터넷이란 일방적이든 상호적이든 일종의 신체=뇌에 관한 다양한 파악의 파악이고, 또는 그 다양한 포획의 포획이다.

모나드의 주체화는 리토르넬로와 같은 것이라고 생각된다. 디지털 데이터의 흐름은 모나드의 주위를 끌어들이고 교착交錯한다. 거기서부터 하나의 리토르넬로가, 즉 주체화의 행위가 생긴다. 거기서 연주되는 리토르넬로는 다른 다양한 네트워크 안에서 별개의 리토르넬로와 마주치고, 다성악적 구성(작곡)을 만들어 낸다. 인터넷 이용자들은 단순한 익명의 균질적인 공중 ― 텔레비전 장치에서와 같은 – 이 아니라, 각자가 특이성이고 고유명(거기에서는 누구도 자신의 전자서명을 가지고 있다)이다. 그 집단적 행위는 특이성을 함께 획득하는 것에서 이루어진다. 사람들과의 그 연대는 다종다양하며 일시적이다(잠재적 커뮤니티). 거기서 모나드들은 각자 다른 가능세계에 소속되어 있기 때문이다. 그와 같은 소속의 다양성은, 이미 타르드를 참조하면서 썼듯이(사람들은 다만 하나의 사회계급에 소속되는 것만이 아니라 복수의 집단에 소속될 수 있다), 각자가 자신에 어울리는 테크놀로지 장치를 발견하게 한다.

들뢰즈는 이와 같은 장치가 주체성의 축소laminage와 포맷format-age을 가져올지도 모른다는 것에 주의를 기울일 것을 촉구한다. 통제사회에서 우리는 개인individu/대중masse의 커플couple을 목도하고 있다. 예전의 규율사회에서 그 커플은 권력이 규율훈련기술을 개인화하고 대규모화한 결과로 등장했다. 통제사회에서는 반대로 "개인들[20]은 '분할가능한 것'dividuel이 되고, 대중은 표본 샘플과 데이터, 시장, 데이터뱅크가 되었다."[21]

만약 주체성이 협동을 정치적 가능성enjeu으로서 구축하는 것도 표현하는exprimé 것도 아니라면, 지금은 반대로 주체성 쪽이 '분할가능한 것' 즉 고객의 통계 표본으로서 구축되고 표현되는 것이 되어 버렸다. 협동이 만들고 실현한 공통재도 기업에 의해 새로운 시장이 되어 버렸다.

---

20. [옮긴이] individu(개인)은 "더 이상 분할되지 않는 것"이란 뜻이다.

21. Deleuze, "Post-scriptum sur les sociétés de contrôle", *Pourparlers*, p. 244. [들뢰즈, 「후기–통제사회에 대하여」, 『대담 1972~1990』.]

여기서 들뢰즈는 신경제의 계획에 대해 언급한다. 신경제는 인터넷을 통해 우리가 이미 말한 바 있는 과정(마케팅)을 진행할 가능성을 추구한다. 그것은 개인들을 데이터뱅크 안의 샘플 데이터로 환원하여 그들의 주체성에 관여하려고 한다. 그때 인터넷은 소비자 통신자들의 다양하고 특수한 틈새를 만들어 내기 위한 이상적인 도구가 된다.

그 계획은 지금까지 성공하지는 못했다. 인터넷은 신모나돌로 지적 협동에 수반하는 잠재성을 정치적 가능성으로 변형하는 행위에 대해 아직 그대로 열려 있다. 또한 그 협동을 포획하려는 시도는 강한 저항을 불러일으키고 있다. 왜냐하면 인터넷에서의 원심적이고 탈중심적인 힘들은, 텔레비전과 신문의 경우와는 달리 그 장치 바깥이 아니라 안쪽에 갖추어져 있기 때문이다. 그것의 힘들은 소통의 기준, 이용 수순, 소프트웨어와 하드웨어 등의 장치를 발명하고 구축한다. 결국 그 힘들은 모나드들의 특이한 행위와 함께 공통의 행위를 중시하고 강화하여 네트워크의 배치와 작동 방식을 발명하고 넓히는 주요한 역할을 지금도 계속 담당한다.

개인을 '분할가능한 것'으로 변환하고 공통재를 시장화하려고 하는 계획을 그 눈앞에서 가로막는 것은, 특이성을 만들어 내고 세계를 분기시키며 가능성을 창조하는 과정이다. 원심적 힘들이 사용하는 전략은 매우 단순하다. 그것은 모나드들이 고객이 아니라 협력자로서 활동한다는 전략이다. 자본주의의 전유 움직임에 큰 장애가 되고 있는 것은, 바로 협동 그 자체에 수반되는 역동성이다. 협동은 이제 에고이즘의 균형에 의해 조정되지 않으며, 공감과 우애, 슬픔에 의해 작동하기 때문이다. 기업 논리를 밀어붙인다는 것은 뇌의 협동을 파괴한다는 것을 의미한다. 왜냐하면 주체성에 있어서 활동한다는 것이란 함께 느끼는 것이기 때문이다.

바야흐로 인터넷은 여론을 형성하고 동일한 판단을 가져오는 것만이 아니라, 공통의 지각형태를 만들고 공통의 지성을 표현하며 조직하는 형태를 만들어 내기 위한 중요한 장치가 되었다. 바흐친의 말을 빌리면, 중요한 것은 지각의 복수성과 지성의 복수성이다. 타르드의 말을 사용한다면 그것은 지각의 다양성과 지성의 다양성이다.

이렇게 복수언어주의와 단일언어주의의 투쟁은 싸움의 장소를 변화시켜 집단적 지각과 집단적 지성을 둘러싼 투쟁으로 모습을 바꾸었다. 보기 가능한 것과 언표가능한 것 또는 볼 수 있는 것과 말할 수 있는 것에 관한 규범은, 이제 새로운 대결의 장과 새로운 전략을 찾아냈다.

지금까지 우리들은 바흐친의 분석에서 출발하여 텔레비전에 대해 언급한 후, 인터넷의 사회적 세력의 지도를 작성하기에 이르렀다. 그러한 작업은 표현기계의 탈중심화와 이종혼교적인 의미의 생산에 가능성을 여는 계보학, 사회적 힘들과 발명, 투쟁에 관한 긴 계보학을 다시 만들기 위해서였다. 이와 달리, 테크놀로지에 매료된 짧은 계보학이라면, 사회적이면서 표현적인 역동성에서 분리된 영역을 다양한 새로운 테크놀로지로부터 만들어 냈을 것이다. 그런데 그러한 새로운 테크놀로지는 그와 같은 역동성을 탈취하는 힘들에게 가치가 있을 뿐이다.

권위주의적 발화와 설득적 발화

규율훈련의 기술은 명령과 그 집행을 기반으로 만들어지는데, 그것은 주체성의 협동을 통제할 힘을 거의 가지고 있지 않다. 주체성의 협동은 공감과 신뢰, 함께 느끼는 것에 입각하여 작동하기 때문이다. 거기서는 규율훈련의 기술 그 자체가 반생산적이다. 1968년경에 전개되었던 기묘한 혁명 기간에, 규율사회가 입각하고 있던 권위주의적 모델은 매우 격렬한 이론적 비난의 대상이 되었다. 또한 이 시대의 여러 운동은 매우 대담한 반권위주의의 실험을 행했다. 그것은 당시 운동가들의 일부에게조차 불쾌감을 줄 정도였지만(그들도 오늘날에는 회개하고 있다), 그래도 반권위주의는 68년 세대에 특유한 저변의 문화적 특징이라기보다는, 뇌의 협동이 발전하기 위한 기본적 조건으로 간주할 수 있는 것이다.

집합화한 두뇌가 비약하기 위해서는, 명령과 복종으로부터 이루어지는 집행 모델과는 다른 권력관계를 필요로 한다. 권위주의적 모델이 위기를 맞이하는 한편, 높아지는 공감과 신뢰의 희구는 공통재를 만들어 내기 위한 협동을 준비한다. 이에 관해 바흐친은 권위주의적 발화와 설득적 발화를 구별하면서 그 이유를 깊이 있게 보여 주었다. 주체성의 구성 과정에서 타자의 발화는 비트겐슈타인과 정보이론의 패러다임이 설명하는 단순한 정보나 규칙도 아니고 모델도 아니다. 그와는 반대로 타자의 발화는 "세계에 대한 우리의 행동과 태도의 근거를 정하려는 것이고, 그것은 권위주의적 발화로서 혹은 마음에 호소하는 설득적 발화로서 나타난다."[22] 그리고 이 두 발화는 모두 어떤 의미와 평가, 시점을 가진 발화이다.

왜 권위에 대한 비판이 사건의 철학과 가능성을 만들어 내는 실천의 전제가 되는 것일까? 권위주의적 발화는 창조를 촉발하는 것이 아니라 반대로 창조를 방해하기 때문이다. 권위주의적 발화("종교적 발화, 도덕적 발화, 성인의 발화, 교수의 발화…. 그 발화들은 이른바 '아버지들'의 발화이다")는 우리에 대해 무조건적으로 받아들일 것을 요구하지만, "우리의 마음속에 자유로이 들어오는" 것은 아니다. "또한 그 발화는 그 자신이 깊이 들어가게 된 문맥과 유희하거나 그 한계와 유희하기를 절대로 허락하지 않는다. 나아가 계급적으로 이행적인 치환, 자유롭고 창조적인 조형의 변용variation조차도 절대로 인정하지 않는다."[23] 권위주의적 발화는 꽉 막히고 분할되지 않는 혼이 되어 우리의 언어의식을 관통한다. 모든 것을 완전하게 받아들이든지 또는 되받아치든지 우리는 어느 쪽인가를 선택해야 한다. 왜냐하면 그 발화[권위주의적 발화]는 기계(정치적, 제도적, 또는 개인적 권력)와 밀접하게 결부되어 있기 때문이다. "수렴하거나 발산하고, 다가가거나 떨어져 나오기도 하"는 유희는 "여기서는 불가능한 것이다."

마음에 호소하여 설득하는 타자의 발화는 그와는 완전히 다른 가능성을 우리에게 가져온다. 왜냐하면 그것은 권위를 가지지

---

22. Mikhail Bakhtine, *Esthétique de la création verbale*, p. 161.
23. 같은 책.

않지만 책임을 가지지 않는 것은 아니기 때문이다. 설득적 발화는 우리의 발화와 얽히면서 가능성의 공간을 연다. "그 발화가 창조적 생산성을 가지고 있는 이유는 다음과 같다. 즉 그 발화는 우리 내부에서 자율적인 사고와 발화를 깨닫게 하고, 또한 고립된 부동의 상태에 머무 는 것이 아니라 우리의 언어를 내부에서 조직한다…. 설득적 발화의 의미론적 구조에는 한계가 없고, 항상 그대로 열려 있다. 그것은 대화로부터 생긴 어떠한 새로운 문맥에서도 항상 새로운 의미의 가능성을 가져오는 능력을 지닌다."[24]

권위주의적 발화는 과거의 발화이다. 그것은 거리를 만들고, '높은 곳에서' 울려 퍼지는 발화이다. 그에 비해 설득적 발화는 대등한 사람들과 동시대인 사이에 자유롭고 친밀한 접촉을 가져오는 발화이다. 설득적 발화의 방법은 "타자의 발화가 최대의 상호 작용을 발휘하는 장소를 만들어 낸다. 그곳은 문맥을 통해 대화가 쌍방에 영향을 주는 장이고, '낯선'étranger 발화가 자유로이 창조적인 혁명을 가져오는 장이며, 이행이 단계적으로 행해지는 장, 경계와 유희하는 장이다."[25]

광고와 마케팅, 인적 자원의 경영은 바로 이 설득적 발화의 포획을 추구하고, 이 발화를 유혹과 안심lénifiant, 동의를 가져오는 발화로 변환시키려고 한다. 그러나 이와 같은 유혹의 실천은 곧 그 한계를 노정한다. 그 실천은 어떤 가능성도 산출하지 않고 정

---

24. 같은 책, p. 165.
25. 같은 책.

보·소통 내부에 미리 결정되어 있는 이분법적인 선택지밖에 제시하지 않기 때문이다.

오늘날 우리가 목격하고 있는 것은 "종교적인, 정치적인, 도덕적인, 성인의, 교수의, 아버지들의" 권위주의적 발화가 설득적 발화에 대한 복수의 의지를 명확히 보여 주고 있는 모습이다. 즉 (그것은) 현재 전개되고 있는 반권위주의적인 실천을 비방하는 캠페인인 것이다. 그러나 기업 경영의 새로운 조언자들조차도 그 효과를 인정할 수밖에 없듯이, 반권위주의의 존재론적 기반은 뇌의 협동이다. (반면) 권위주의적 발화의 강요는 뇌의 협동을 파괴하기를 원하는 것이다.

그래서 광고와 마케팅, 정보 미디어에 의한 설득적 발화는 오늘날엔 전쟁의 발화로서 기능하는 것에 지나지 않는다. 그러나 그것이야말로 68년에 대한 복수라는 외관의 배후에서 일어나고 있는 사태인 것이다.

미하일 바흐친과 차이의 정치학

삶은 사건으로서만 이해된다. — 미하일 바흐친

이와 같이 맑스주의는 예전 — 오래된 시대 — 의 억압에 관한 체계적인 이야기의 가능성을 만들어 냈다. 억압된 사람들은 고대에는 노예라고 불리고, 중세에는 농노라고 불렸으며(러시아에서는 1861년까지 존속해 있었다) 현대에는 프롤레타리아라고 불리고 있다. 그러나 맑스주의의 이름 아래에 억압이 행해지고 있는 현대의 이야기는 어떠한 말로 말해질 수 있을까? — 페터 슬로터다이크

암흑의 스탈린 시대에 바흐친은, 카니발을 취급한 세계의 저작 중에서 가장 아름다운 텍스트 하나를 썼다.[26] 그것은 실제로는 소비에트 정권에 대한 '민중'의 저항을 기리기 위한 정치적 텍스트였다. 그와 가장 가까운 협력자였던 메도베데프Medovedev와 볼로시노프Volosinov는 공산당에 의해 수용소와 감옥에서 살해당했다. 바흐친 자신은 중환자가 되었기 때문에 소비에트 정권에 의해 격리되었다. 바흐친의 저항은 민중의 카니발적 문화라는 무기를 통해 훌륭하게 표현되었다. 그것은 인간성의 근저origines에서 잃어버렸던 디오니소스적 의례 — 웃음, 유머, 아이러니 — 를 부활시키는 문화이다.

바흐친을 개입시키면, 사건의 철학은 자본주의의 탄생을 이해하고 설명할 수 있다. 러시아의 농노가 자본가를 위한 노동자가 되어가는 과정을 이해하기 위해서는, 그것을 경제적 영역(생산수단의 소유propriété 등)에서 일어난 것으로서 분석하는 것만으로는 불충분하다. 우리는 다양한 '경제적' 변이들에 앞서 존재하면서 그 변이들을 가능하게 한 감각 양식의 변형을 우선 이해해야 한다. 차이와 사건의 철학은 자본주의의 탄생이, 그 탄생 이전부터 외부로 확산되어 갔던 가능세계의 무한성에 대한 투쟁에서 유래했음을 보여 준다. 그래서 우리는 이 철학으로 경제학자들의 신앙, 즉 진보에의 신앙을 머릿속에서 추방할 수 있다. 그와 같은 신앙은

---

26. Mikhail Bakhtine, *L'oeuvre de François Rabelais et la culture populaire au moyen âge et sous la Renaissance*, Gallimard, 1970. [미하일 바흐찐, 『프랑수아 라블레의 작품과 중세 및 르네상스의 민중문화』, 이덕형·최건영 옮김, 아카넷, 2001.]

자본주의의 이해를 방해하는 것만이 아니라 자본주의에 대한 올바른 투쟁 방식조차도 방해한다.

바흐친은 완전히 독자적으로 구상한 모나돌로지에 입각하여 현실세계를 가능세계의 다양체로, 즉 다양하게 이질적인 '평면'plan이 윤리적으로 만들어지는 다양체로 분석했다. 산업화 이전의 사회에서는 다양한 세계는 라이프니츠의 모나드와 같이 각자가 폐쇄적으로 자족적이었다. 결국 각자가 독자의 언어와 이데올로기, 생활양식을 가진 세계가 여기저기 모여 있었던 것이다. 이러한 세계의 존재방식은 한 사람의 내부에서도 표현된다. 앞에서 말한 러시아의 농부는, 긴 기간 동안 자신의 생각을 표현하기 위해 다른 말을 사용하고 있었다. 예를 들면 기도할 때에는 교회의 언어를, 영주와 말할 때에는 자신이 속한 사회계층의 언어를, 그리고 가족과 친구들과 말할 때에는 또한 별개의 언어를 사용하여 말하고 있었다. 그러나 그 언어들은 각각 닫혀 있었고, 상호 교환도 없었으며, 주체성을 구성하는 과정에서 서로를 비추어 주지도 않았다.

자본주의는 그와 같은 고립된 세계를 파열시켰다. 결국 자본주의는 그러한 세계의 폐쇄성과 자족성을 해체했다. 그리고 "그 사회영역들이 지니고 있었던 이데올로기적 방벽과 그 자율성을 파괴했다." 그 옛 세계들이 긴 시간에 걸쳐 만들어 낸 독자적인 특징을 곧장 잃어버린 것은 아니었지만, 이제 각각의 세계에 자족할 수는 없게 되었다.

이처럼 옛 세계가 해체되어가는 과정 – 이 과정에 의해 "각자의 살아있는 원자"는 모나드와 마찬가지로 세계와 자본주의적 의식 사이의 모순을 잉태한 통일을 반영하게 된다 ― 은 인간과 인간의 사상 속에 애매하고 완성될 수 없는 성질이 있음을 드러낸다("옛 생활양식과 도덕원리, 신앙과 같이 사람들을 맺어 주고 있던 유대가 부패해 버리는 시기"). 인간과 인간의 행위만이 아니라 사상 또한 "폐쇄적인 위계의 간막이를 치워버리고 (모든 제한 없는) 절대적 대화 안에 친밀한 접촉을 만들어 냈다."

바흐친은 자본주의의 힘이 당시의 다양체를 자본/노동의 이항대립으로 환원했다는 점만을 보지는 않았다. 그는 또한 그 파괴적 과정이 자본주의 이전 러시아의 생활을 구성하고 있었던 다양한 세계와 충돌하면서 차이의 거대한 에너지와 잠재성을 해방했음을 명확히 보여 주었다.

이와 같은 바흐친의 관점을 19세기의 러시아에서 글로벌화가 진행되는 현대세계로 무대를 이동하여 고찰하면, 그 유효성이 뚜렷해진다. 현대는 비서구적인 다양한 세계를 자본주의에 의한 통일화와 중앙집권화, 단일언어화로 향하게 하려는 의지가 관통하는 시대인 것이다.

바흐친은 결코 있는 그대로의 정치적 담론을 기술하지는 않았다. 우리는 그가 남긴 여러 철학적 고찰과 대작가들에 대한 전기 속에서 그것[정치적 담론]을 읽어 내야 한다. 그것이 그 자신에 의해 선택된 언어인 것인지, 아니면 소비에트 정부의 억압을 받아 선택한 신중한 언어인지 판단하는 것은 쉽지 않다. 그러나 그가 가능세계의 다양성과 증식에 관한 반변증법적인 이론을 도스토예프스키에서 발견했던 것은 확실하다.[27] 도스토예프스키의 저작은

"단 하나의 객관적 세계에 입각한 단일논리의 틀 안에서 수합되"
듯이 전개되는 것이 아니라, '복수의 세계'의 현실에 입각한 '복수
의 참조 시스템'에 따라 전개된다. 도스토예프스키의 문학적 소재
의 요소들은 "복수의 세계 사이와 복수의 자율적 의식 사이에서
시작된다. 그 요소들은 고유의 관점을 표현할 뿐만 아니라 전체성
과 자율성을 지닌 복수의 관점…, 다양한 다른 세계와 의식을 표
현한다. 그것들은 배후에서 결합되어 보다 고도의 통일성을 가져
온다. 그것은 이른바 다성악적인polyphonique 소설의 통일성이라고
부를 수 있는 것이다."[28]

　　고도의 통일성은 다성악적이다. 이 통일성은 집단적 전체의 통
일성이 아니라 배분적 전체의 통일성이다. 거기에 통일성을 가져
오는 것은 루카치가 생각한 '계급의식'이 아니라 그 자체가 배분적
전체인 특이성의 배치이다. 다양한 다른 세계와 의식, 관점은 유
일의 정신(절대정신이나 계급의식)으로 생성해 가는 단계들이 아
니다. 고도의 통일성의 이미지를 찾으려 한다면, "하나로 용해되는
것이 아닌 혼들로부터 이루어진 종교단체로서의 교회" 이미지라
든지 또는 다음과 같은 단테 풍의 세계(『신곡』)의 이미지에서 구
할 수 있을 것이다. 즉 그곳은 복수의 차원이 통일로 향하지 않고
그대로 내세로까지 이월되어, 죄를 범한 자와 범하지 않는 자, 지

---

27. Mikhail Bakhtine, *La poétique de Dostoïevski*, Éd. du Seuil, 1970 [미하일 바흐찐,
　　『도스또예프스끼 시학의 제(諸)문제』, 김근식 옮김, 중앙대학교출판부, 2011]를 참
　　조하라.
28. 같은 책.

옥에 떨어진 자와 구원받은 자가 함께 있는 세계이다.

19세기 전체를 통해 많은 작가들(그 중에서도 특히 도스토예프스키)은 사건에 심미적인 형식을 부여하는 기술을 터득하고 있었다(다양한 가능세계의 운동과 차이를 하나의 다성악 안에 번역했다). 그러나 맑스주의는 그러한 것이 불가능했다. 그것은 다양체의(에 의한) 정치를 사고할 수 없었다. 맑스주의와 레닌주의는 '다성악적인 실체의 객관적 전제'를 만들어 내지 않았다. "프롤레타리아와 자본가의 차이 이외의 차이에 마음을 쏟는" 식의 "모든 것을 평등화하는 경향"에 대하여 맑스주의가 대치시켰던 것은, 차이와 다양체의 정치나 카니발적인 정치가 아니라, 그 역시 또 하나의 '모든 것을 평등화하는 경향'이었다. 맑스주의는 다양한 특이성과 세계 사이에서 일어난 '절대적 대화'를, 자본주의 관계에서의 위기로서 보여 주고 제한했다. 또한 그것은 주체성의 형태들을 계급이라는 개념 속에 밀어 넣었고, 다양한 가능성의 창조를 생산노동에 종속시켰으며, 권력의 제관계를 착취라는 개념으로 왜소화시켰다. 이처럼 맑스주의 변증법은 평등화 과정을 가속화하여 사회 전체를 자본/노동의 관계로, 다양체를 이원성으로, 비대칭성을 대칭성으로 변화시켰고, 그 모두를 국가의 손에 위임했다. 결국 맑스주의는 자본주의를 위한 시중을 들었던 것이다. 바흐친이 살아 있던 시기에 계속 목격하고 있었던 것은 그와 같은 상황이었다.

'전통'(산업화 이전의 다양체)과 '혁명'(만들어지고 있는 다양체, 또는 미완으로서 달성 불가능한 가능세계의 창조) 사이의 관계는, 벤야민과 빠졸리니가 정치적 관계로서 인정하려고 했던 것이기는 해도, 완전히 다른 힘에 의해 구축된다. 다만 [한 사람의] 영국의 맑스주의자만이 이 관계를 정당하게 고찰하여, 2차 세계대전 후에 매우 뛰어난 책을 남겼다. E. P. 톰슨의 『영국 노동자계급의 형성』[29]이 그것이다. 이 저작에서 노동자계급은 그 전통과 역사, 그리고 카니발적 문화(크리스토퍼 힐의 『전도된 세계』[30] 연구)와의 상징적 관계 속에서 논해진다. 또한 이 책에는 자본의 영역이 '민중'의 현재적·잠재적 삶이 펼쳐내는 다른 영역들과 세계들의 다양성에 의해 포위되고 전복되는 양상이 기술되어 있다.

그래서 다양체는 포스트포디즘과 함께 발생한 것이 아니다. 우리는 가면을 쓴 불행한 역사 속을 살아가고 있다. 왜냐하면 맑스주의가 자본주의의 탄생에 관해 말하고 있는 이야기는 다양체의 문제를 은폐하고 있기 때문이다. 맑스주의는 하나의 근대적인 힘이다(또한 그것은 근대화의 더욱 유효한 수단의 하나이기도 했다). 그것은 모든 세계를 중앙집권화하고 통일하며 동질화하는 것을 목적으로 삼는 논리에 협력하여, 하나의 계급[노동자계급]으로

---

29. E. P. Thompson, *La formation de la classe ouvriére anglaise,* Éd. du Seuil-Gallimard, Hautes Études, 1988(édition anglaise, 1963.) [에드워드 파머 톰슨, 『영국 노동계급의 형성』 1~2, 나종일 외 옮김, 창비, 2000.]

30. Christopher Hill, *Le monde à l'envers,* Payot, 1977. [원제는 *The world turned upside down : radical ideas during the English Revolution* (1972)]

이루어지는 혹은 어떤 계급도 존재하지 않는 단 하나의 가능세계만을 만드는 것을 그 목적으로 삼았다.

러시아에서 자본주의가 형성되고 있을 때, 바흐친은 다양체 안에서, 그리고 다양체를 위해서 노동자계급과 그 투쟁을 고찰하고 있었다. 그는 자본주의 이전의 다양체에서 포스트–산업사회post-industrielle에서의 다양체로의 이행에 관해 고찰하려고 했다. 포스트–산업사회에서는 그 조작 주체가 '노동자계급'이 될 가능성도 있다. 다만 그 주체가 이 '세계의 종말'apocalypse을 표층적이고 조야한 차이에서 섬세한 차이로의 생성변화 혹은 변신을 위해 이용한 경우에 그렇게 된다. 결국 이를 위해서는 "더욱 다양한 형태와 깊이를 지니는 복수언어주의"를 만들어 내는 것이 필요하다. 바흐친은 노동자계급이 전체성과 종합성, 동일성의 정치를 행하는 조작자를 만들어 낸다고 생각하지는 않았다. 그러한 정치는 '민중'의 이종혼교성을 죽여 버리기 때문이다(그것은 실제의 사회주의 또는 조잡한 사회주의가 행했던 것이다).

다양한 차이를 변신시키는 존재이기 위해서, 노동자계급은 자신을 다양체(예전에도 그러했듯이!)로 간주해야지 모든 가능세계를 통일하고, 포괄하고, 융합하는 주체로 간주해서는 안 된다. 노동자계급은 스스로 다양체 안에서 소실되고, 차이 안에서 해체되며, 차이를 추구하고 차이를 구축해야 한다. 어쨌든, 그러한 것들이야말로 프롤레타리아트와 노동자가 맑스주의의 정당과 노동조합에 대항하여, 또는 사회주의와 공산주의에 대항하여 행해 왔던 것이다. 그들은 다른 가능세계의 창조를 향해 출발했다. 그리고 그들은 정당과 노동조합과 맑스주의를 떨쳐버리고, 우리가 오늘날 그렇게 생각하고 있는 것 – 결국 공허한 것 – 으로서 그것들을 내던져 버렸다.

지금부터 우리는 그와 같은 다양체를 생각해야만 한다. 그리고 이제 자본주의 이전에 존재하고 있었던 어떠한 외부에도 의지하지 않고, 포스트산업사회에서 다양체가 표현되기 위한 조건을 탐구해야 한다.

철학적 노트/존재론으로서의 대화주의

한창 러시아 혁명이 진행되던 와중에서, 바흐친은 세계와 존재를 사건으로서 포착하는 사고방법을 도입했다. 그리고 그는 이 사건의 철학이 표현의 철학인 것을 깨달았다.[31]

사건의 철학이 지니는 사정射程, portée을 이해하려면 바흐친이 '행위에 관한 현실 세계의 건축술적인 원리'라고 불렀던 고찰을 받아들일 필요가 있다. 그 원리란 자기와 타자의 관계이다. 여기서 덧붙여 둘 필요가 있는데, 이 관계는 주체/객체에 관한 인식론(칸트)과도, 헤겔의 변증법에서의 승인과도, 간주체성의 현상학적 환

---

31. Mikhail Bakhtine, *Pour une philosophie de l'acte*, L'age d'homme, 2003. [미하일 바흐찐, 「행위철학」, 『예술과 책임 – 미하일 바흐찐 대표 저작집 1』, 최건영 옮김, 뿔, 2011.] 이 텍스트는 1920년대 초반에 쓰여진 것인데, 바흐친은 이 글을 공간하지 않았다. 그의 사후인 1980년대 중반에 그의 장서에서 발견되었다.

원(후썰)과도 관계가 없다. 바흐친에게 자기와 타자의 관계는 다양한 가능세계 사이에서 일어나는 사건에서의 관계로, 또는 언표에서의 다양한 가능성의 표현으로 이해해야 한다. 바흐친의 생각에 의하면, 발화란 자기/타자의 관계 안에서밖에 존재하지 않으며 사건이 일어난 순간의 인식보다도 적절하게 그 사건의 진리를 표현한다. "행위의 표현 ⋯ 및 사건으로서의 존재의 표현 – 행위는 그 표현 안에서 달성된다 – 은 그 발화의 충실함을 필요로 한다. 결국 발화에는 의미내용으로서의 측면(개념으로서의 발화)과 표현으로서의 측면(이미지로서의 발화), 그리고 그 감정-의지의 양상 aspect émotif-volitif을 전달하는 측면(발화의 어조intonation)이 있다.[32]

발화만이 세계의 존재를 적절하게 표현할 수 있다면 그것은 존재가 "애초부터 모두 눈앞에 있는" 것은 아니기 때문이다. 존재는 발화가 만들어 낸 평가 관계에서만 충분하게 구성된다. 그래서 존재는 단지 현실성으로 있는 것만이 아니라 잠재성으로서도 있는 것이다. 사건에서의 발화행위의 특수성은 바로 발화행위가 사건의 현실화에 관련되어 있다는 것에 있다. 발화행위는 미리 완전히 부여되어 있었던 것의 해체만이 아니라, 욕망을 통한 생성변화와 새로운 것의 창조에로 길을 열기도 한다.

그러나 발화가 사건을 현실화할 수 있는 것은 발화가 타자와 관계하고 있는 한에서이다. 바흐친이 말한 건축술적인 발화에서 타자는 다양한 가능세계의 표현이다. 세계와 지각, 정동, 사고, 객

---

32. Bakhtine, *Pour une philosophie de l'acte*, p. 56.

관성에 구조가 부여되는 것은 바로 이 타자의 출현에 의해서다. "타자만이 유일하게, 나에 대해 타자를 맞이하는 기쁨, 타자로부터 떨어져나가는 슬픔, 타자를 잃어버리는 고통…을 준다. 의지와 감정에 관한 가치는 모두, 어떤 타자와 관계할 때만 가능하다. 그리고 그 가치들은 나만의 삶에서는 가질 수 없는 특별한 사건의 중첩을 타자의 삶에 부여한다. 이러한 사건이 가진 성질은 나만의 삶이라는 것을 인정하지 않는다. 나의 삶은 시간 안에서 타자의 존재를 품으면서 존재하는 것이다."[33]

그래서 '나'란, 타자가 그 존재 안에 품고 있는 가능성을 전개하는 것이고, 해석하는explication 것이다. 나와 타자 사이에는 원리의 차이가 있다고 해도 그 차이는 헤겔이 말한 논리적 질서나 심리학적 질서에서 유래하는 것이 아니라, 사건적 또는 가치론적 질서에서 유래한다. 나/타자의 관계는 다양한 가치의 차이를 만들어 내는 관계이다. 생산과 부, 과잉을 가져오는 것은 바로 이 관계(즉 사건적 관계)다. 그래서 존재를 구성하는 것은 나도 아니고 고유의 의미에서의 타자도 아니며 나와 타자 양쪽에 앞서 존재하고 있는 사건적 관계인 것이다.

그러한 사건의 논리에 입각하여 바흐친은 언어(또는 문법)와 언표행위의, 명제와 언표의, 의미작용과 의미의 성질의 차이를 명확히 한다. 그것에 의해 바흐친은 언어학과 철학이 무시하고 있었던 존재의 새로운 영역, 즉 그가 '대화성'이라고 부른 영역을 구출

---

33. Bakhtine, *Esthétique de la création verbale*, p. 116.

한다. 이 영역에서 관계는 의미 관계이다. 의미는 언어와 기호에 의해 표현되지만 언어와 기호로 환원되지 않는다.

우리는 대화성의 영역 즉 의미가 생산되는 영역은 언어의 영역 바깥에는 없다고 믿는 것도 가능할 것이다. 그러나 대화적 관계는 언어적 관계가 아니다. 대화적 관계는 확실히 언어를 전제하지만 그래도 언어시스템 내부에 존재하고 있는 것은 아니다. 그와 같이 말할 수 있는 이유는 "감정, 가치판단, 표현은 언어에서의 어구語句와는 많은 점에서 관계가 없고, 구체적인 언표에서 살아있는 사용의 과정에서밖에는 생겨나지 않"[34]기 때문이다. 결국 구체적인 언표는 언어에서의 말처럼 이해할 수는 없다. 대부분의 바흐친 주석자들, 특히 프랑스의 주석자들(토도로프, 크리스테바)은 대화성을 언어학적 문제로 해석하는 오류를 범해 왔다. 반대로 바흐친에게서 대화성은 존재론이자 정치적 문제였던 것이다.

대화적 관계, 즉 의미를 산출하는 사건과의 마주침은 도대체 어떠한 성질을 지니고 있는 것일까? "물음에 대한 응답을 나는 의미라고 부르고 있다…" 바흐친에 의하면 존재의 영역은 '응답과 물음'의 영역이고, 그것들은 "동일한 논리적 관계에 속하지 않는다. 사람은 단지 하나의 동일한 의식(그 자체에 폐쇄된 고유한 의식) 그대로 정지해 있지 않는다. 모든 응답은 새로운 질문을 산출한다."[35] 이 관점에 포함되어 있는 존재론적인 의미를 이해하려면,

---

34. 같은 책, p. 294.
35. 같은 책, p. 391.

하이데거의 차이에 관한 들뢰즈의 주석을 참조해야 할 것이다. 거기서 들뢰즈가 근본적인 문제로서 받아들이는 것은 "'차이'와 '물음' 사이의 대응관계, 존재론적 차이와 '질문'의 존재 사이의 대응관계"이다. 대화성은 존재를 물음으로서 또는 문제로서 명확하게 보여 준다. 이와 같은 차이의 존재는 어떻게 정의되는가? 그것은 들뢰즈의 기묘한 범주에 의하면 '?-존재'(물음으로서의 존재)이다.

의미 또는 사건은 기호와 언어에 대해 긴밀한 관계를 가진다. 의미 또는 사건의 표현은 바로 기호와 언어가 이루어 내기 때문이다. 그러나 언어와 기호에 의미(또는 사건)가 포함되어 있는 것은 아니다. 의미는 그 의미를 표현하는 명제 바깥에는 존재하지 않지만 그래도 의미와 명제 사이에는 성질의 차이가 있다. 바흐친이 사건의 존재론에서 이끌어낸 것은 제1급의, 아직 [후대가] 뛰어넘지 못한 언표의 이론이었다.

의미는 언어로서의 존재도 아니지만 사물로서의 존재도 아닌 하나의 존재이다. 우리가 살고, 활동하고, 창조를 행하고 있는 이 세계는 과연 물질과 정신으로부터, 사물과 언어로부터 구성되는 것일까? 존재론으로서의 대화주의를 명확히 하면서, 우리는 관념론과 유물론 사이의 전통적 대립에서 벗어나 그 물음을 크게 비틀écartant 수 있다. 우리들은 의미에 의해 별개의 '존재의 영역'에 직면한다. 그것은 완전히 특수한 물질로도 정신으로도 환원할 수 없는 존재의 영역, 바흐친이 '초존재'라고 부르는 영역이다. 대화주의의 영역은 비신체적 변형의 영역이다. 거기서 바흐친은 오래된 철학의 전통을 다시 발견한다. 그것은 의미를 언어와 사물, 정신과 물질의 경계에서 움직이는 '비신체적인 것'으로 생각했던 스토아학파의 전통이다. "의미는 물리적·물질적 현상을 변화시킬 수 없고, 그것을 바랄 수도 없다. 의미는 물질적 힘으로서 활동할 수 없다. 처음부터 의미는 물질적 힘을 필요로 하지 않는다. 의미는 어떠한 힘보다도 강한 힘이다. 그것은 실재하는(실존적인) 요소를 털끝조차도 변화시키지 않지만 사건과 현실의 의미 전체를 변화시킬 수 있다. 모든 것은 그대로 머물면서도 완전하게 별개의 의미를 손에 넣는 것이다(존재에서의 의미의 변형)."[36]

철학의 언어론적 전회는 비트겐슈타인이 그 모델을 만들었지만, 거기에는 한계가 있다. 그 전회에 의해서는, 여기서 말한 대화적 영역을, 차이를 가져오는 관계 영역으로서, 또는 응답과 질문으로부터 이루어진 영역으로서, 표현과 사건의 영역으로서 해방하는 것이 전혀 불가능하기 때문이다. 그래서 우리는 철학의 언어론적인 전회를 따르기보다도 철학에서의 사건적 전회에 참여해야 할 것이다. 의미와 그 힘이 구성하는 것을 이해하기 위해서는 사건으로서의 존재의 차원을 고찰할 필요가 있다.

바흐친에 의하면, 의미의 구성은 통일된 전체로서도, 닫힌 전체로서도, 주체에 의해 잘 종합된 전체로서도 고찰할 수 없다. 그와 반대로 의미의 구성은 '어떻게 하면 '외부'에 도달하기 위해 주체에 구멍을 뚫고percer, 전체성을 해체할 수 있을까'라는 문제를 제기하는 것이어야 한다. 즉 소통과 정보에서 '탈출한 장'exotopie 위

---

36. 같은 책, p. 384.

에 설 필요가 있다. 소통과 정보의 장은, 화자들이 이미 구성된 유대를 통해 존재하는 데이터를 전달하는 장일 뿐이다. 새로운 것을 창조하기 위해서는 그 외부에 도달해야만 한다. 그것은 타르드가 말한 '보편적 외부'와 만나는 것이다.

바흐친은 이와 같은 외부(잠재성)의 현실을 표현하기 위해 어떤 새로운 단어를 만들어 냈다. 즉 "모순어법oxymoron을 이용하여 '로부터의-외부'의 장소를 내부의 장이라고 말"해야 한다. "예술가는 바로 삶으로부터의 외부에서 활동하는 사람이다. 그는 오로지 삶의 내부에 있는 삶(사회적, 정치적, 도덕적, 종교적인 실천)에는 참가하지 않고 있다. 그러나 그는 삶을 그 외부에서 사랑하고 있는 것이다. 그 외부에서는, 삶은 삶을 위해 존재하지 않는다. 거기에서 삶은 외부를 향하며, 삶 그 자체의 외부와 의미의 외부에 있는 활동을 요구한다. 이 외부의 삶에 다다르는 수단을 발견하는 것, 그것이야말로 예술가의 작업인 것이다."37

---

37. 같은 책, p. 195.

5 포스트사회주의 정치운동에서 저항과 창조

> 개체를 창조적 형태로서 사고하는 것
> — 질 들뢰즈·펠릭스 가타리

> 법의 지배는 악덕이다. 그것은 무정부상태보다 더욱 나쁘다. 나의 이러한 생각이 옳다는 것은 헌법을 제정할 때 정부가 무정부상태에 빠져 있다는 사실이 잘 보여 주고 있다. — 마르키 드 사드

> 하인은 주인을 뒤집은 이미지가 전혀 아니며, 주인의 복제도 아니다. 주인의 모순된 아이덴티티도 아니다. 하인은 자신의 신체 하나하나의 부분을 주인을 무력화하는 것으로부터 만들어 내고 있다. 그는 주인을 절단(amputation)하여 자율을 획득한다.
> — 질 들뢰즈 (카르멜로 베네의 사드론에 관하여)

지금까지 우리는 다양체의 새로운 역동성의 대강을 묘사하여 드러냈다. 그러나 거기서 일어나는 충돌을 어떻게 생각해야 하는가? 하나의 동일한 세계 안에 복수複數의 다른 가능세계가 공존하고 있는 상황에서 어떻게 투쟁을 전개해야 하는가? 다양체가 존재하기 위해서 공립 불가능한 복수의 세계의 공존이 필요하다면, 그때 '저항하기'와 '창조하기'는 어떠한 의미를 가지는가?

68년 이후, 다양한 정치운동과 특이성은 다음 두 개의 평면에 동시에 영향을 주었다. 제1의 평면은 기존의 제도가 밀어붙이는 평면으로, 거기서는 다만 하나의 세계밖에 존재할 수 없는 것처럼 모든 것이 일어난다. 제2의 평면은 다양한 정치운동과 특이성에 의해 선택된 평면으로, 거기에서는 다양한 가능세계의 창조와 실현이 행해진다. 기존의 권력은 제도가 내부에서 파열하고 붕괴함에도 불구하고, 이 새로운 역학적 변화를 인정할 수 없었다. 정치운동 역시, 그 무력함 때문에 자신들의 세계를 창조하는 데에 전념할 수 없었으며, 제도화된 정치의 영역을 무시할 수도 없었다.

포스트사회주의의 운동은 대립의 논리가 아니라 차이의 논리를 바탕으로 전개된다. 그러나 이것은 갈등과 대립, 투쟁이 없어진다는 것을 의미하지 않으며, 두 개의 비대칭적인 평면에 관하여 대립과 투쟁의 관념을 근본적으로 수정해야 된다는 것을 의미한다.

제1의 평면에서 다양한 정치운동과 그 개별성들은 거부와 대립, 분단의 논리를 바탕으로 구성된다. 그와 같은 정치운동은 기존의 제도정치에 대한 거부로서 저항활동을 일으킨다. 언뜻 보기에는 그 운동들은 '우리와 노예들' 사이, 즉 자기편과 적 사이에 분리séparation를 만들어 내는, 단지 노동운동과 정당에 특징적인 논리를 보여 주고 있는 것처럼 보일 수 있다. 그러나 이 '부정', 바꾸어 말하면 분리의 승인은 다음 두 가지 다른 의미를 가지고 있다. 한편으로 이 '부정'은 정치에 대한 항의와 연결되고, 대표자들이 징한 규칙과 단호하게 결별할 것을 표명하며, 하나의 동일한 세계의 내부에 있는 분할을 문제로 삼고 있다.

다른 한편으로 이 '부정'은 생성변화를 위한, 다양한 세계가 분기하기 위한, 그리고 분기한 세계가 대립을 품으면서도 통일로는 향하지 않는 방식으로 구성되기 위한 조건을 의미한다. 제1의 평면에서의 대립은 제2의 평면에서의 투쟁에 길을 연다. 거부는 공통적 존재의 존재방식을 발명하고, 앞에서 말했던 뇌의 협동의 양태를 바탕으로 그 존재방식을 넓히기 위한 조건이 된다. 여기 제2의 평면에서는, 많은 불화와 대립이 있다. 권력은 항상 취득과 소유, 포착을 통해 모습을 드러내는데, 거기서는 적이 존재하지 않기 때문이다.

제1의 평면에서의 투쟁은 제도와 정치적 규제로부터의 탈주로서 모습을 나타낸다. 사람들은 다양한 제도적 조직과 정당, 노동조합에 참가하지 않게 되었다. 마치 '동쪽 민중들peuples'이 "이런 건 싫다"는 상투적인 문구文句를 읊으면서 현실 사회주의 국가들에서 국경을 넘어 탈출한 것처럼, 사람들은 거기에서[제도 조직과 정당, 노동조합에서] 몸을 빼버렸다. 제2의 평면에서는 운동(시애틀 이후의 정의에 의하면 '운동의 운동')을 구성하는 다양한 개인적·집단적인 특이성이 주체성의 역동성을 전개한다. 그것이 목표로 삼는 것은 다양한 차이를 승인함과 동시에 전체화되지 않는 공통성을 구성하는 것이다.

제1의 평면에서 '민중'은 항상 처음부터 거기에 있는 동원해야 할 대상이었다. 이에 비해 제2의 평면에서는 그러한 대상은 '결여' 되어 있으며, 또한 앞으로도 계속 결여한 채 그대로일 것이다. 왜냐하면 '민중'이라는 대상과 그렇게 간주되었던 사람들이 일치하는 일은 결코 일어나지 않기 때문이다. (바흐친에 의하면, 즐거운 과잉joyeux excédent이 '민중'의 행위에 수반하는 특징이다.) 평등한 친구들의 공통체가 세워진다면 그것은 제2의 평면에서뿐이다. 그러나 그 공통체는 다양한 욕망의 공존으로부터 성립하고, 결코 전체적인 평화로 융화fusionnent하는 것은 아니다.

제1의 평면에서의 탈주에 대해 제2의 평면에서의 구축(다양한 세계의 창조와 현실화)이 대치된다. 또한 제1의 평면에서는 정치에서의 도피가 행해지는 데 비해 제2의 평면에서는 다양한 가능세계를 '활력화'empowerment하기 위한 실천이 행해진다. 다양한 운동과 특이성은 어떤 자유스러움aisance을 동반하면서 제1의 평면에서 제2의 평면으로 이행한다. 다른 한편, 기존 권력은 그대로 통일이라는 하나의 평면에 머무른다.

우리의 가설에 의하면 1968년 이후의 여러 정치운동은 사회주의와 공산주의 전통과 근본적으로 연을 끊고 있다. 20세기의 서구 정치는 다양체의 힘에 대한 억압과 장벽으로 기능해 왔다. 그러나 1968년 이후의 정치운동은 그러한 서구정치가 지닌 통일에의 지향성과 단호하게 연을 끊었다. 이 새로운 움직임 속에서, 정치학자와 사회학자들 또는 정당과 노동조합은 다양한 운동들과 특이성들의 불투명한^{opaques} 행동^{comportement}을 이제는 이해할 수 없게 되었다. 그래서 사람들은 그러한 행동을 정치이탈이나 개인주의, 사생활의 고립 등으로 파악했던 것이다. 그러한 포착방식은 투쟁이 저항과 창조의 모습으로 일어날 때에 언제나 전복된다.

*

　포스트사회주의에서 다양한 운동과 특이성의 전략이 어떻게 전개되고 있는가를 이해하기 위해서, 그 전략들을 현대의 몇몇 정치 분석과 상호 조명해 보고자 한다.

　자크 랑시에르^{Jacques Rancière}는, 서구정치의 원류를 거쳐 노동운동이 지니고 있었던 본래의 혁명 전통을 부활시키려고 한다. 우리들은 서구정치와 혁명운동의 여러 원리로의 회귀에서, 1968년 이후의 정치운동이 서구의 정치적 전통과 연을 끊고 있다는 우리의 가설의 정당함을 확인할 수 있을 것이다.

　랑시에르는 분쟁의 의미를 포함한 민주정의 개념으로서 불화의 민주정^{démocratie du dissensus}이라는 개념을 제기한다. "차이의 경제적 소란은 그다지 구별 없이 자본이라든지 민주주의라고 불린다." 이에 그가 대치시키고 있는 것은 분할^{division}이다. 그것은 정치의 '희생자'이자 평등에서 배제되는 '과오'^{tort}에 의해 고통 받는 이들의 모든 '범주'가 만들어 낸 분할이다. 랑시에르는 정치를 다음 두 가지 이질적인 과정과 계쟁^{係爭, litigieuse} 속에서 만나는 것으로 정의한다. 첫 번째 과정은 치안[police]과 정부라고 불리는데, 그것은 "공동체 내부에서 사람들을 조직하는 기능을 담당하고, 그것이 계급에 배분하는 지위와 역할에 대해 사람들이 동의하면서 성립한다."[1] 두 번째는 평등과 해방의 과정으로 그것은 "어느 누구로부터도 누구나 평등하게 취급되어야 한다는 전제에 의해, 그리고 그 전제가 지켜지고 있음을 확인해야 한다는 배려에 의해 인도되는 다양한 실천"[2]으로부터 성립된다. 여기서 말하는 정치와 평등이라는 두 과정은 '과오의 취급'[le traitement d'un tort]에서 만난다. 모든 치안은 지위와 역할을 배분하면서 평등에 관한 과오를 저지르기 때문이다.

해방 과정은 언제나 평등을 거절당한 사람들의 '범주'의 이름, 즉 '노동자, 여성, 흑인 등'[3]의 이름에서 개시된다. 거기서 평등을 요구하는 운동이 시작되지만, 그 운동은 문제가 되는 범주의 사람들의 시위활동에 그치지 않는다. 해방이란 주체화의 과정임과 동시에 '탈자기동일화 또는 탈분류화(탈계급화)[déclassification][4]' 과정이기도 하다. 자신이 다른 사람들과 평등하다는 것을 증명하기를 원하는 주체의 투쟁 논리는 이중성을 수반하기 때문이다. 즉 한편으로 그 주체는 "우리는 시민인가 아니면 시민이 아닌가?"라는 질문을 제기한다. 그러나 그와 동시에, 다른 한편으로 그 주체

1. Jacques Rancière, *Aux bords du politique*, Gallimard, Folio, 2004, p. 112 [자크 랑시에르, 『정치적인 것의 가장자리에서』, 양창렬 옮김, 길, 2013]를 참조하라.
2. 같은 책.
3. 같은 책, p. 115.
4. 같은 책, p. 119.

미국 경찰의 흑인 학살로 촉발된 미네소타주의 '블랙 라이브스 매터' 집회 (2015년 11월 15일)

는 "우리는 시민인 동시에 시민이 아니다"라는 것을 주장한다.

근본적으로 보자면, 이 문제는 정치와 투쟁에 관한 맑스의 혁명적인 개념의 더욱 충실한 변주이다. 즉 계급 모두를 해체하는 계급이라는 문제. 노동자계급은 평등에 관한 과오를 범한 치안에 대항조직을 만들기 위해 활동하는 동시에 자신의 계급을 파괴하기 위해서도 활동한다. 그러나 노동자계급의 전통에서 탈자기동일화가 달성될 수 없는 것은 도대체 왜인가? 왜 노동자계급은 탈계급화의 중심적 역할을 담당하는 대신에 항상 전체를 통일하려는 힘으로서 기능하는 것일까? 왜 노동자계급은 언제나 자기동일화의 중심적 역할을 담당하는 것일까?

이러한 낙담으로 귀결되는 것을 지도자들의 배신 탓이라고 비난할 수는 없다. 랑시에르는, 그것은 근본적으로 주체-노동이라는 패러다임에서 유래한다고 말한다. 그에 의하면, 해방은 탈주하는 것도 탈주시키는 것도 아니다. 저항은 창조하는 것이 아니라 [인민이] 계쟁을 통해 하나의 동일한 세계의 공동소유자임을 확인하는 일이다. 그리고 해방은 [민중이] 하나의 동일한 세계에 소속해 있음을 확인하는 일이다. 단지 그것은 "투쟁에서만 사람들이 모일 수 있는" 세계이다. 평등의 주장은 타자에 대해 "다만 하나의 세계 밖에 존재하지 않는다"는 주장에서 성립한다. 랑시에르에게 정치란 '공통의 장소'를 만드는 것이다. 그곳은 대화의 장소도 아니며 합의consensus를 찾는 장소도 아니다. 그곳은 분할division의 장소인 것이다.

그런데 68년 이후의 정치운동은 "단 하나의 세계밖에 존재하지 않는다"고 생각하는 정치를 부정하는 것에 그 특징이 있다. 들뢰즈의 정식을 흉내 내어 말하면 "정치운동과 특이성이 원하지 않았던 것, 그것은 단 하나의 세계라는 개념이다." 랑시에르가 말하는 '범주'의 하나인 여성운동은, 앞에서 말한 이중의 전략 전개라는 의미에서 이론적으로도 실천적으로도 최대의 발전을 성취한 운동 중 하나이다. 우선 여성들의 운동은 평등을 요구하는 운동의 족적을 충실하게 밟고 있다고 생각된다. 그녀들은 "우리와 남성들은 평등한 존재인가?"라는 문제제기로부터 운동을 개시한다. 그리고 이 문제제기에 대해 "말 그대로, 여성과 남성은 평등하다"고 긍정적으로 회답回答하는 것은, 성별마다 지위와 위계를 할당하는 치안을 거절하고 그것과 투쟁 상태에 들어간다는 것을 의미한다.

'말 그대로'라는 긍정적 회답은, 동시에 치안에 의해 정해진 성별 분할을 해체하는 작업이기도 하다. 그러나 여기에서 랑시에르가 제기한 모델과의 근본적인 단절이 있다. 설령 랑시에르가 주장하듯이 고전적인 정치공간이 분할과 평등의 검증에 의해 정의된다고 해도, 그 정치공간은 다만 하나의 세계밖에 포함하지 않으며 그와 같은 고전적인 정치공간 안에서는 성별 분류의 해체를 행할 수 없기 때문이다. 정치적 주체를 구축하는 것은 '탈자기동일화'를 하는 것이다. 이것이 가능하기 위해서는 가능세계를 증식시켜 서구정치의 근저에 있는 '공유commun와 분배partagé'의 세계에서 달아나는 수밖에 없다. 자기동일성의 할당을 문제로 삼기 위해서는 "단 하나의 세계밖에 존재하지 않는다"는 생각을 믿어서는 안 된다.

포스트사회주의 운동에서 평등을 요구하는 운동은 생성변화의, 즉 이질적인 주체화 과정을 개시하기 위한 조건일 뿐이다. 여성운동에서는 랑시에르가 주장하는 이중의 논리를 바탕으로 남녀가 평등하다는 것을 확인하는 제1의 국면에 이어, 평등을 요구하는 운동에서 정의되었던 성별과 성차에 관한 개념의 경계를 둘러싼 논쟁이 벌어졌다. 최초의 운동에서는 평등의 획득이 목표였지만, 이번에는 다양한 '자기동일성'의 다양화를 목표로 삼는 실천이 전개되었다. 그 실천은 이질적인 주체성을 만들어 내는 과정임과 동시에 생성변화하는 주체성을 만들어 내는 과정이기도 하다. 결국, 그 실천은 다양한 생성변화, 괴물적인 생성변화, 분자적인 '천개의 성'의 실현, 인간정신에 잠재해 있는 무한한 괴물성을 현실화하는 과정인 것이다. 레즈비언, 트랜스젠더, 트랜스섹스, 유색인종의 여성, 게이 ··· . '페미니스트에 의한 페미니스트 비판'은 포스트식민주의 사상과 유색인종 여성들의 사상이 만나 '여성'이라는 주체를 '해체'déconstruction하는 것으로 수렴되고, 이성애라는 단 하나의 관계로 한정되어 있었던 '남성/여성'이라는 두 세계의 올가미에서 탈출했다. '기발한excentriques 주체'(테레사 드 로레티스Teresa de Lauretis), '단편화한fracturées 자기동일성'(다나 해러웨이Donna Haraway), '노마드적 주체'(로지 브라이도티Rosi Braidotti)라는 다양한 개념은 랑시에르가 멈춰 섰던 지점에서 출발한('포스트-자기동일적인 자기동일성'이라는 기묘하고 모순된 범주를 경유하면서), 차이와 반복에 관한 사상과 실천인 것이다.

초기 페미니즘의 성별과 성차에 관한 사고방식은 '평등을 요구하는 운동'의 논리로 구축된 것이었다. 그러나 그러한 초기의 사고방식은 "여성들 내부에서조차 생산되어 왔던, 또는 (재)생산 되고 있는 다양한 권력관계"를 이해하기 위해서는 불충분할 뿐만 아니라 장애마저 되고 있었다. 그 권력관계는 "여성들 사이에, 그리고 여성에 관한 범주 사이에 억압을 만들어 내는 관계이며, 여성들 집단 내부 또는 각각의 여성 내부에 있는 다양한 차이를 은폐하고 억압하는 관계이기도 하다."[5]

'여성'은, 다양한 차이가 전체집단에 속해 있는 한 사람의 주체 안에 용해해 버리는 하나의 '계급'이 아니다. '여성'은 하나의 다양체이고, 하나의 패치워크이며, 하나의 배분적 전체인 것이다. "우리들은 살면서 여성이라는 계급을 해체하는 것에 전력을 다해야 한다… . 우리는 여성이라는 계급으로부터의 탈주자이다. 그것은 탈주한 미국 흑인 노예가 노예제로부터 달아나려고 했던 것과 마찬

---

5. Teresa de Lauretis, *Soggetti eccentrici*, Feltrinelli, Milan, 1999.

가지인 것이다 … ".6

위티그Monique Wittig[프랑스의 페미니스트 작가]가 말하고 있듯이, 거기에는 예전의 노동운동이 '계급이라는 수수께끼'에 빠진 것과 마찬가지로, '여성이라는 수수께끼'에 빠질 위험도 잠재해 있다.

*

야만인은 그 둘 사이에 있다. 즉 그들은 오기도 했다가 가기도 하고, 경계를 넘었다가 되돌아오기도 하며, 훔치거나 강탈하는 것만이 아니라 통합되거나 재영토화되기도 한다. 때로 그들은 제국 안으로 들어가서 어딘가의 영지를 할당받아 용병이 되거나 연방을 만들어 그 땅에 정착하기도 하고, 토지를 점령하여 자신들의 국가를 만들기도 한다(현명한 서 고트인[les sages Wisigoths]). 어떤 때엔 반대로 그들은 유목민 쪽을 향해 가서 그들과 합류하고, 식별 불가능한 존재가 되기도 한다(빛나는 동 고트인[les brillants Ostrogoths]). — 들뢰즈 · 가타리

페미니스트들이 '포스트–자기동일성'이라고 부르는 논리와 실천은 이미 할당된 자기동일성과는 별개의 속성을 구축하는 작업이고 어떤 '생성변화'에의 참가를 의미한다.

이자벨 스텡거스Isabelle Stengers[프랑스의 과학철학자]에 의하면 현대의 실험과학은 이렇게 말하고 있다. 우리는 뉴-트리노neutrino(중성미립자)가 무엇인지 알지 못하며, 그것을 데이터 수집 장치가 보여 준 반응을 바탕으로 기술하는 것도 불가능하다고 말이다. 다른 한편 포스트페미니스트들의 실천은 이렇게 쓰고 있다. 우

---

6. Monique Wittig, *La Pensée straight,* Balland, 2001, p. 63.

리는 신체가 무엇인지는 알지 못하지만, 그러나 우리는 배치를 구축하는 것을 통해서, 그리고 다양한 장치와 언표, 기술을 사용하여 신체에게 질문하고 신체를 '물음과 대답'의 영역 속으로 들어가게 함으로써 신체의 힘들과 잠재성을 보여 주는 것은 가능하다고 말이다.

이와 같은 관점에서, 프래그머티즘의 용어를 사용하면, 정치란 일종의 검증작업이고 실천이라고 말할 수 있다. 정치는 쫓겨서 저항에 참가하는 것도 아니고 공통적 존재에 관한 '항상적'으로 '불변'인 정의에 멈추는 것도 아니다. 사태에 촉발되어 평등을 요구하는 활동에 참가하는 것 또한 사건의 정치, 즉 생성변화의 정치, 실험으로서의 정치에 바탕을 두지 않으면 안 된다는 의미에서의 정치인 것이다.

생성변화란 잠재성과 사건에 관한 문제만이 아니라 장치와 기술, 언표에 관한, 즉 사건을 구성하는 요소의 다양체에 관한 실천적이고 실험적인 문제이기도 하다. 그래서 생성변화라는 개념은 우리가 '제도'라는 일반적인 이름으로 부르고 있는 것의 구축을 포함하고 있는데, 이 경우의 '제도'는 이미 구축된 권력의 제도와 동일시 될 수 없다. 실제로 제도를 둘러싼 역설paradox은 중요한 문제이다. 생성변화에 의한 운동과 균열, 탈중심성, 단편화의 상태가 바람직하다면, 제도 또한 그러한 상태가 되어야 하기 때문이다.

1968년 이후의 서구사회에서는 임금노동자의 수가 비약적으로 증가했음에도 불구하고, 그들은 이미 계급의 제도들(노동조합, 정당 등)을 완전히 신용하지 않게 되었다. 이와 마찬가지로 새로운 '성적 자기동일성'도 이항 대립적인 제도들 — 예를 들면 남녀평등과 남성과 '동등'한 선거권을 요구하는 등 비록 '민주적'이고 '정치적으로 올바른' 제도였다고 해도 — 로부터 달아나고 있다.

다양체의 '분자'는 '몰'적인molaire 계급과 그 조직형태에서도, 이성애의 이항 대립적인 분절segmentation에서도 보이지 않는다.[7] 다양체의 분자적 배치는 가능세계의 창조와 현실화의 역동성에 어울리는 장치와 제도를 탐구하고 실험하는 것이다.

68년의 정치운동 이후, 우리는 제도를 두 개의 종류로 나눌 수 있을 것이다. 한쪽은 이미 설립된 제도로서, 그것은 기존의 것(계급과 성별의 이항 대립, 소수자를 노예화하는 재생산)을 단순하게 재생산하는 것 이외에는 바라는 것이 없다. 다른 쪽은 투쟁 속에서 생기는 제도로서, '반복'에 관계된 것으로서의, 즉 새로운 것의 생산이 행해지는 층으로서의 제도, 차이의 캔버스로서의 제도이다.

첫 번째의 재생산 제도는 잠재성에서 분자적 배치를 분리하는 것으로, 실재réel를 순수한 현실성actualité으로밖에 생각하지 않는다. 그와 반대로, 두 번째인 반복의 제도들은 분자적 배치에 일관성을 부여하면서, 그것을 재생산하는 것이 아니라 다양체화하고, 분자화하며, 다양한 가능세계로의 길을 연다. 반복의 제도에서 실재란 현실적인 것임과 동시에 잠재적인 것이기도 하다.

---

7. 우리는 들뢰즈와 가타리의 제안에 따라 다양체에 내재하는 무한소의 차이를 '분자'라고 부르고, 그것에 비해 다양체를 외재적 관점에서 고찰할 때에 적용되는 큰(macro)틀을 '몰(mole)이라고 부르고자 한다.

그 영토를 만들기 위해, 분자적 배치는 이미 잘 알려져 있는 기존의 역할과 작용 안에 현실의 역동성을 고정하는 일은 하지 않는다. 즉 정당과 노동조합과 성규범처럼 모든 문제를 기존의 커다란 틀 속에 밀어 넣는(예를 들면 급여생활자/실업자, 이성애자/성적 소수자라는 기존의 다수자 모델에 밀어 넣는) 일은 하지 않는 것이다.

여기서 우리가 직면하고 있는 것은 현대 정치운동의 근본적인 새로움이다. 왜냐하면, 그 운동은 두 종류의 제도 사이에서 대립과 반목을 일으키고 있기 때문이다. 한쪽에는 다수자의 모델이나 가치기준, 척도를 창조하고 재생산하는 제도들이 있다. 다른 쪽에는 실험과 강화, 생성변화로서의 정치를 설립하기 위한 조건을 창조하고 반복하는 제도들이 있다.

통제사회에서 우리가 직면하고 있는 것은 다수자 모델의 복수성이다('현대 미국 또는 유럽에 사는 성인 남성으로 백인 기독교도'라는 모델과 텔레비전 시청자, 임금노동자, 시민적 지위 모델 등). 그 모델들은 인간 활동의 다양한 영역에 영향을 미치고 있다. 시민, 시청자, 임노동자, 성인인 백인 남성 등은 전부 무엇인가의 '다수자'의 명칭이다. 그러나 그 명칭은 사람 수가 더 많은 층을 의미하는 것이 아니다. 이들 '다수자'는 다른 층의 사람 수를 측정하기 위한 기준이 되는 층을 의미하며, 수량적으로는 더욱 적은 층을 가리킨다. 예를 들면 '50세 이하의 주부'는 텔레비전 시청자의 최대 층을 점하고 있지 않다. 그러나 이미 이 책 3장에서 말했듯이, 마케팅 기술에서 만들어 낸 그녀들의 욕망과 믿음은 모든 텔레비전 프로그램 편성이 정해지는 기준이 되고 있는 것이다.

그와 반대로 '소수자'가 지칭하고 있는 것은 무엇보다도 우선 욕망이다. 즉 그것은 집단의 크기와는 관계없는, 다수자에서 배제된 사람들의 운동이다. 확실히 그 운동에는 다수자에 포섭되어 있는 측면도 있다. 그러나 포섭이라고 해도, 그것은 법을 정하여 다수자를 고정화한 가치척도에 의해 부분적으로 포섭되어 있다는 의미밖에 없다.

우리가 여기서 보여 주고 있는 것은 주체화의 두 개의 다른 과정이다. 즉 하나는 다수자적인 주체화이고, 그것은 이미 역사적·구조적으로 설립된 권력 모델을 향하는 과정이다. 또 하나는 소수자적인 주체화로서, 그것은 항상 다수자의 척도가 정해준 전형적인 틀로부터 과잉과 결여에 의해 달아나는 과정이다. 고대의 민주정과는 달리, 현대의 민주정에서 권리는 만인을 위해 있다. 그러나 이 '만인을 위해'라는 말은 민주정의 다수자형 모델과 생성변화형 모델 사이에서 각각 다른 의미를 가리킨다.

다수자형 민주정의 경우 '만인을 위해'라는 말은, 소수자는 다수자의 가치척도 안으로 통합되거나 또는 그로부터 배제되거나 (시민생활이나 텔레비전 방송, 급여 규범 등으로부터의 배제) 그어느 한쪽을 의미한다. 생성변화형 민주정의 경우 '만인을 위해'라는 말은 통합도 배제도 의미하지 않는다. 거기서는 다수자로서 받아들여야 할 모델이 전혀 존재하지 않아서, 만인이 소수자로, 또는 적어도 잠재적 소수자로 생성변화하기 때문이다. 실제로 우리가 민주정의 기준인 '만인'과 만나려고 한다면, 그것은 생성변화에서만 가능할 뿐이다. 소수자로 생성변화한다는 것은 권력이 할당한 역할로부터 달아나는 것이기 때문이다.

여성들이 지배로부터 달아나기 위해서는 소수자로 생성변화하는 수밖에, 바꾸어 말하면 다수자에 종속하지 않는 다양체가 되는 수밖에 다른 길이 없다. 설령 그녀들이 반항했다고 해도 '제2의 성'이라는 다수자적인 자기동일성으로 환원되어 버린다면 해방이란 있을 수 없다. 해방되기 위해서는 여성으로 생성변화하는 다양체 속으로 스며들 필요가 있다. 다수자는 소수자적인 생성변화가 만들어 내는 '만인을 위한' 다양체와는 관계가 없다. '보편적'인 것, 진정한 '만인을 위해' 있는 것, 그것은 소수자로의 생성변화에 의해 달성된다. 다수자의 모델로부터 탈주하여 무한하게 변용하는 양태 안에서만 우리는 운동의 다양체와 만날 수 있다.

그래서 또 하나의 선택지는 보편주의와 공동체주의 사이가 아니라 '만인을 위한' 이해와 실천을 둘러싼 두 가지 다른 방법론 사이에 있다. 국가, 정당, 노동조합, 문화산업, 소통 산업, 국가제도 등의 기관은 만인을 위한 권리나 만인을 위한 편의(즉 교육, 임금, 문화, 소통 수단의 취득)를 도모하면서 자기동일성을 할당하고 객관적인 전체성을 만들어 내는 장치다("당신이 그러한 권리를 가지고 있는 것은 당신이 그러한 인물이기 때문이다"). 이렇듯 그 기관들은 다수자의 모델을 만들어 낸다. 그와 같은 방식으로 그 기관들은 통합과 배제의 변증법을 체계화하고 재생산한다. 결국 다수자와의 관계에서 사람들은 통합되기도 하고 배제되기도 한다.

그러한 방법론과는 달리, 또 하나의 '만인을 위한' 존재방식을 이해하고 실천하기 위한 방법론이 현대의 투쟁에서 생겨나고 있다. 그것은 예를 들면 여성운동에서, 신자유주의적인 지구화에 대한 반대운동의 몇 가지 흐름에서, 또는 프랑스에서의 다양한 운동의 결합에서 생겨났다. '만인을 위한 권리'의 의미를 전도시키는 것은 하나의 자기동일성을 정의하는 것에서 출발하는 것이 아니라 다양체의 분자적 배치 안에서 여러 가지의 자기동일성을 해제하는 것에서 출발해야 한다. 즉 "우리는 이러한 인간이기 때문에 이 권리를 가지고 있다"고 말하는 것이 아니라 "우리는 다른 존재로 생성변화하기 위해 이 권리를 가지고 있다"고 말해야 한다. 이러한 새로운 투쟁은 분자와 몰이라는 두 개의 레벨 사이에 횡단성을 가져오고, 몰적인 조직에 분자적 틈새를 집어넣으며, 그 전체를 분자로 되돌리기 위한 장치와 실천, 제도를 만들어 낸다.

변형과 생성변화, 돌연변이mutation는 몰과 분자 두 층위 사이에서 일어나고 확산된다. 그것은 로마 제국이 붕괴했을 때의 야만인처럼 경계를 거듭 돌파하고, 다수자 모델이라는 몰적인 조직에 틈새를 만들고 분자를 해방하면서, 즉 주체성의 창조 과정을 개시하면서 실현된다. 그 투쟁은 복수의 이질적인 평면들을 횡단한다. 그러나 그 투쟁은 미시macro와 거시micro 사이, 몰과 분자 사이의 긴장을 구축하면서 출발했던 것, 그곳에서 복수의 이질적인 평면들을 구성하고 문제를 제기하면서, 그 평면들을 구성하는 권력관계를 변형하고 다양한 실험을 행하기 위한 조건을 창조하는 것이다.[8]

로스앤젤레스 국제 여성의 날 집회 (2017년 3월 5일)

우리가 여기서 언급하고 있는 '자기동일성'에 대한 비판은 들뢰즈와 가타리의 선구적 저작 이후 랑시에르가 질문하기 시작한 것이다. 그러나 들뢰즈와 가타리의 논의는 랑시에르와는 근본적으로 다른 정치적 관점에서 전개된다. 즉 그들은 다양체의 정치라는 관점에서 논의를 전개하고 있는 것이다. 그것은 정치를 차이에 의해 실효화되는 구성적 과정으로서 포착하는 관점이고, 가능세계의 증식과 소수자로의 생성변화를 통해 권력에 의한 자기동일성의 할당과 다수자 모델을 해체하는 것으로서 정치를 사고하려는 관점이다.

그렇지만 반대로 랑시에르는 예전의 노동운동이 빠진 올가미,

---

8. 아마 여기에서 '다중'(multitude)의 이론(네그리와 비르노)에 대한 문제점을 강조해 둘 필요가 있을지도 모른다. 사실 다중이 존재하기 위한 조건이 기준의 바깥에 있기 때문에 측정불가능성(네그리)에 있다면, 그 활기찬 과잉의 '기준'이 되는 것은, 유일하게 생성변화하는 다양체밖에는 없을 것이다. 네그리는 다중의 행동은 도망하는 것에 그 특징이 있다고 쓰고 있지만, 그 도망은 생성변화의 형태 아래에서, 또는 영토(들뢰즈가 '세계를 신뢰하는 것'이라고 부르는 것)가 나날이 변형하는 형태 아래에서밖에 지각되지 않는다. 그 이외의 도망에 관한 모든 메시아적 개념은 별개의 존재방식을 기대할 수 없어서 무력한 상태에 빠지든지, 다수자의 새로운 기준을 다시 만들어 내든지 그 어느 쪽으로 사람들을 향하게 할 뿐이다. 그래서 '좋은 다중'과 '나쁜 다중'을 구별하는 유일한 방법은 그것이 생성변화를 향하는지 어떤지를 확실하게 하는 것이다. 즉 소수자로부터 다수자로 변형하는 것, 또는 만인이 소수자로 생성변화하는 것은 다중이 나아가야 할 방향이지만, 거기에는 가능성과 함께 대립이 기다리고 있다. 만약 '다중'이라는 용어가 다양한 특이성으로부터 이루어진 강고한 다양체를 의미하는 것이라면 그것은 소수자의 다양체 이외에는 의미하지 않는다. 왜냐하면 소수자로의 생성변화는, 다양한 가능세계가 통일되는 것 없이 증식하는 것과 그 생성변화 과정에 만인이 함입(陷入, l'implication)되는 것 이외에는 보증할 수 없기 때문이다.

포스트페미니즘 운동이 벗어나고자 하는 올가미를 다시 만들어 내려고 한다. 랑시에르에 의하면 "정치의 본질은 대립을 표명하는 것, 하나의 동일한 세계 안에 '불화'에 의해 대립하는 두 개의 세계가 존재하는 것을 드러내는 것에 있다."[9] 확실히 포스트페미니즘 운동에서 정치란 '불화'를 표명하는 것이다. 다만 그것은 다양체의 세계를 만들어 내고, 단 하나의 동일한 세계 안에서는 공립 불가능한 복수의 세계를 연속적으로 분기시켜 가기 위해서이다. 양자의 차이는 명확해서, 그것은 현대의 운동과 예전의 전통적인 노동운동과의 거리를 뚜렷하게 드러내고 있다.

사람들은 서구의 전통적인 정치공간 안에서 자기동일성과 평등성밖에 인식하지 않고 있다(즉 "우리들은 여성이고 남성과 평등하다"). 그러나 다양한 가능세계의 증식을 인정하지 않는다면, 평등은 단순히 사람들을 자기동일성과 통일체 안으로 통합하기 위한 수단에 불과하게 된다. 진정한 해방을 가져오기 위해서는 차이의 정치를 바탕으로 평등의 의미를 전도시켜야만 한다. 이 차이의 정치란, '자본과 민주주의의 소란'이 아니라 대립하면서 다양하게 존재하려는 세계를, 여러 주체성을, 타자에의 생성변화를 발명하고 실현하려는 정치이다.

여기에서 중요한 것은 투쟁의 두 가지 영역, 즉 평등을 둘러싼 투쟁과 차이를 둘러싼 투쟁의 영역을 대치시키는 것이 아니다. 그보다 중요한 것은 평등을 둘러싼 투쟁이 차이를 둘러싼 투쟁이

---

9. Rancière, *Aux bords du politique*, p. 244.

전개되기 위한 일종의 존재론적 조건이며 토대라는 것을 알아두는 것이다. 확실히 포스트사회주의의 운동은 평등을 손에 넣기 위해 싸우고 있다. 그러나 그 이유는 차이의 정치를 실현하기 위한 전제 또는 조건으로서 평등이 필요하기 때문이다.

랑시에르에 의하면 '치안'은 억압적인 권력이 되기 이전부터 다양한 운동에서 투쟁 대상이지만, 그와 같은 '치안'은 무엇보다도 "볼 수 있는 것과 볼 수 없는 것, 말할 수 있는 것과 말할 수 없는 것과의 구별을 미리 규정하는 것에 의해 사람들 사이에 개입하는 형식"[10]이다. 그러나 단 하나의 가능세계밖에 존재하지 않는다고 사람들이 믿고 있는 한, 볼 수 있는 것과 말할 수 있는 것을 정의하기 위한 투쟁이 확산될 수 없다는 것은 이미 명확하다고 생각된다. 볼 수 있는 것과 말할 수 있는 것, 즉 감각을 둘러싸고 전개되는 투쟁의 성질과 그 갖가지 형태를 명확하게 한 것은 랑시에르가 아니라 오히려 바흐친이다. 그와 같은 투쟁은 볼 수 있는 것과 말할 수 있는 것이 '치안에 의해' 미리 규정되는 것을 거부하는 것만으로는 만족하지 않고, 다수의 다양한 새로운 언어와 의미, 언표형태를 발명한다. 그것들은 '치안'의 영향을 받지 않은 복수의 세계인 것이다. '치안'에 대한 거부는 투쟁의 최초의 평면에서만 행해진다. 그때 투쟁은 항상 다음의 평면으로, 즉 저항과 발명의 평면으로 넓어져 간다.

---

10. 같은 책.

*

　프랑스의 포스트사회주의 운동에서는, 활동이 앞에서 말한 두 평면에서 동시에 전개되고 있다(즉 권력에의 저항과 함께 다양체를 전개하고 있다). 그 활동에서 흥미 깊은 장치 중의 하나로 '연대조직'coordinacion이 있다. 특히 '일 드 프랑스Ile-de-France 11의 엥떼르미땅과 불안정생활자들'의 운동은 1990년대에 들어 최종적으로 더욱 성공한 연대조직(간호사, 학생, 철도원, 실업자, 교사 등으로 이루어진)이 되었다. 그리고 이 연대조직은 다양한 투쟁형태 모두를 하나의 흐름으로 결합했다.

　그런데 연대조직에서의 사고와 활동이 하나의 정치적 자치의 이론을 바탕으로 하거나 고전적 맑스주의의 접근approche을 받아들인다든지 정당과 노동조합의 규칙을 적용하거나 한다면, 즉 단 하나의 가능세계의 논리에 지배된다면, 거기에서는 모든 것이 불가능하게 되어 버린다. 실제로 연대조직에서의 창조와 실현, 활동, 조직화의 역동성은 신모나돌로지의 양태를 바탕으로 하여 전개되고 있다. 거기서의 활동은 가능세계를 증식하고, 일원一元적인 합의를 피하는 동시에 공유된 동일 세계를 분할하지 않는 방식으로 행해지고 있다.

　엥떼르미땅은 포디즘의 흐름에서 작업하고 있는 공장노동자

---

11. [옮긴이] '일 드 프랑스'는 프랑스 북부에 위치한 행정구역으로, 프랑스의 수도인 파리가의 중심 도시이다.

들과 같은 방식으로 저항하거나 활동하지 않았다. 그 이유는 공장노동자가 공장의 오래된 협동 조직의 매듭 속에 묶여 있는 것에 비해서 엥떼르미땅은 뇌의 협동으로 이루어진 조직형태 또는 통제 형의 조직형태 안에서 일하고 생활하고 있기 때문이다. 음악·영상 산업과 문화산업은 엥떼르미땅을 고용하여 성립하지만, 이미 말했듯이 그 산업들의 힘은 뇌의 협동을 포획하면서 성립한다. 엥떼르미땅은 그 산업들에서 유연한flexible 부분을 구성하고 있는 것만이 아니라 더욱 불안정하고 가난한 생활을 강요받는 인터페이스가 되고 있다. 즉 음악·영상산업과 문화산업은 엥떼르미땅이라는 인터페이스를 통해 사람들에게 일종의 '미의식'을 강요하고 정동과 믿음, 욕망의 창조와 실현을 행함과 동시에 그것들을 창조하고 재생산하는 권한을 확보한다. 이미 3장에서 보았듯이, 그 산업들이 만들어 내는 '미의식'은 매우 빈약하다. 그 산업들이 창조하고 실현하는 '다양하고 이질적인' 욕망과 믿음은 실제로는 동일한 다수자 모델을 변주한 것에 지나지 않으며, 자본의 가치증식 논리에 뚜렷하게 종속되어 있기 때문이다.

이 거부, 즉 엥떼르미땅들의 '부정'non(예를 들면 '더 연주하지 않는다')은 그들이 지금까지 통제사회의 조직 사이에서 지켜왔던 관계를 기우뚱하게 만들었다. 그들은 모호한ambigu 관계(냉소적이든 참여적이든, 또는 오만하거나 반항하는 관계에서도, 항상 개인주의적인 관계)에서 우리가 사건의 이론을 바탕으로 '문제제기적'problématique이라고 부르는 관계로 이행했다.

연대조직에서 뇌의 협동의 모든 힘들(배치의 힘, 흐름과 네트워크의 이접과 조정의 힘, 새로운 것을 구성하는 양태와 능력, 공중을 창조하고 실현하는 힘)은, 소통 산업과 문화산업에 전유되고 착취되는 대신에 투쟁의 원동력으로서 기능한다. 그러나 이렇게 권력 장치를 전도시키는 것은 또 하나의 과정 – 예견할 수 없고, 위험을 수반하며, 그리고 가능성에 열리는 과정 – 의 시작일 뿐이다. 그것은 다양체를 구축하면서 통제사회에 의해 전유되고 사유화되었던 것을, 즉 뇌의 협동의 공통적 창조와 공통적 실현을 다시 사람들의 손에 되찾아오는 과정이다.

여기서 사건의 이론으로 되돌아가자. 연대조직의 성립을 가능하게 하는 것은, 오래된 관례에 대한 투쟁이라는 사건이다. 사람들은 사건 속에서 참을 수 없는 것l'intolérable과 함께 새로운 가능성을 본다. 그리고 사람들은 이 참을 수 없는 것을 해체하고 새로운 삶의 가능성에 형태를 부여한다. 그러나 거기서 형태를 부여받은 가능성은 일종의 실재성을 가지게 되어도, 아직 그 시점에서는 정신 안에서 표현되고 있는 상태에 지나지 않는다. 사람들은 참을 수 없는 것을 해체하면서, 노동조합의 투쟁이라는 정해진 코드화한 형태(의례화한 데모와 집회)에 발을 들여놓으면서도 스스로 새로운 활동형태를 발명한다. 거기서 오는 긴장과 강도는, 기업사회에 의한 명령의 네트워크를 정체시키고 타파하는 방향으로 사람들을 점차 이끈다. 연대조직이 경제, 노동, 사회법의 '규제완화'déréglementation에 대치시키는 것은 갈등conflit의 '규제완화'이다. 이 갈등의 '규제완화'는 권력이 소통 산업의 네트워크 내부까지, 즉 표현기계의 내부까지 조직하게 되었기(텔레비전 방송의 중지, 광고 공간에 의한 포위, 신문 편집부에의 개입) 때문에 일어난 것이다. 하지만 고전적인 노동조합은 이를 무시한다는 커다란 오류를 범하고 있다.

노동조합에 의한 시간적·공간적인 대규모 동원(파업)에 비해, 연대조직은 그것과 대립하지 않으면서, (다수의 참가자와 다종다양한 목적을 만들어 내는) 다양한 행위를 (개최와 실천의 빈도와 속도가 산출하는) '긴장된 흐름'과 결부시킨다. 이 활동은 가동적이고 유연하게 변조하는 자본주의 생산조직 – 거기에서 표현기계는 '생산'의 구성요소가 되고 있다 – 의 내부부터 영향을 줄 가능성이 있다.

만약 참을 수 없는 것의 해체가 행위의 다양한 양태의 발명을 의미한다면, 사건이 가져온 감각 양식의 변형은 또 하나의 과정 – 즉 다양체의 창조와 실현이라는 '문제제기적'인 과정 – 이 시작하기 위한 조건일 것이다. '문제제기적'이라는 것은 연대조직의 생명이고 본질이다. 투쟁에 참가한 다양한 주체성은 이제 존재하지 않는 오래된 감각과 아직 존재하고 있지 않지만 감각 변형의 다양한 양태 아래에서 언제 일어날지도 모르는 새로운 감각 사이에 놓이는 것이다.

연대조직은 집단적 전체가 아니라 배분적 전체이다. 그것은 네트워크와 패치워크로부터 이루어진 일종의 건축술, 또는 특이성에 관한 지도제작법에 기반하고 있다(연대조직은 다종다양한 위원회와 발의자, 논의와 토론의 장, 정치집단과 노동조합 활동가, '문화와 예술'에 친화적인 네트워크, 친목 네트워크로부터 성립되며, 기능도 직업도 다양한 사람들로 구성되고 있다). 제 요소가 각각 다른 속도와 목적을 가지고 조직이 만들어지거나 또는 해체되는 것이다.

여기서 개시하는 다양체의 구성적 과정은 유기적인 과정이 아니라 논쟁적이고 대립적인 과정이다. 이 과정에서는 한쪽에 '치안'이 관리하는 자기동일성과 역할, 지위에 절망적으로까지 붙잡혀 있는 개인과 집단이 있지만, 다른 쪽에는 그러한 것들을 근본에서부터 변조하는 과정에 참가하는 개인과 집단이 있다. 사람들의 다채로운 발화가 유통될 때, 거기에서는 화려한fulgurantes 정치적 환상이 생길뿐만 아니라 공중의 여론을 통해 다양한 믿음이 반복되면서 고정관념이 발생하기도 한다. 거기에는 한편에 보수적으로 일을 행하고 말하는 수법이 있고, 다른 편에는 다양한 개인과 집단이 배분되면서 동일한 개인과 집단을 횡단하는 혁신적인 수법이 있다.

일 드 프랑스의 연대조직인 '엥떼르미땅'을 지칭할 때 '불안정생활자'précaire라는 말이 부가되었다. 그렇게 이름 붙여진 사람들은 매우 열정passions적으로 활동하고 발언을 거듭했다. 그 사람들이 '불안정생활자'라는 것은 사실이고, 그것을 확인할 수도 있다(나아가 실업수당을 받고 있는 엥떼르미땅보다 받지 못하는 엥떼르미땅 쪽이 더 많다. 그리고 새로이 규정된 기준은 모든 점으로 보아 실업수당을 받고 있는 엥떼르미땅의 35%에 상당한 사람들을 불안정생활자로 변화시켜 버렸다). 엥떼르미땅 이외의 사람들도 '불안정생활자'라는 말을, 즉 권력에 의한 자기동일성의 할당(예를 들어 실업자, 에레미스트*érémiste*[12], 이민 등과 같은 방식)을 전도시켜, 자신들을 괴롭히고 있는 분류 방식을 부정하는 것으로서 기쁘게 받아들이고 있다. 다른 한편으로, 불명료하고 부정적인 자기동일성을 권력에 의해 할당받아 고통 받고 있는 사람들 속에는 '예술가'나 '무대연출(스펙터클) 전문가' 등의 안정된 자기동일성을 요구하고 있는 사람들도 있다. 그러한 자기동일성이 단순한 분류 명칭에 지나지 않아도, 그들의 정신에 있어서는 긍정적인 의미를 가지고 있다. 사람들이 '예술가'나 '전문가'에 동일화하는 것은 가능하지만, '불안정생활자'에 동일화하는 것은 가능하지 않기 때문이다. 또 달리 '불안정생활자'라는 낱말*mot*이 매우 애매하고 다의적이기 때문에, 이 말이 '무대연출'이라는 틀을 넘는 다양한 상황을 만들어 내고, 권력에 의한 분류로부터 탈주하는 생성변화를 가져올 가능성을 창출하는 데 유용하다고 생각하는 사람들도 있다. 나아가 다른 사람들은 '존재론적 불안정'을 가져오는 '경제적 불안정'을 고발한다. 다른 사람들은 '불안정생활자'라는 낱말이 권력에 의한 분류와 할당, 자기동일성을 혼란시키는 장이며(이 낱말이 예술가임과 동시에 불안정생활자이고, 전문가임과 동시에 실업자이며, 내부와 외부를 왔다 갔다 하면서 한계상황에 있는 위기의 사람들을 지칭하기 때문에), 관계들이 충분하게 코드화되지 않게 된 장이라고 생각한다. 이 낱말은 정치적 종속과 경제적 착취의 원천도 되지만 그와 동시에 사람들에게 이용할 만한 기회도

---

12. [옮긴이] 실업보험이 끊긴 실업자를 의미한다.

되는 모순된 의미를 가지고 있는 것이다.

그래서 '불안정생활자'라는 말은 '문제제기적'이란 명칭에 꼭 들어맞는méme 예라고 말할 수 있다. 그 용어는 새로운 질문을 제기함과 동시에 새로운 답을 요구하고 있기 때문이다. 노동자와 프롤레타리아트라는 명칭은 보편적인 넓이를 가질 수 없었다. 그 이름들은 예전에는 상황을 뛰어넘는 역할이 부여되었을지도 모르지만 결국 권력에 의해 단지 부정적인 존재로 불릴 뿐인 명칭이 되어 버렸다.

'불안정생활자'라는 정치적 종속과 경제 착취의 무기를 무력화해야 한다는 말에는 누구나 동의할 것이다. 그러나 여기서 말한 '무력화'가 도대체 어떤 의미인지, 그것이 어떻게 행해지는지, 무력화 이후에 무엇이 있는지 등을 둘러싸고 사람들 사이에 분할이 발생한다.

이 '불안정생활자'라는 말은 미리 준비된 여러 가지 회답回答에 대해 여러 문제를 제기하고 있지만, 사람들이 그 문제들을 뇌리에서 쫓아버리는 일도 가능하다. 즉, 생활의 불안정성에서 야기된 문제를 안고 있는 미지의 상황을, 기성 제도에 의해 이미 알려진 표현 형태를 부여받은 것으로 생각해 버리는 것도 가능하다. 예를 들면 그것은 급여생활자와 노동(혹은 고용)의 권리, 고용에 대한 사회보장을 받을 권리, 경영조직과 노동조합조직의 대등한 민주주의적 관계라는 이미 만들어져 있는 틀로 문제를 정리해 버리는 것이다. 그러나 사람들은 활동과 시간, 부, 민주주의에 대한 새로운 관계에 어울리는 새로운 권리를 발명하고 확산시킬 수도 있다.

다만 그 새로운 관계는 지금 불안정생활자들의 상황 안에서 대부분 부정적인 형태로, 잠재적으로 존재할 뿐이다.

경제의 문제, 그리고 보장제도나 대표제도 및 그것의 존재양식과 같은 '사회'의 문제는 완전히 정치적인 분류classification의 문제이며, 우리는 그 문제가 다음과 같은 다른différents 주체화 과정과 관련되어 있다는 것을 알고 있다. 즉 한쪽에는 자본-노동관계라는 기존의 주형에 주체성을 끼워 넣고, 예술과 문화를 그 '예외'로서 살게 만드는 과정이 있고, 다른 쪽에는 노동과 예술(또는 문화)이라는 개념을 변신시켜 종래와는 다른 '예술가'와 '전문가'의 정의를 도입하면서 그 문제들이 제기하는 생성변화로 길을 여는 과정이 있다. 한편으로 우리는 '불안정'한 사람들, 즉 아직 코드화되어 있지 않은 사람들을 이미 제도화되고 규범화된 대립관계 안으로 회수할 수 있다(혁명기의 많은 정치혁명에서도 그랬다!). 다른 한편으로 우리는 '불안정생활자'를, 생성변화하는 자기동일성을 향한 투쟁을 개시할 좋은 기회로 삼을 수도 있다.

불안정한 사람들을 위한 권리의 발명은 단 하나의 세계밖에 가능하지 않다는 입장에서라면 모순된 행위다. 그 행위는 생성변화와 영속성(존재)을, 바꾸어 말하면 차이와 반복을 동시에 전제하고 있기 때문이다. 그러한 상황은 '예술가'로서는 오히려 매혹적이기까지 하다. 그 상황이 도래했을 때, 사람들은 "예술과 문화가 존재하는 것이 아니라 다양한 예술적 실천과 문화적 실천이 존재하는 것이어서, 사람들은 그 실천들에 의해, 그 실천들을 바탕으로 구별되는" 것을 인식할 수 있기 때문이다. 그리고 예술적 실천이 사람들을 나눈다면, 권리는 그 사람들을 통합할 것이다.

권리란 평등의 물질적 조건에 관한 정의이다. 그리고 권리는 만인을 위한 것이다. 그러나 평등은 평등 그 자체를 위해 있는 것은 아니다. 즉 평등은 그 자체를 목적으로 하지 않는다. 평등은 차이를 위해, 모든 사람들의 생성변화를 위해 있어야 한다. 그렇지 않다면 평등은 다양성을 파괴하는 집단주의가 되고, 다양한 주체성의 평균치, 즉 평균적인 주체성(다수자)을 만드는 것으로 전락할 것이다. 평등과 차이가 배치 속에서 행복한 방식으로 결합하는 것은 양자가 어떤 주체성의 구축 과정으로부터 성립하고 있을 때이며, 불안정하고 단편화한, 탈중심적이며 노마드적인 정체성 identité으로부터 성립하고 있을 때이고, 모든 사람들의 생성변화로부터 성립하고 있을 때이다.

*

연대조직에서는 다양한 행동방식, 말하기 방식이 나타난다. 그 조직들은 아마추어 조직으로서 전개되기도 하지만 '전문가 집단'expertises collectives(CIP-idf[13]가 그렇게 불리고 있다)으로서 전개되기도 한다. 하지만 모두 '객체'와 '주체'를 산출하려고 하는 점에서 공통적이다. 아마추어 조직이든 전문가 조직이든 그들 조직의

---

13. CIP-idf : '일 드 프랑스의 엥떼르띠땅 및 불안정생활자의 연대조직'(Coordination des intermittents et précaires d'Ile-de-France)의 약칭.

활동들의 역할은 물음과 대답을 증식시키는 것에 있다.

정부가 제안하고 있는 실업기간 중의 생활보장 모델과는 다른 모델을 만드는 것은 다양한 전문가 집단 활동의 하나이다. 그 활동은 무대연출이라는 특수한 직업의 실천에서 시작하여 마침내 사회 전체와 관계하는 활동이 되었다.

엥떼르미땅의 활동은 다양한 이질성으로 이루어진 일시적인 배치이다. 그것은 단순히 물질적인 의미만이 아니라 정신적인 의미에서도 창조와 구성, 재생산을 위한 시간 또는 고용 중의 시간으로부터 성립한다. 결국 그 활동은 '충만한'pleins 시간, '공허한'vides 시간과 관객과 관계하는 시간, 노동하는 시간으로부터 성립한다.

국가회계, 기업회계, 그리고 사회보장의 회계에서는 고용시간밖에 고려되지 않는다(그와 같은 태도는 아담 스미스의 침 공장과 칼 맑스가 기술한 공장에 적용되는 논리에 기반하고 있다). 더구나 그들의 회계에서 고려되는 시간은 엥떼르미땅의 활동 시간에서 기업에 의한 고용시간뿐이고, 그 이외의 시간(기록에 남지 않은 시간)을 기업은 무료로 손에 넣는다. 기업은 마치 기업이 고용하고 있는 시간과는 별개의 시간이 어디에도 존재하지 않는 것처럼 엥떼르미땅을 취급한다. 그러나 비고용 중인 시간이 없다면 고용 중인 노동시간도 있을 수 없다.

엥떼르미땅이 이질적인 시간의 배치를 가능하게 하는 경제적 장치와 제도적 장치를 발명하는 것을 문제 삼는 것만은 아니다. 그들이 특히 문제 삼는 것은 탐욕적인 기업으로부터 몸을 지키고,

공중을 구성하는 다수자의 논리에 대항하는 방법을 발명하는 것 (결국 두뇌의 오염에 대항하는 것)[14]이다.

개인의 이익이 비록 급여(엥떼르미땅이 제안하고 있는 모델은 상호부조와 더 공정한 재배분une redistribution plus juste을 확립하기 위해 고액소득자의 보상 감액la diminution des indemnisations을 전제로 하고 있다)라는 형태를 가진다고 해도, 그것은 집단적 권리 수립 이라는 목적보다 하위에 놓여야 한다. 또한 그 권리는 모든 성원 이 영속적으로 표현활동을 할 수 있고 보다 안정적인 상태로 활 동할 수 있으며 자율성을 높일 수 있다는 것을 보증해야 한다.

자본주의의 계획은 사회적 존재로서의 노동자의 존재방식을 잃게 만드는 데 그치지 않고, 노동자 활동의 의미와 내용에도 공 격을 가한다. (자본주의의 계획에서는) 상호부조가 단순히 사회적 위험risk이라는 관점에서만이 아니라 기업의 활동내용과의 관련에 서도 사고된다(그래서 의미로서는 후자 또한 '리스크'이다). 경제적 보장과 생산내용 사이의 관계는, 예전의 포디즘 시대에는 단순한 급여인상의 요구로 나타나서 중시되지 않았지만, 연대조직에서는 (그 관계가) 사회 방위의 중심장치로서 힘 있게 채택되었다. 경제 영역과 의미 영역은 긴밀하게 결부된다. 이 두 영역은 경제적 불안 정화를 막는 (즉 수입과 권리 사이의 단절에 대항하는) 동시에 가 능성 창조의 불안정화에 대항하기 위한 모델 속에서 결합되고 있

---

14. 투쟁 중에 있는 엥떼르미땅에 관해서는, 펠릭스 가타리가 『세 가지 생태학』(1989) 에서 논한 바에 따라 '사회적·심리적 에콜로지'를 실천하고 있다고 말할 수 있다.

는 것이다. 여기에서는 사회 정의 또한 가능성을 창조하는 능력을 보장해야 하는 것으로서 사고된다.

전통적인 노동조합의 '직업상의 지위'를 방어하는 활동은, 자본가 조직이 미리 정한 코드화된 생산에만 개입할 수 있었다. 반대로 엥떼르미땅은 차고 '넘칠' 정도의 과잉의 잠재성을 생산과 노동 개념에 관한 논의 속으로 도입했다.

연대조직의 모델은 3장에서 '자유로운 활동'이라고 우리가 정의한 활동의 조건을 만드는 것을 목적으로 삼는다. '자유로운 활동'은 노동자가 기업에 종속하기 이전부터 존재하며, 기업이 그 활동에 고유한 필요성을 인정할 것을 요구한다. 그래서 투쟁은 직접적으로 의미와 관계하는 것이다.

'충만한pleins[근무하는]' 시간과 '비어 있는vides[근무하지 않는]' 시간, 관객과 관계한 시간, 고용 시간이 중첩되는 것은, 예외적인 것이 아니라 처음부터 결정되어 있는 것이다. 그것에는 모든 사람들에 의해 발명되어야 하는, 또한 검증되어야 하는 부와 배분에 관한 별개의 개념이 포함되어 있다.

이에 더하여, 새로운 모델의 구축 방식은 전문가와 비전문가의 구별에 어떠한 정당성이 있는가를 묻는 것만이 아니라 대표자와 대표를 선발하는 사람들 사이의 역할 분담 방식도 검증하고 있다. 거기서 생겨난 요구와 가설이 창조적이라는 것이 증명된다면, 그것은 그러한 활동방식 자체가 발명된 것이기 때문이다.

연대조직의 활동은 공통적 존재이면서 대항적 존재이기 위한 장치를 실험한다. 즉 정치적으로 이미 코드화된 절차와 그와는 별개의 절차의 발명을 반복하는 것이다. 그러나 두 경우 모두 특이성과의 마주침을, 즉 이질적인 세계들의 배치를 촉진하는 것이 언제나 중요하다.

연대조직의 일반적인 형태는 정당과 노동조합처럼 수직적이거나 계층적인 형태가 아니라 배분적 네트워크와 같은 형태이고, 거기서는 다양하고 독특한 조직방법과 결정방법이 존재하며, 크든 작든 능숙하게 배치가 이루어지고 있다. 일반적으로 정당과 노동조합의 집회는 다수적인 원리에 기반하지만, 결국 일부의 엘리트를 선출하고 권위주의적인 수직적 권력구조를 만들어 버린다. 그러나 연대조직과 그 위원회는 배분적 패치워크의 모델을 바탕으로 만들어진다. 그 모델은 개인과 집단이 주도성을 발휘하고, 새로운 형태의 활동을 유연하고 책임 있는 방식으로 행할 수 있도록 만든다. 그러한 조직 형태는 계층적인 조직형태에 비해 아마추어 사람들을 향해 크게 열려 있어서 모든 사람들이 정치활동에 참가하기에 알맞다.

이러한 아마추어와 전문가의 조직과 장치를 정치와 규칙의 보편성을 가지고 비판하는 것은 쉽다. 그에 비해 다양한 차이를 '존재를 유보하는' 상태에, 즉 잠재적이라고는 해도 다른 다양한 생성변화를 향할 수 있는 상태에 두면서, 거기에서 움직이는 것이 무엇이고 거기에서 움직이지 않는 것이 무엇인지(또한 그 이유가 무엇인지)를 설명하는 일은 더욱 어렵다.

연대조직은 정치가 만들어 내는 분할(대표자/투표자, 사적/공적, 개인/집단, 전문가/비전문가, 사회적/정치적, 연기자/관객, 급여

생활자/불안정생활자 등)을 넘어 활동하는 전략을 채용한다. 제도적인 분할을 무효화하기 위해서는 어떻게 해야 하는가? 예를 들어 대표자/투표자의 대립에 관해 말하자면, 연대 조직은 정식 대표자를 정하지 않고 성원들 각자가 의견을 표명할 수 있도록 하며, 각자의 주장 모두가 연대조지에서 정당한 것으로 인정한다. 제도적인 분할을 실천적인 이유에서 문제 삼는 것은 새로운 정치적 공간을 여는 일이다. 그것은 새로운 활동 능력과 사고 능력이 해방되는 공간임과 동시에 몇 가지 덫이 기다리는 공간이기도 하다. 이러한 구성적 공간은 정치에 의해 선언된 평등의 주장(우리는 권리에서 모두 평등하다)과 권력/특이성의 항상 비대칭적인 관계(결정을 내리는 집회나 토론, 발화가 확산되는 장소의 사람들의 역할은 결코 평등의 원리를 바탕으로 하지 않는다) 사이에 존재하는 긴장관계에 노출되기 때문이다.

사람들은 한편으로 권력에 의해 강요되는 차이를 거부하면서 다른 한편으로는 다양한 특이성 간의 차이를 만들어 내려고 한다(후자의 경우, 평등은 각자가 자기의 능력을 무엇에 의해서도 방해받지 않고 증대시킬 수 있다는 의미밖에 갖지 않는다). 또한 사람들은 한편으로 다수자의 모델을 바탕으로 한 권력의 위계를 거부하고, 다른 한편으로 다양한 특이성 사이에 비대칭적 관계를 만들어 내려고 한다. 그 관계는 "마치 예술가의 세계처럼 위계 없이, 다양하게 다른 자리site만이 있는" 관계여서, 서로가 상대를 측정하는 것이 불가능한 관계이다.

연대조직의 배치에서 권력의 의례protocole와 그 작용에 대항하는 투쟁은, 당연히 사건이다. 그리고 그 사건이야말로 경계를 넘을 수 있는 가능성을 창조함과 동시에 분할과 분류, 자기동일성의 할당이라는 우리를 포위한 벽을 파괴한다. 연대조직의 공간은 평등의 논리와 차이(자유)의 논리를 교합하여 양자의 관계를 문제로서 구축한다. 평등과 자유는 지금까지 사회주의와 자유주의가 각자 독자적으로 고찰해 왔지만 결국 실천하지 못했던 개념이다. 하지만 연대조직은 그 한계를 넘으려고 도전하고 있다.

연대조직은 투쟁을 통해 다양체의 변이를 가져오는 장소(지배되고 종속된 다양성에서 한계를 예상할 수 없는 새로운 다양성으로 이행하는 장소)이고, 그 장소는 사건으로부터 만들어진다.

*

우리는 다음과 같이 더 일반적으로 말할 수 있다. 즉 뇌의 협동에 의한 정치조직의 형태는 새로운 발명과 실험, 활동양태를 가져오지만, 새로운 전쟁의 형태를 가져오지는 않는다고. 우리는 '전지구적 규모의 전쟁' 상황을 살아가고 있고, 그것은 항상적인 예외상태이다. 그러나 우리가 권력 조직에 대항하고자 한다면, 그 전쟁 논리를 공통적인 창조와 실천의 논리로 전환하는(또는 후퇴시키는) 수밖에 없다.

전쟁의 논리는 단 하나의 가능세계를 분배partage하고 지배하려고 한다. 이에 반해 발명의 논리는 동일한 세계même mond 속에서 복수의 다른 세계를 창조하고 실현하여 권력을 해체하고, 사람들이 이제 권력에 종속되지 않고 살 수 있는 세계를 가져오고자 한다. 발명의 논리가 전개되고 증식해갈 때, 그 앞에서 현실 권력이 (발명의 논리를) 가로막는다. 그뿐만 아니라, (발명의 논리는) 다양체의 구축에 따라다니는 예측불가능성이라는 문제와도 부딪친다. 다양체는, 어떤 특이성을 그것에 인접한 다른 특이성과 결합시키고, 그것들 사이에 힘의 선을 만들어 내면서 일시적인 유사성을 가져올 때 만들어진다. 그 특이성들은 서로의 자율성과 독립성을 부정하지 않으며, 하나로 통일되는 것도 아니다. 그것들은 공통의 목적을 위해 협력한다. 이와 같은 활동이 발명이 되며 새로운 개체화를 산출한다.

연대조직이 만들어지는 것은 발명이 확장되고 전달되어 가는 예측 불가능한 양태(신뢰와 공감을 바탕으로 한 상호적인 포획)로부터이지, 이상적인 계획의 실현이나 정치적 방침의 자각적 달성으로부터는 아니다. 연대조직은 그 조직이 다양한 특이성으로부터 이루어진 힘을 표현하고, "그 성원 한 사람 한 사람이 자신의 책임으로 움직일" 때 이외에는 성공할 수 없다. 즉 연대조직이 만들어지는 것은 그 조직이 "여러 고유의 요소로부터 이루어지는 통일 없는 총체"를 표현하고 있을 때로 한정된다.

미시에서 거시로, 로컬에서 글로벌로의 이행은 추상화와 보편화, 통일에 의해 행해질 수 있는 것이 아니라 만사를 공동으로 행하면서 네트워크와 패치워크를 조금씩 편성해 가는 능력에 의해 행해질 수 있다. 거기에서는 글로벌한 통합이라도 로컬한 통합의 공존 이상의 의미를 가지지 않는다. 그 실현을 위해 초월적인 관점에서 만사를 행할 필요는 없다. 연대조직을 형성하는 역동성을 만들어 내려면, 예전의 노동운동 조직이 보여 주었던 수단과 형태는 정말 불충분하다. 왜냐하면 그것들의 수단과 형태는 맑스와 스미스가 생각했던 옛 공장에서의 협동을 참조하고 있기 때문이다. 또한 그것들은 정치적 행위를 발명하고 발견하지 않을 뿐만 아니라 단지 처음부터 준비되어 있었던 것, 즉 조직의 지도자의 생각을 그대로 전개하는 것밖에는 사고하지 않기 때문이다.

노동운동에 남아 있는 정치적 행위는 (제도화된 조직이나 좌익노동운동에서도) 아직 대표제와 통일의 논리에 계속 지배되고 있다. 그 논리는 단 하나의 가능세계 안에서 패권을 잡는 것만을 의미한다. (거기에서 목표는 권력을 모두 탈취하는 것이거나 권력의 일부를 탈취하는 것이다.)

주체성의 협동으로 이루어지는 정치형태를 전개하기 위해서는, 우선 그러한 정치에 관한 언행 방식을 무력화할 필요가 있다. 옛 노동운동 조직이 패권을 잡고 있는 장소에서 협동은 불가능하다. 그러한 조직이 연대조직의 일부가 되고, 패권을 요구하는 것을 그치며, 다양체를 구축하기 위한 규칙들에 자신을 적응시킬 때 협동은 가능하다(이러한 공존은 신자유주의적 지구화에 대한 반대운동의 조직에서도 볼 수 있다!).

다양한 차이를 파괴하지 않는 연대적인 조직형태는, 노동운동의 옛 조직형태와 결합이 가능하다고 해도 그 형태를 계승할 수는 없다. 노동운동에서의 발언과 행동은 대표제를 바탕으로 행해지지만, 연대조직에서의 발언과 행동은 표현과 실험을 바탕으로 행해지기 때문이다.

*

연대조직에서는 많은 여성들이 큰 역할을 담당한다. 그늘은 조직 방식, 발화의 전달방식, 결정 방식에 관여한다. 그것은 전통적인 정치조직의 존재방식과는 대조적인 연대조직의 또 다른 특징이다. 그 특징이야말로 연대조직이 행동적인 활동형태를 지닐 수 있는 직접적 원인이기도 하다.

연대조직의 활동가는 거기에 참여하고 있는 동시에 그로부터 빠져나오고자 하는 존재다.

포스트사회주의 운동의 출현은 뒤르켐적인 관점으로는 (즉, 개인에서 집단에로의 이행을 신비화하는 관점으로는) 이해할 수 없는 현상이다. 타르드가 주장하듯이, 모든 창조는 항상 미세하고 익명적인 (집단과 개인의) 특이성에서 유래한다. 그것들의 창의는 주체성에 대한 권력 작용 내부에서, 특히 사람들의 정신적 습관과 신체적 습관을 재생산하는 장치 내부에서 단절을 만들어 내고 불연속성을 도입한다. 그 단절에 의해 도입된 새로운 시작으로서의 저항 행위는, 다양하고 부조화하며 이종혼교적인 행위인 것이다. (거기에는 항상 다양한 저항의 핵이 있다.)

뇌의 협동이 기능하기 위해서는 저항 행위는 권력에 대항하는 행위임과 동시에 가능세계를 증식하는 창조와 발명의 행위여야 한다.

사빠띠스따 민족해방군
부사령관 마르꼬스

포스트사회주의 운동의 투사militant는, 최근의 사회주의 투쟁의 위기에 직면한 사람들이 입에 올리듯이, 게릴라나 종교적 참가자로서 간주되어야만 하는 것이 아니라, 발명가나 실험가로서 간주되어야만 한다. 포스트사회주의 운동의 투사는 발명가와 실험가와 마찬가지 방식으로 조직에 참여하고, 또는 조직으로부터 달아나기도 한다. 그러한 투사는, 자신의 활동을 효과적으로 만들기 위해, 정치적 행위 공간을 코드화하는 "다양한 습관과 주위 사람들의 모방"의 연쇄로부터 달아나야 하기 때문이다.

마르꼬스 부사령관[멕시코 게릴라 조직 '사빠띠스따'의 중심 인물]의 매력은, 방금 말한 모든 요소가 그의 행위와 발언 방식 안에서 인식된다는 데에 있다. 우리보다 부자유한 상황 안에서, 그는 게릴라로서, 즉 정치적인 지도자이자 군인으로서 자기를 규정함과 동시에, 그것과 다르지 않은 행동 방식이나 화법으로 언제라도 전사戰士로서의 정체성에서 벗어나 정치·군사적 조직의 사령관으로서의 의복을 벗어던진다. 현실과는 모순된 '부사령관'이라는 호칭이 표현하고 있는 것은 새로운 것의 창조에 고유한 상황이고, 주체화와 탈주체화가 동시에 서로를 전제하며 서로 영향을 주고받는 상황이다. 현대 사회운동에서 투쟁의 차원은 발명하는 힘의 차원으로, 즉 삶의 다양한 형태의 배치를 창조하고 실현하는 힘의 차원으로 이행해야 한다. 이 관점에서는, 제1세계와 제2세계, 제3세계 사이에 어떠한 구별 없이 정치조직과 주체화의 실천, 그리고 이를 위한 장치를 완전히 연속성을 유지한 채 유통할 수 있다.

실험가로서의 투사에게는,

발명적 창조가 필요한 것과 마찬가지로, 파괴적 비판도 필요하다. 그러나 여기서 파괴적 비판은 발명적 창조를 돕기 위해 있다. 그가 비판적 정신을 가지고 다양한 관념의 습관적 결합과 단절하려고 할 때, 그것은 어디까지나 자신의 상상력을 높이기 위해 자신의 비판적 정신을 이용하기 위해서일 뿐이다. 거기에서 일어난 것의 특징과 본질은, 그가 몇 가지 관념과 행위에 내재하는 특징의 모순점과 문제점을 명확히 인식하면서, 별개의 관념과 행위에서 가능성을 인식하고 그 관념과 행위를 상호 일치시키거나 협력하게 만들면서 결합하는 데에 있다.[15]

투사란 운동에 필요한 지성을 가지고 있는 인물을 가리키지 않는다. 그것은 다양한 힘을 묶어 조직의 선택에 참여하고, 다양한 혁명을 독해하고 해석하는 능력을 가지고 그로부터 정당성을 꺼내는 사람들을 가리키지 않는다. 투사란 단순하게, 존재하는 것 안에 불연속성을 도입하는 인물을 가리킨다. 투사는 발화와 욕망, 이미지의 흐름을 분기시키고, 그 흐름들을 다양체를 편성하

---

15. Tarde, *La logique sociale*, p. 272.

는 힘으로 이용한다. 그리고 그 흐름들 사이에서 다양한 특이한 상황을 결합하지만, 초월적이고 통일적인 관점에서 자리매김하는 일은 하지 않는다. 그러한 투사는 곧 실험가이다.

엥떼르미땅은 다음과 같이 말한다. "우리는 하나의même 세계 속에서 증식하고, 공립 불가능하게 되었던 복수의 세계 속에서 '공통적 존재'와 '대항적 존재'가 무엇을 의미하는지 알지 못한다. 또한 우리는 어떠한 제도가 생성변화를 촉진하는지 알지 못한다. 그래도 우리는 여러 가지 장치와 기술, 배치, 언표를 통해 그 물음들을 모으고, 검토하고, 실험하고 있다."

고전적인 정치적 행위 방식은 아직 소거되지 않았다(연대조직에서는 앞에서 말한 바대로, 다양한 조직 원리가 공존한다). 그러나 그 옛 방식은 배치의 힘이 전개하는 데에 종속적 역할밖에 맡지 못하고 있다. 다양체로서 자기를 구축하는 것은 권력의 명령에 대항하는 싸움에 자기를 던지는 것이 아니다. 그러한 싸움이 효과를 가지려면, 그 싸움은 뇌의 협동을 넓히고 소수자를 증식시키려는 주체성을 지금 여기서 만들어 내야만 한다.

투사가 보여 준 자발성이 운동의 새로운 시작이 된다. 그것은 가능성을 미리 준비한 이미지에 의해 촉발되고, 이상화된 계획과 정치적 방침의 실현을 목표로 하는 논리에 종속하는 운동이 아니다. 차라리 그것은 자신의 세계관과 행동수단, 심지어 정체성조차도 변화시키는 다양한 상황에 관한 구체적인 지성을 따르는 운동이다. 그 이외의 선택지는 있을 수 없다. 왜냐하면 전체의 통일과 동질화, 조직의 계층화를 목표로 하거나 오로지 대표자들에 힘을 집중시키는 제도를 만들려는 시도는 어느 쪽도 다양체를 놓쳐버리거나 붕괴시켜 버리기 때문이다.

연대조직의 붕괴가 시작되는 것은, 우선 다양한 배치가 실현 가능하다고 알려져 있었는데도 그 가능성이 장애에 부딪칠 때이다. 그리고 어떤 발명이 확산되어도 그것이 뿌리를 내릴 수 있는 조건을 가지지 못할 때이다. 나아가 사람들이 다양한 사건 안에 노동과 시간, 부, 협동, 감각의 새로운 관계가 있음을 그때는 이해하고 있었어도, 그 새로운 관계들을 발전시키기에 적합한 제도가 없어서 실효화되지 않았을 때이다. 사건에 대해 닫혀 있는 정신을 가진 예전의 주인들은, 옛 주체화 방식(예술가)과 옛 자기동일성('스펙터클 전문가' – 여기서 스펙터클이라는 용어는 드보르가 부여한 의미를 바탕으로 이해해야 한다.[16]), 옛 배치 방식에 갇혀 있다. 그러한 사람들은 새로운 질문을 던지려 하지 않고, 예전의 대답에 매달려 있다. 그러나 사건은 계속 일어난다. 그들 이외의 사람들은 사건에 충실하면서 다양한 별개의 주체성을 실현하기 위한 조건을 지속적으로 탐색하고 있다.

노동조합과 정당은 목이 빠지도록, 마치 독수리들voutours처럼 연대조직의 붕괴를 바라고 기다린다. 연대조직이 등장한 이후, 그들은 소수의 일부 투사를 자신 안으로 받아들였다. 그렇게 받아들여진 투사 수는 노동조합이나 정당과 새로운 주체성 사이의 도

---

16. Guy Debord, *La Société du spectacle*, Buchet-Castel, 1967. [기 드보르, 『스펙터클의 사회』, 유재홍 옮김, 울력, 2014.] 이 말에 수반되는 놀라운 양의성은, 68년 7월에 파리 데모에서 외쳐졌던 "우리는 스펙터클이다"라는 슬로건에서 이미 드러났다.

랑이 어느 정도 깊은지를 보여 주는 척도다. 그것은 정치적인 도랑이기 이전에 '인간학적'anthropologique인 도랑인 것이다.

다수자의 기준으로서 임금노동자

> 유럽 지역에서 정체(政體)의 문제를 제기하는 것은 생성변화를 조직한다는 것을 의미한다 …. 생성변화의 구성은 가능한가? 그것을 가능케 하기 위해서는 하나의 제도를 하나의 소프트웨어로서, 즉 애플리케이션 내용의 변화에 따른 규칙의 변화를 예측하는 기술들의 집합으로서 생각해 보아야 한다. 그리고 그것을 위한 일반적인 방식은 소수자에 특권을 부여하는 것이다. 소수자는 탈주선이며, 네트워크는 그 선을 따라 교차하고, 전개하고, 생성변화한다. 소수자의 통합은 그러한 네트워크 안에서 행해진다. — 비포(Bifo, 프랑코 베라르디)

20세기의 중요한 정치적 사실은 임금노동자의 단계적 변형에 있다. 확실히 예전의 노동조합은 혁명의 장치와 실천의 실험장이었을지도 모른다. 그러나 지금 임금노동은, '생산적'으로 '사회적'인 관계로부터 이루어지는 전체를 만들기 위하여, '다수자'의 모델을 구축하는 장이 되었다. 우리는 이미 2장에서 전후 포디즘 시기에 국가와 자본가, 노동조합 사이에 타협이 일어났으며, '임금노동'이 사회관계 전체의 기준이 되는 척도로 세워졌다는 것을 보여 주었다. 모든 다수자의 기준과 마찬가지로, 임금노동 모델 또한 대립과 투쟁을 포함하고 있다. 즉 착취하는 자와 착취당하는 자, 자본가와 노동자라는 대립이 그것이다. 임금노동 모델의 첫째 기능은, 임금노동에 포함되는 대립과 투쟁과 쟁점을 하나의 동일한 다수자 시스템 안에 존재하고 출현하는 것으로서 정의내리고 코드화하는 것이다. 그 조건을 바탕으로 하지 않는다면, 어느 정도까지 예측되는 다양한 행동에 대하여 권력관계를 '조절관리'régulation하고 생산을 '계획'하는 일은 불가능하다.

임금노동자는 이러한 다수자의 구축에 노동운동 조직이 참가하는 것을 예측하면서 생산성 증대의 배당을 받아들이고는, 노동권과 사회권을 점차 확립해 나갔다. 더욱 근본적으로 본다면, 이러한 타협이 가능했던 것은 다음과 같은 이유가 있다. 그것은 노동운동에 의해 임금노동자(더 정확히 말하면 노동자계급)가 사회 전체 안에서 소수자(빈민, 농민, 여성 등)를 선출하기 위한 기준으로 등장하게 되었기 때문이다. 이러한 코드화와 조절관리 모델은 무엇보다도 노동자 자신(즉 단순기능공)의 생성변화를 방해하는 역할을 담당했고, 다수자의 기준에 종속되어 배제된 여러 사회적 힘들(여성, 약자, 노인 등)이 생성변화하는 것을 방해하는 역할을 담당했다. 그러나 임금노동이라는 다수자의 기준이 모든 사람들에게 부과되는 것처럼 생각되었던 바로 그때, 이 기준은 붕괴하기 시작했다. 여기서 생각해야 하는 것은, 1968년 운동이 기존의 대립도식인 노동조합과 자본가와 국가라는 틀에 편입되지 않았고 지배되지도 않았던, 다양한 행동에서 생겨난 대중의 탈주였다는 점이다.

우리는 68년에 일어난 분자적 이탈운동에 대한 다양한 반응을 경험해 왔지만, 68년 이후에도 이 이탈운동은 가라앉지는 않았다. 아이러니하게도 이 분자적 이탈운동에 몸을 맡겼던 것은 자본가들이었다(그들은 이 운동의 개시와 발명에 전혀 관여하지 않앉음에도 불구하고!). 자본가들은 이 이탈운동을 자기 것으로 만들어, 그로부터 착취를 행하려고 했다. 다른 한편, 노동조합과 좌파정당 쪽은 그로부터 40년을 경과한 현재에 이르기까지, 이 이탈운동에 의해 생긴 균열을 매우고, 구멍을 막고, 이탈을 방지하기 위한 절망적인 시도를 계속하고 있다. 즉 그들은 임금노동에서 탈주하는 모든 자들(또는 그들에게 탈주를 촉구하는 모든 자들), 즉 별개의 무엇으로 생성변화하고자 하는 모든 자들을 다시 임금노동의 틀 안으로 가두려고 했다. 요컨대 자본가와 국가는 활동과 배치, 주체성, 장치, 지식의 다양체를 포획하기 위하여 이제 임금관계가 유일한 수단이 아니게 되었음을 맑스주의자보다도 먼저 이해했다.

자본가들은 1968년 이후, 사회적·정치적 타협을 의미하고 있었던 '조절관리'régulation를 '비인격적'인 테크놀로지 장치에 의지한 '변조'modulation로 치환하려고 했다. 즉, 그것은 금융의 변조이고, 생산의 변조이며, 소통, 사법, 제도…의 변조이다.

이와 반대로, 노동조합과 좌익은 포디즘 체제에서의 조절관리와 사회적·정치적 타협을, 자본가와 국가가 그것들을 버려 버린 후에도, 여전히 충실하게 견지하고 있었다. 이렇게 우리는 긴 기간 동안 좌파의 얄팍한 태도로 인해 고통 받았다. 즉 좌익은 무익하게도, 거의 30년에 걸쳐 임금노동이라는 다수자의 기준을 유지하고 내부에서 안정시키기 위하여 그 바깥의 문제(불안정생활, 실업, 빈곤)에 관해서는 유연한flexible 태도를 가졌던 것이다.

조절관리와 변조라는 두 개의 가치-노동 모델은 모두 상이한 것이지만 우리의 삶을 종속시키려는 의지를 지니고 있다는 점에서는 일치한다. 그 두 개의 모델에 잠재해 있는 덫으로부터 우리는 어떻게 하면 탈출할 수 있을까(한쪽 모델은 아이러니하게도 '혁신적'인 것으로서, 그것은 기업, 즉 변조를 통한 통제 형태들이나. 다른 쪽의 모델 또한 아이러니하게도 '회고적'인 것으로서, 그것은 임금노동자, 즉 규율훈련을 통한 조절관리형태의 모델이다). 우리는 이 책 앞머리에서 보여 주었듯이, 1968년의 사건이 가져온 "의미의 질서에서의 변화"에 계속 충실할 때 거기[변조를 통한 통치형태]로부터 탈출할 유일한 가능성이 있다고 생각한다. 여기서 "계속 충실"하다는 것은 임금노동을 이제 다수자의 기준으로 간주하는 것이 아니라 다양한 소수자의 생성변화로 간주하는 것을 의미한다.

파트타임(시간제) 노동, 불안정하고 단속적인 노동(일부 기간은 실업상태에 있는), 여성의 노동, 대기업에서 행해지는 다종다양한 활동, 종속노동과 독립노동 등은 이제 많은 경우 명확히 구별할 수 없게 되었고, 다양하게 혼합되었다. 그러한 노동의 변화는 현대 임금노동자가 다양한 이질성을 포함하는 다양체로 되었음을 명확히 한다. 풀타임 노동자 사이에서도 여러 가지 차이가 현저해지고 있다. 예를 들면 가난한 노동자(워킹 푸어)와 연금펀드에 투자하고 있는 노동자는 법률상으로는 같은 상황(무기한 고용계약)에 있음에도 불구하고, 양자가 직면하고 있는 현실은 완전히 다른 상황이다.

전자는 한쪽 발을 임금노동에, 다른 쪽 발을 빈곤생활에 집어

넣고 있다. 후자는 한쪽 발을 임금노동에, 다른 쪽 발은 금융시간에 집어넣고 있다. 후자에 비해 전자의 인구가 적다고 해서 임금노동자의 상황이 점점 다양화되고 있다는 것에는 변함이 없다. 임금노동자란 일종의 이질성이어서 단순히 고용자에 대한 종속관계에 의해 정의되는 존재는 없으며, 그 분기의 다양성과 그 '외부' ― 교육, 금융, 예술, 빈곤, 생활시간, 소통·네트워크, 성적 차이, 이민 커뮤니티 등 ― 에 의해 정의되는 존재다. 노동시간은 필연적으로 이 '외부'를 포함하게 된다. 이처럼 현대의 임금노동자는 기업 내부에 다양한 이질적인 시간을 끌고 들어오게 되었다.

실업자, 엥떼르미땅, 불안정생활자들의 투쟁은 활동의 새로운 성질로부터 출발하여 운동을 개시한다. 그 운동은 이제 계급이라는 다수자적 표상에 기반하고 있는 것이 아니라, 표현과 실험이라는 소수자 논리에 기반한다. 눈앞에서 움직이고 있는 잠재력을 되찾는 것, 그것은 대립을 연출하는 것과는 완전히 별개다. 집단적 주체(계급이나 임금노동자 등)를 바탕으로 한 재구성의 정치는 이제 소수자의 다양한 이질성을 다루지 못한다. 그것을 다룰 수 있는 것은 개별성마다 출발하여 임금노동자 내부와 외부 사이에 커뮤니티를 가져오는, 횡단적인 해결책을 실험하는 정치이다.

다양한 차이의 혁명적 결합은 임금노동자라는 객관적 존재에 의해 달성되지 않는다. 그 결합은 발명에 의해 실현되어야 한다. 그리고 그 발명에 의해 임금노동자라는 객관적 존재의 해체를 시도해야 한다.

다양한 통계 데이터는 임금노동자의 인구가 증가하고 있다는 것을 보여 주고 있다. 그러나 그러한 데이터가 있다고 해서 우리의 이해 ─ 현대의 임금노동자가 참여하고 있는 것은 예전의 맑스가 생각했던 것과 같은 생산적 협동이 아니라 뇌의 협동이다 ─ 가 틀린 것은 아니다. 그 데이터들은 중요한 정치적 사실을 은폐하고 있다. 그것은 임금노동지가 노동운동의 낡은 조직 방식을 혐오하고 있다는 사실이다. 왜냐하면 그러한 조직 방식은 모두가 다수자의 규범을 바탕으로 구성되고 있기 때문이다. 그리고 그 대의제를 바탕으로 한 통일적인 조직형태가 다양한 생성변화가 일어나는 것을 방해하고 있기 때문이다.

임금노동자는 다양한 새로운 힘의 역동성에 사로잡혀 있다. 그들은 이제 다수자 주체로 재구성되려는 다양체로서 행동하지 않는다. 그와는 달리, 그들은 권력에 대항하기 위해 일어나고 있으며, 자신들의 역능을 증대시키기 위한 협동을 통해 삶 전체에 관계된 생성변화에 참여하는 다양체로서 행동한다. 소수자로 생성변화한다는 것은 자신들이 편입해 있는 법적, 경제적, 정치적 입장을 횡단하는 것이다. 다양한 차이가 임금노동자라는 틀의 안팎을 자유로이 교류하기 위해서는, 그러나 다수자의 기준이 재구축되지 않도록 하기 위해서는, 소수자로 생성변화하는 수밖에는 방도가 없다.

엥떼르미땅의 투쟁은 현대 '임금노동자'의 투쟁 방식을 보여 주는 좋은 예다. 마찬가지로 연대조직은 소수자의 조직화 방식을, 또는 생성변화의 조직화 방식을 보여 주는 좋은 예다.

현재의 생산조건 안에서 임금노동자는 무력하다. 그 무력함을 어떻게 하면 다양한 소수자로의 생성변화를 일으키기 위한 역능으로 변화시킬 수 있을 것인가? 그러한 변화를 일으키기 위해서는 생성변화의 민주주의라는 사건이 성립하기 위한 제도적 조건과 경제적 조건을 생각해야 한다. 현 시점에서는 그러한 제도적·경제적 조건의 하나로 고용이 중단되었을 때의 소득보장과 권리유지를 들 수 있다. 한편으로 임금이 다수자 모델을 구축하고 전체주의적인 조직을 만들어 내는 데에 중심적인 역할을 담당한다면, 다른 한편으로 소득은 다양한 생성변화를 발명하기 위해, 그리고 그 생성변화를 조직하는 데에 충분한 배분적 전체를 만들어 내기 위해 (임금노동자 측에서도) 불가결한 조건의 하나를 이룬다.

'만인'의 소수자로의 생성변화가 성립하기 위한 경제적 조건은 임금노동 체제에 의해서는 보증되지 않는다. 그것을 보증하는 것이 있다면 소득의 정치뿐이다. 임금노동자는 모든 다수자 모델과 마찬가지로 포섭/배제의 논리를 바탕으로 하여 행동하기 때문이다. 그러나 우리가 '만인의 소득 보장'을 특이성의 생성변화가 일어나기 위한 조건으로 만들기 위해서는, 그것을 단순히 사회정의의 척도나 사회적으로 산출된 부의 재분배에 관한 새로운 규범에 지나지 않는 것으로 간주해서는 안 된다.

'만인의 소득 보장'은 그 이상의 진정한 제도적 혁신인 동시에 모든 사람들의 생성변화를 창조하고 실험하기 위한 조건으로

프랑코 베라르디 [비포]
(Franco Berardi [Bifo], 1948~)

서 생각해야 한다. 그렇게 생각하지 않으면 신자유주의 정치(마이너스의 누진과세 또는 소득의 최소화), 바꾸어 말해 새로운 사회 통제 형식을 파악하기는 불가능할 것이다.

소득이 보장되어 고용시간에 대해 대가가 지불되는 것만이 아니라 활동을 구성하는 다양한 이질적인 시간에 대해서도 대가가 지불된다면, 그러한 소득보장은 노동의 실험장임과 동시에 삶의 실험장이기도 하는 새로운 정치공간에의 길을 열게 될 것이다.

소득 문제를 생각하면서 우리는, '탈정체성 시대의 정체성'을 생각할 때와 마찬가지로, 모순을 포함하고 있는 매우 흥미 깊은 상황에 직면하게 된다. ― 즉 프랑코 베라르디$^{Franco Berardi}$의 적확한 표현에 의하면 "생성변화를 구성한다"는 상황이다. 그에 의하면 "생성변화를 구성한다"는 말은, 그 말이 적용되는 사물 내용의 변화에 맞추어서, 그 변화를 예측하여 자기 자신을 변화시키는 '규칙'과 장치, 제도 전체를 발명하는 것을 지칭한다.

소득과 노동(임노동, 자영업, 불안정취업 등)의 절연^{déconnecter}은 우리를 종속시키고 있는 두 종류의 다수자적인 주체화, 즉 기업과 임노동으로부터 다양체를 탈환한다는 것을 의미한다. 기업과 고용주에의 투자는 지배적인 다수자의 기준과 그 권력의 논리, 즉 변조나 규율훈련에 투자하는 것이다. '만인의 소득 보장' 안에는 복지의 다양한 제도도 포함되어 있다. 그 제도는 임금노동자와는 다른 다양한 종속적 소수자를 '재생산'하는 것에 유용한 것이 아니라 다양한 소수자의 생성변화를 '반복'하는 것에 유용하다.

'만인의 소득 보장'은 '공통재'의 제도가 어떤 것인가를 보여 주는 하나의 좋은 모델이다. 임의의 주체성의 협동에서, 모든 사람에게 공통의 것이란 생성변화의 경험이다. 그러나 생성변화는 각각 이질적인 것, 다양한 것이고, 더욱 더 분기를 향하는 것이다. 이러한 차이(생성변화)와 반복(공통재)은 상호 전제하고 있고, 상호 영향을 준다. 이 차이와 반복이라는 두 개의 극 안에서, 어느 쪽이 한 쪽 극의 배치를 방해하는 것은 생성변화를 중단시키고, 실험을 종료시키고, 주체화의 방식을 강제적으로 코드화한다는 것을 의미한다. 분자적인 것은 몰적인 것이 없다면 존재하지 않는다. 그러나 몰적인 것은 생성변화 없이도 하나의 다수자의 모델로서 항상 현실화한다. 요컨대 다양체의 구성적 과정은 생성변화의 다양화임과 동시에 가능세계의 증식이어야 한다. 왜냐하면 다양한 특이성이 (권력에 대항하기 위해 또는 보다 많은 역능을 전체로서 표현하기 위해) 협조할 때에는, 그 특이성들은 각각 다른 생성변화를 추구하고 발명하기 때문이다.

공유의 긍정 자체가 가능세계가 분기하는 하나의 과정이다.

다수자/소수자

다수자/소수자라는 한 쌍의 개념은 일종의 종속을 보여 준다. 맑스주의적 착취 개념으로는 이 종속의 의미를 이해할 수 없다. 그러나 다수자/소수자라는 쌍도 또한 착취 개념과 마찬가지로 동일한 장치에 의한 두 개의 이질적인 운동을 정의한다. 즉 그것이 정의하는 것은 다양체로부터 다수자가 구성되는 운동과 그와 같은 다양체로부터 저항과 창조 형태로서의 소수자가 구성되는 운동이다.[17] 그러나 착취가 변증법 장치의 하나인 데 비해 다수자의 모델은 차이화의 하나이다. 즉 착취하는 자/착취당하는 자라는 쌍이 대칭적인 것에 비해 다수자/소수자라는 쌍은 비대칭적이다. 이 두 장치 사이의 거리는 명확하다.

계급은 이미 구조에 의해 결정된 것이지만, 다수자와 소수자는 그러한 것으로 구성되기 이전부터 존재하고 있었던 것은 아니다. 계급의 이원론은 미리 생산양식 안에 새겨 넣어져 있지만, 다수자와 소수자는 항상 사건을 통한 다양체의 특이화에 의해 생겨난다. 착취는 거기에 참가하고 있는 다양한 주체의 본질에 기인하지만, 다수자의 모델은 다양한 사건으로서의 생성변화에 대한 통제에 기인한다.

착취의 개념을 사용할 때, 우리는 선함(노동자)과 악함(자본가)을 미리 알고 있다. 그러나 다수자/소수자라는 모델을 가져올 때, 우리는 무엇이 선함이고 무엇이 악함인지 불확실해서 예견할

---

17. 마찬가지로, 착취 개념은 자본의 생산(이는 잉여가치 구성의 개념이다)과 자본을 파괴하는 것의 생산(이는 프롤레타리아트 구성의 개념이다)을 함께 규정하고 있다.

수 없는 사태에 직면한다(소수자에서 다수자로의 변형은 충분히 있을 수 있으며, 별개의 가능성으로서 소수자가 다수자에 종속되는 일도 충분히 있을 수 있다. ─ 예를 들면 그것은 호모 섹슈얼 운동의 일부에서 일어나는 일이다).

중요한 것은, 우리가 이 책 전체를 통해 주장하고 있듯이, 어떤 권력관계를 별개의 권력관계와 대립시키는 것이 아니라는 점이다. 다수자/소수자의 모델은 착취 모델로 치환되는 것이 아니라 착취 모델과 중첩될 수 있다. 다수자/소수자 모델은 다양체를 하나의 전체로서 파악하는 방식으로 작동하고 있다. 그 작동 방식은 권력자의 관점에서나 저항자의 관점에서나 규율사회의 권력관계에 비해 더욱 유동적이고 유연하다.

여기서 말한 두 모델은 들뢰즈와 가타리가 만들었던 개념장치가 얼마나 효과적이고 타당한지, 얼마나 세련된 것인지를 명확히 보여 준다.

제2의 모델, 즉 착취 모델은 일종의 사고의 한계를 보여 주고 있다. 즉 착취 개념은 자본권력과 노동자의 관계를 생각하는 것 이외에는 유용하지 않다. 노동자는 자신의 노동력을 기업가에 팔고 있을 때에는 착취라는 관계 안에 갇혀 있다. 하지만, 예를 들어 그는 자신의 소득을 연금 펀드에 투자할 때 다수자의 역학에 편입되고 있는 것을 깨닫는 것이다. 실제로 많은 미국 연금 펀드 안에서 더욱 자본력 있는 펀드는, 다수자 모델의 구성에 참여하는 (노동자들의) 진정한 상호성에 의해 성립한다. 금융계는 노동자들에게 (금융에) 투자하게끔 하여 전지구상의 부와 활동성의 흐름을 포획하고 있는 것이다.

금융계의 논리는 여론이라는 다수자의 원리를 바탕으로 기능하지 착취의 원리를 바탕으로 기능하는 것은 아니다. 그러한 금융계의 논리는 기존의 계급 간 경계를 애매하게 하면서, 새로이 '축적하는 자본을 운용하는 사람들'과 '그 피해를 감내하는 사람들'이라는 두 개의 구별을 규정한다. 착취 원리와 다수자 원리 각각의 경우에, 사람들을 구별하는 경계선이 다른 것이다.

자신의 소득을 투자하는 임금노동자는, 자신과 마찬가지로 소득을 가지고 있는 타인들과 함께 일종의 다양체를 만들어 낸다. 그것은 그들이 다수자로서 공헌하는 것을 강제하는 다양체이다(나쁜mauvaise 다양체). 그것은 특별히 놀라운 것은 아니다. 이미 타르드가 우리에게 가르쳐 주었듯이, 특이성은 여러 다른 공중과 집단에 대해 동시에 관여할 수 있기 때문이다(공립 불가능성은 모순의 논리와는 전혀 관계가 없다). 임금 노동자가 금융의 다수자에 참여하고 있는 것만큼 그들이 착취되고 있는 것 또한 완전히 사실이다.

이때 노동자가 자신의 계급을 배신하고 별개의 관료제에 편입하는 것이 문제인 것일까? 이자벨 스텡거스가 시사한 바에 따르면, 다양한 가능세계가 증식하는 세계에서는 사용하는 어휘를 변화시킬 필요가 있다. 스텡거스의 말을 빌리면 연금 펀드에 투자한 임금노동자들은 '유죄'라기보다는 금융에 "중독되어 있거나 매료되어 있다." 즉 그들은 ─ 우리 모두 또한 마찬가지로 ─ 광고와 마케팅, 텔레비전에 중독되고 매료되어 있다.

우리는 표현의 배치와 신체의 배치를 구별하는 것이 불가능하다는 것을 계속 강조해 왔다. 거기서 우리가 명확히 하려고 했던 것은 다음과 같다. 즉 경제에 관해 고찰하기 위해서는 무엇보다도 마케팅과 광고, 여론에 관해 고찰하는 것이 불가결하고, 바꾸어 말하면 착취의 역학이 아니라 다수자와 소수자의 투쟁 역학을 바탕으로 기능하는 다양한 장치에 관해 고찰하는 것이 불가결하다.

그래서 우리는 두 번째 모델, 즉 다수자의 모델이 제약 산업 — 현대자본주의에서 최대의 중요성과 부를 가지고 있는 산업 중의 하나 — 의 활동을 어떻게 중층적으로 규정하고 있는가를 검토하고자 한다.

파스퇴르 연구소 소장인 필립 쿠릴스키Philippe Kourilsky는 의약품 — 그것이 없다면 지구상의 수백만 명 사람들이 죽게 될 — 의 유통과 생산을 방해하는 주된 요인 중의 하나가 경제적 질서에 의해서도 아니고 지적 상호작용의 법률에 의해서도 아니라는 점에 주의할 것을 촉구한 바 있다. 의료의 세계적 필요성을 해결하는 데 있어서 장애가 되는 것 중에는, 놀랍게도 윤리가 포함되어 있다는 것이다.

미국의 FDA(미국식품의약청)와 유럽의 EMEA(유럽의약품심사청)와 같은 정부기관의 권력은 의약품과 백신의 연구, 개발, 제조를 통제하기 위한 기준을 정하고 있다. 그래서 그 권력들은 "사람들의 안전을 지키고 있다고 생각하고 있기 때문에 윤리적으로 매우 복잡한 문제를 가져오고 있다."[18] 그러한 권력이 정하는 기준 — 즉 '서구 국가들의 안전 윤리'의 귀결 — 에 의해서 우선 거액의 연구 개발비가 요구되기 때문에, "가난한 나라들은 필요한 기준을 채울 수 없기에, 자국에서의 생산에 전혀 지장이 없을 때조차도 생산이 금지되게 되었다."

쿠릴리스키에 의하면 생명윤리는 진정한 의미에서 권력의 장이 되었다. 그 윤리는 다수자(부유한 국가)의 논리이고, 소수자(가난한 나라)를 자신들의 평가척도(연구·개발을 규제하는 기준)에 종속시키는 논리이다. 즉 "법규의 글로벌화는 윤리의 글로벌화와 함께 진행한다"는 것이다. 윤리의 보편성을 신봉하는 사람들은 로컬한 상황에 적합한 윤리를 옹호하는 사람들과 대립한다. 전자는 '이중 기준'double standard과 같은 사고방식을 모두 부정하고, 비서구적인 기준으로 의약품이 생산되는 것을 허락하지 않는다(예를 들면 그들은 1960년대까지 서구 국가 사람들이 접종받았던 백신은 현재의 여러 정부기관이 정한 기준을 만족시키지 않게 되었다면서 그러한 백신의 사용을 인정하지 않는다). "그래서 그와 같은 법규를 정한 기준과 보편적 윤리는 가난한 국가들의 희생을 통해 서로 결부되는 것이다 …. 그리고 부유한 국가들인 우리들은, 모든 것(또는 거의 모든 것)이 부족한 나라들에 우리의 규범과 판단, 윤리적 기준을 수출하고 있다. 도대체 어떤 권리가 있어서 우리는 그런 짓을 하고 있는 것일까?"

그런 상황을 고찰하기 위해서는, 단순한 경제 논리를 고찰하

---

18. Philippe Kourilsky, "L'éthique du Nord sacrifie les malades du Sud", *Le monde*, 8 février 2004.

는 것만으로는, 또는 지적 소유권을 통해 조직적으로 행해지는 수탈을 분석하는 것만으로는 부족하다. 나아가 거기서 행해지는 수탈은, 여러 가지 논리가 다른 목적에 따라 나름대로 일관된 방식으로 중첩되고, 조합되고, 분해되고, 배치에 편입되면서 생겨난다.

그래서 차이의 철학은 랑시에르의 사상과는 반대로 '부정적인 것'의 경제를 만들어 내는 것이 아니라, 거부와 창조에서 이루어지는 차이화의 역학과 다양체의 개념을 고차원적인 수준으로 재정의하는 것이다. '부정적인 것'은, 다양체의 관점에서 보면 다수자/소수자의 개념적 쌍에 의해서만 고찰의 대상이 될 수 있다.[19]

물론 계급들의 관계와 다수자와 소수자 사이의 관계는 공존한다. 그러나 후자는 점점 포괄적이고 명령적으로 되어, 전자를 개조하고 종속시키고 있다. 우리는 노동운동이 나아갔던 역사의 바깥에 서서, 저항의 존재방식을 다시 생각해야 한다.

생명체, 저항, 권력

당신은 그렇게 이해할지도 모르지만, 그러나 저항은 단순한 거부는 아닙니다. 저항은 창조 과정인 것입니다. 창조하는 것, 재창조하는 것, 상황을 변형하는

---

19. 반대로, 다중 개념은 그것이 '다양한 특이성으로부터 이루어진 전체'라고 간주된다면, 설령 그 개념이 비변증법적인 방식으로 '분할'이나 '부정적인 것'을 직접적으로 명명(nommer)하는 것이라고 해도, 다양체의 역학에 내재하는 원리를 정의하는 것이 불가능하리라고 생각된다. 실제로 권력과 주체화의 다양한 장치 사이의 관계를 묻는 것이 아니라 이 원리를 명명하는 것이 문제가 될 때, 다중 개념은 다양한 계급에 관계된 장치들을 지칭하기 위해 사용되고 있다(즉 '다중 계급'이 말해진다).

생명체, 저항, 권력 개념은 그것을 나타내는 존재론이 어떠한
것인지에 따라 의미가 변한다.

맑스주의는 생명체, 저항, 권력을 주체/객체의 존재론을 바탕
으로 사고한다. 다만 그것은 주체/객체의 관계를 자본가/노동자
의 착취관계라는 형식으로 정치적인 번역을 행한 위에서 이루어
진다. 맑스주의의 전통에 의하면 생명체는 노동('살아있는 노동'),
즉 세계와 역사의 생산자로 간주된다. 권력은 이 '살아 있는' 것을
반대의 것으로, 즉 '죽은 노동'으로 변신시키기 위한 장치이다. 주
체는 생산물과 제품 안에 객체화되어 사물화réification된다. 그때
주체는 자기 자신이 생산한 것의 노예가 된다. 그러한 주체가 다시
살아있는 것이 되기 위해서는, 다시 자신의 운명의 주인이 되기 위
해서는, 역사의 주체로서의 자기를 확립하기 위해서는 그러한 사
물화를 전복하는 것, 즉 혁명을 일으키는 것이 필요하다. 혁명은
전복의 전복, 즉 죽은 노동의 주체화이고, 주체와 객체 관계의 변
신이다.

이미 언급했듯이, 근대에는 세계의 구축에 관한 별개의 사상
적 전통이 있다. 그것은 미하일 바흐친의 정의에 의하면, 세계의
구축을 나와 타자의 관계로서 고찰하는 사상 전통이다. 나와 타
자의 관계는 주체와 객체의 관계로서, 또는 주체 간의 관계로서

이해될 수 있는 것이 아니라 사건으로서의 '가능세계' 사이의 관계로서 이해될 수 있다. 타자란, 객체도 주체도 아니고 다양한 가능세계의 표현인 것이다.

삶, 저항, 권력 사이의 관계에 관하여 주체의 존재론에서 출발하지 않고 나와 타자 사이에 있는 사건으로서의 관계에서 출발하여 생각한다면, 그 관계는 도대체 무엇이라고 생각될 수 있을까. 우리는 그 문제를 푸코를 독해하면서 이해할 수 있다. 실제로 푸코는 자신의 최후이자 최종적인 권력이론에서 다음과 같이 권력을 정의한다. 즉 권력이란 다양한 가능적 작용에 대한 작용이고, 타자들의 다양한 가능적 행위를 이끄는 능력이다. 권력관계를 타자들의 가능적 행위를 구성하고 결정하는 것으로 이해함으로써, 우리는 다양한 실천과 장치, 권력기술에서 걸리는 내기, 즉 연대조직과 여성운동과 신자유주의적 글로벌화에 대한 반대투쟁에서 움직이고 있는 것이 무엇인지를 이해할 수 있을 것이다.

1980년대 초, 푸코는 그때까지 그 자신이 권력이라는 동일한 범주를 사용하면서 혼동해 왔던 것을 세 가지 다른 개념으로 구별했다. 즉, 전략적 관계, 통치기술, 지배 상태가 그것이다.[20]

전략적 관계는 인간관계 속에서 극단적으로 큰 넓이를 가지고 있으며, 정치구조와 정부, 지배적 사회계급과 혼동되어서는 안 된다. 전략적 관계는 가족 관계와 교육적 관계, 소통 관계, 연애 관계

---

20. Foulcault, "Deux essais sur le sujet et le pouvoir", in *Dits et Écrits*, vol. II, Gallimard, Quarto, 2001.

에 있는 개인 사이에 작용하는 다양한 권력관계로부터 성립한다. 그러한 전략적 관계는 무한소의, 유동적이고 가역적이며 불안정한 권력의 유희이고, 그 관계에 의해 여러 당사자들은 상황을 변혁하기 위해 각자 전략을 세울 수 있다. 그래서 전략적 관계는 푸코에게 부정적인 의미를 전혀 가지지 않는다. 예를 들면, 성적 관계 또는 연애 관계에서, 타자에 대한 권력의 행사 – 어떤 인물이 다른 인물에게 무언가의 행동을 강제하고자 시도하는 경우나 어떤 인물이 다른 인물의 가능적 행동에 대해 영향을 주는 경우 – 가 열린 전략적 게임 안에서 행해질 때, 더구나 그 게임에서 사태가 뒤집어질지도 모를 때, 그러한 권력 행사는 "애정이나 정열, 성적 쾌락의 일부를 이룬다." 만약 권력이 타자의 가능적 행위의 장을 만들어 낼 능력으로 정의된다면, 그 권력의 행사에 관해 생각하기 위해서는 전략적 관계 안에서 움직이고 있는 힘들을 잠재적으로 '자유'로운 힘으로 간주해야 한다. 권력이란 '움직이고 있는 주체' 또는 '자유로운 존재인 한에서의 자유로운 주체'에 대한 작용 양식인 것이다. 이와 같은 틀 짜기에서, 주체가 자유라는 것은 주체가 "항상 상황을 변화시킬 가능성을 가지고 있고, 그러한 가능성이 항상 존재하고 있다"는 것을 의미한다.

이와 반대로, 지배 상태의 특징은 권력적 관계가 제도 안에 고정되어 버리는 것에 있다. 그러한 상태는, 제도가 어떤 활동으로부터 별개의 활동에 미치는 유동적으로 가역적이고 불안정한 작용을 제한하고, 경직시키며, 블록화함으로써 만들어진다. 모든 사회적 관계에 포함되어 있는 비대칭성은 그러한 지배 상태 속에서 고정되고, 전략적 관계에 수반되는 자유와 유동성, 가역성을 잃어버린다. 노동조합과 정당, 국가기관은 자신들의 절차가 민주적이라고 주장하지만, 그렇게 주장한다고 해도 그 조직들은 개인들이 타자들의 행위를 이끌려고 하는 시도를 중단시키고 방해하도록 미리 구성된다. 또한 그 조직들에서 타자들의 행위를 변화시키기 위한 전략을 실행하기는 거의 불가능하다.

이러한 전략적 관계와 지배 상태 사이에 푸코가 위치 지었던 것이 통치 테크놀로지 또는 통치기술이다. 통치기술이란, 사람들이 "다양한 전략을 구성하고, 정의하고, 조직하고, 이용"하는 것을 가능하게 하는 실천의 총체이고, 그 결과로서 "자유로운 상태에 있는 개인들은 어떤 전략에 대해 별개의 전략을 가지는 것이 가능"[21]하게 된다. 그 기술들이 통치하는 것은 자기와의 관계이며, 타자와의 관계이다. 푸코에 의하면 통치기술은 다양한 권력관계 안에서 중심적 역할을 담당한다. 왜냐하면 통치기술이 개입되기 때문에, 전략적 게임은 닫힌 것이 되거나 열린 것이 되기 때문이다. 즉 통치기술이 실천되기에 전략적 게임은 제도화된 비대칭적 관계(지배 상태)로 결정화되거나 고정화될 수 있으며, 반면 탈주적이며 전복 가능한 관계에서는 (통치기술은) 지배 상태로부터 탈출하는 주체화 실험의 길을 열기도 한다.

그래서 정치적 행위는 통치기술에 주의력을 집중해야만 한다. 그러한 정치적 행위에는 두 개의 주요한 목적이 있다.

---

21. 같은 책, p. 728.

(1) 다양한 권리(새로운 권리)의 규칙을 획득함으로써 지배의 가능성을 최소화하고 전략적 관계가 기능하도록 하는 것.

(2) 자유롭고, 유동적이고, 가역적인 권력의 작동을 증대시키는 것. 그것은 저항의 조건이고 타자와의 관계와 지기와의 관계를 창조하고 실험하기 위한 조건이다.

우리는 '통치기술'이라는 관념에 따라, 이미 이 책에서 언급한 연대조직이나 포스트페미니즘 운동, 신자유주의적 글로벌화에 대한 반대운동에서 나타나는 장치의 새로움에 관하여, 지금까지와는 별개의 방식으로 고찰하는 것이 가능하게 된다. 지배 상태를 만드는 통치기술(마케팅, 기업경영, 지구 규모의 '통치', 근로복지제도 등)만이 유일하게 가능한 통치기술은 아니다. 실제로 다양한 전략적 관계와 지배 상태를 횡단하는 선과 결합된 통치기술도 있을 수 있다. 권력관계가 없는 사회관계가 있을 수 있다고 믿는 것은 환상에 지나지 않을지도 모른다. 그렇다고 해서 지배 상태가 불가피하다고 믿을 수는 없는 일이다. 우리가 통치기술을 집합성의 구축으로서 고찰한다면, 지배 상태가 불가피한지 어떤지는 바로 통치기술의 문제가 된다.

우리는 정치적 행위를 자기 및 타자들에 관한 통치기술을 구축하는 것으로서 고찰함으로써, 전략적 관계와 지배 상태를 함께 '문제적인 것'으로 만들고 양자를 정치적 쟁점으로 만들어 더욱 더 변형시키는 조건을 창조할 수 있다. 그러한 의미에서 통치기술은 바로 질문의 수단 그 자체이며 실험의 장으로서 존재한다. 다양한 전략적 관계 바깥에서는, 그리고 지배 상태의 안쪽에서는, 실험이나 상황의 변혁이 불가능하다. 실험과 변혁은 지배 상태 — 이것은 가능성을 창조하는 모든 공간을 폐쇄하려고 한다 — 에 대항하는 기술과 장치를 만들어냄으로써, 전략적 관계와 지배 상태 '사이'에 탈주선을 그리면서 전략적 관계에 대해 새로운 유동성과 가능성을 부여하는 것에서 시작하기 때문이다. 전복 가능성은 법과 권리의 초월성에 의해서도, 평등의 범주를 긍정하는 것에 의해서도 보장되지 않는다. 그것을 보장하는 것은, 예컨대 연대조직에서처럼 유동적인 제도와 노마드들의 작용이다.

이러한 새로운 제도는 기존 권력에 의한 다양한 분할과 역할의 배치를 혼란시켜, 이분법적(또는 변증법적)인 선택지(남성/여성, 자본가/노동자, 시민/외국인, 취업자/실업자 등) 안에 사로잡힌 상태로부터 우리가 탈주할 수 있도록 해준다. 거기에는 권력의 미시물리학과 지배제도 '사이'의 공간이 있다(그것은 처음부터 부여되어 있는 공간이 아니라 우리가 발명하고, 구축하고, 유지해야 하는 공간이다). 그 공간은 생성변화와 창조의 정치에, 그리고 주체화의 새로운 형태의 발명에 적합하다.

결국 푸코, 들뢰즈와 가타리는 다양체의 정치를 사고하고 실천하려면 분자적인 것과 몰적인 것 사이를, 지배관계와 전략적 관계 사이를 항상 특이한 방식으로 그려내는 다양한 공간과 선에서 출발해야 한다는 것을 말하고 있다.

그것이야말로 현재 일어나고 있는 다양한 운동의 의미이며, (우파 혹은 좌파의) 몰적인 제도에 대한 거부의 의미이다. 그리고 그것이야말로 전쟁이라는 별개의 지평에서 새롭고 열린 사회관계를 구축하기 위한 유일의 수단이다.

전쟁 체제

통제사회가 가져온 전쟁 패러다임은 규율사회를 특징짓고 있었던 전쟁 패러다임과는 완전히 다르다. 현재 우리가 살아가는 이 새로운 전쟁 체제는 이미 우리가 정의한 뇌의 협동의 결과이고, 그에 대한 직접적인 반응이다. 차이와 반복의 패러다임은 다양한 가능성을 창조하는 권력^{pouvoir}에 기반하고 있고, 또한 차이화의 운동으로의 열림에 기반하고 있다. 이 차이화의 운동은 예측불가능하고, 불확실하고, 불확정적인 상태를 가져오고, 정치적·경제적 시스템을 밑바닥에서부터 침식한다.

여기서 우리가 살고 있는 전쟁 체제(국내에서는 안전관리의 정치, 국외에서는 제국주의적인 전쟁)에 관하여, 우리의 가설에 따라 그 기원을 탐구하고자 한다. 자본주의는 사건을 통합하는 힘을 가지지 못해서, 사건을 단순히 예외로 간주할 수밖에 없다. 그러나 그것은 통제사회에서 전쟁이라는 예외상태가 언제나 펼쳐진다는 것을 의미한다.

이 문제는 예전의 규율사회에서는 더 명확히 한정되어 있었다. 즉 규율사회는 재생산 사회이며, '외부'를 감시하고 사건(및 사건을 낳는 불확실성)을 '예외'로서 관리하는 사회였다. 정치적·경제적 층위에서 습관이나 규칙, 규범을 새롭게 발명하고 혁신하고 단절시키는 것에 의해서 일종의 '예외적'인 상황이 만들어지긴 했지만, 당시에는 그 범위도 한정되어 있었다.

경제적 생산은 주기적으로 일어나는 공황에 의해 중단되었고, 또한 그와 마찬가지로 정치적 시스템은 주기적으로 일어나는 예외상황, 즉 '혁명'에 의해 중단되곤 했다. 맑스는 그러한 19세기의 상황과 결부된 관점에서 경제적 사이클의 주기성을 측정하고 예측하는 것이 가능하다고 주장했고, 나아가 경제적 사이클의 단절에 정치에서의 중단을 합류시키기를 원했다. 요컨대 경제 공황과 정치 위기로 나타나는 사건은, 여러 주기에서 경제성장(경제적 평화) 및 정치적 안정(정치적 평화)과 교대로 일어나는 사건이다.

통제사회의 탄생은 그러한 사이클과의 단절과 결부되어 있다. 그것은 자본주의가 사건과의 조화에 무력하거나 또는 그 조화를 이루기 어렵다는 것을 명확하게 보여 준다. 슈미트Carl Schmitt와 슘페터Joseph Alois Schumpeter의 저작은 그 무력함을 표현하고 있다. 그들의 저작에 의해 사람들은 재쟁산과 창조의 관계, 규범과 예외의 관계, 발명과 인습routine의 관계가 전도되고 있다는 것 ─ 그것은 당시 서구사회에서 점차 표면화되고 있었던 것인데 ─ 을 민감하게 의식하게 되었다. 슈미트와 슘페터가 저작을 쓰고 있었던 20세기 전반은, 우리의 가설에 의하면 통제사회가 이미 고유의 논리에 따라 전개되고 있었던 시대였다. 이제 사회는 외부를 감금하는 것이 불가능하게 되었고, 외부는 외부 그대로 통제되어야 하는 것이 되었다. 자본주의는 이 외부를 어떻게 통제하고 사건의 역학을 어떻게 통합할 것인가? 슘페터와 슈미트는 이 통제와 통합을 그들의 이론 안에 실현하려고 시도했다. 사건, 발명, 가능성의 창조, 위기적 상황 ― 즉 차이와 반복의 배치 ― 을 슘페터는 경제현상의 기반으로 간주했고, 슈미트는 정치적 행위의 특성으로 간주했다. 이 두 사람의 독일어권 학자는 법과 경제 문제를 사건을 고려하여 고찰하면서, 통치 권력의 문제를 의지 결정의 문제로, 노동 분업이라는 경제적 문제를 혁신의 관리라는 문제로 바꾸었다.

이미 언급했듯이 사건과 가능성의 창조와 혁신은 (경제에서도 법률에서도) 기존의 규범과 규칙에 맞지 않는 것이어서, 사건의 공백상태로, 그것들의 실천이 가져오는 결정 불능의 상태로, 그것들이 실현할지도 모르는 다양한 목적의 이질성으로 길을 연다.

슘페터는 이러한 공백, 불확실성, 예견불가능성을 자신의 이론에 편입하여 그것들을 경제의 원동력으로 간주했다. 고전경제학과 신고전경제학이 노동이나 효용의 관점에서 부를 정의한 것과는 달리, 슘페터는 발명과 혁신에 의한 경제적 관습에서의 단절이라는 관점에서 부를 정의했다. 잉여가치의 생산이 사건에 의존하고 있어도, 사건 그 자체는 경제와 직접적인 관계를 가지고 있는 것은 아니다. 발명은 외부에서, 즉 사회의 창조적 역능에서 초래된 것이다. 슘페터에게 기업가란 발명에 의해 경제적인 예외상태를 결정하고, 그것(발명)을 혁신으로서의 경제 과정 안으로 삽입하여 거기서 횡령을 행하는 사람들이다. 자본주의 정신은 이제 합리주의 정신에 의해서도, 프로테스탄티즘의 윤리(금욕을 기조로 하는 종교윤리)에 의해서도 드러나지 않는다. 그것은, 슘페터가 쓴 바에 의하면, 니체적인 색채에 의해 드러나는 것이다.

안또니오 네그리
(Antonio Negri 1933~)

한편, 슈미트는 규율사회의 정치 시스템에 수반하는 상대적 안정성이 외부의 '해방' 및 차이와 반복의 배치에 의해 밑바닥에서부터 상실되고 있다는 것을 강렬하게 감지하고 있었다. 권리와 법률 시스템은 사건을 직시할 수 없다. 권리와 법률은 이미 존재하고 있는 것에 관해서밖에 말할 수 없기 때문이다. 법과 사건이 함께 생긴다면, 법이 현실에 작용하려면 어떻게 해야 하는가? 지금 바로 일어나고 있는 사건들 - 그것이 실현될지 어떨지도 불확실하고, 위험으로 차 있으며, 예측할 수 없는 사건들 - 에 관한 규범을 만들려면 어떻게 해야 하는가? 과연 사건의 예측불가능성에 규범을 적용하는 일이 가능할까? 권력이 현실에 대해 영향력을 가질 수 있는 것은, 모든 것이 연속적으로 (비록 잠재적이라도) 변화하고, 진화하고, 생성과 해체의 도상에 있을 때뿐이다. 슈미트는 사건에 의해 초래된 정치적 공백상태를 자신의 이론에 편입하려고 했다. 그는 예외상태에 관해, 의지를 통한 결정으로 사건을 법적 기반 안에 편입시키는 것이라고 생각했다. 이때, 예외상태와 그 상태에 관한 결정은 정치적 행위에 고유한 것이 된다. 즉, "주권자는 예외상태에 관해 의지를 통해 결정을 내려야만 하는 존재이다."

어떻게 해야 사건을 길들일 수 있는가? 안토니오 네그리Antonio Negri에 의하면 예전의 민주주의가 구성적 권력의 장치를 손에 넣은 것은 예외상태, 위기, 정치적 사건과 대치하기 위해서였다. 그러나 당시는 아직 구성적 권력이 일시적이고 예외적인 범주로 제한되지 않으면 안 되었다. 그것은 이례적인 권력으로서이 가치밖에 가지지 않는 것이었다. "구성적 권력에 고유한 시간은 경이적인 가속력을 수반하는 시간이고, 사건의 시간이며, 특이성을 일반성에 이르게 하는 시간이다. 그러한 시간은 포위되고, 강제로 정지되며, 법의 범주 안으로 끌려 들어와ramener 행정적 관례로 왜소화되게 된다."[22]

슘페터와 슈미트 두 사람 모두 사건을 20세기의 문제로서 인식함과 동시에, 사건에 예외적 지위를 부여하는 것이 가능하다고 생각했다. 또한 그들은 그럼으로써 자본주의의 두 가지 근본적인 제도 ─ 즉 경제와 법률 ─ 를 구해낼 수 있다고 생각했다. 그러나 그들은 동시에 기업가와 주권자는 어느 쪽이든 필연적으로 쇠퇴할 운명에 있다는 사실도 이해하고 있었다. 슘페터에 의하면 기업가는 합리화 과정에서 배척되어 가는 존재다. 즉 합리화 과정 안에서 어떤 혁신은 거대 기업의 논리 안의 인습에 통합되어, '전문가 팀'에 의해 '예측 가능하고 통제 가능'한 수순에 따라 관리 받게 되었다. 그리고 슈미트에 의하면, 주권자가 국가를 통해 자신의 의지로 결정을 표현함에 따라 국가는 그 힘과 합법성을 잃어버릴 운명에 놓인다. 즉 "정치적 통일의 모델로서의 국가, 모든 독점 형태 안의 최대의 예외로서 정식으로 인정받는 국가, 정치적 결정의 독

---

22. Toni Negri, *Le Pouvoir constituant*, PUF, 1997, p. 3.

점자로서의 국가는 그 권좌를 잃어버리고 있다."[23]

그러나 그와 같은 경제와 법의 위기가 일어났던 것은 다양체의 출현에 기인한다.

슘페터는 기업가가 사라져 가는 이유를 올바르게 파악하지 못했다. 즉 기업가가 사라져 가는 이유는 대기업이 발전하고 합리화가 진전해 가는 데에 있는 것이 아니라, 새로운 것의 창조와 실현이 다양체의 활동의 결과라는 데에 있는 것이다. 마찬가지로 슈미트 또한 정치적 통일의 기반이 붕괴되고 있는 것의 원인을 잘못 보았다. 즉, 정치적 통일의 기반을 붕괴시킨 것은 이제 전체화나 통합, 민중이라는 개념에 의한 통일로 향하지 않는 탈중심적이고 분산적이며 다양한 힘이다. 사건과 다양체의 힘을 자본주의는 소화할 수 없는 것이다.

최근 아감벤Giorgio Agamben의 저작은 예외상태라는 개념에 관심을 기울여, 이 개념을 둘러싼 벤야민과 슈미트의 논쟁에 대해 언급하고 있다는 점에서 주목할 만한 가치를 가지고 있다.[24] 발터 벤야민Walter Benjamin은 이미 1940년대에 "압정으로 고통 받는 사람들"에게 "예외상태는 규칙이다"[25]라고 썼다. 이 말에 따르면, 당

23. C. Schmitt, *La notion de politique,* Calman-Lévy, 1972. [카를 슈미트, 『정치적인 것의 개념』, 김효전·정태호 옮김, 살림, 2012.]

24. Giorgio Agamben, *État d'exception,* Éd, du Seuil, 2003. [조르조 아감벤, 『예외상태』, 김항 옮김, 새물결, 2009.]

25. Walter Benjamin, "Théses sur le concept d'histoire", in *Œuvres,* vol. 3, Gallimard, Folio, 2002. [발터 벤야민, 『역사의 개념에 대하여 / 폭력비판을 위하여 / 초현실주의 외』, 최성만 옮김, 길, 2008.]

시 벤야민은 다가올 통제사회의 현실성을 꿰뚫어보고 있었다. 즉 벤야민은, 경제적 사이클에서도 정치적 사이클에서도, 이제 발명과 재생산이 구별되고 정상상태와 예외상태가 구별될 수 있는 가능성이 사라지고 있음을 꿰뚫어보았던 것이다. "이제 위기는 존재하지 않는다" 또는 "위기는 항상적으로 되었다"라고 썼을 때, 우리는 벤야민과 동일한 것을 주장하는 것이다.

그러나 벤야민과 아감벤이 그러한 상황을 설명하기 위해 들었던 이유는, 우리가 볼 때 매우 취약하다고 생각된다. 우리가 이 책 전체를 통해 검증해 왔듯이, 통제사회의 경제와 정치를 전복하고 있는 것은 가능세계의 발명과 증식, 분기이다. 사회과학은 통제사회를 위험risk 사회로 정의함으로써 이 새로운 상황을 이해하려고 한다. 그러나 거기에서는, 사건으로서의 새로운 것의 창조는 이제 예외가 아니며 다양체의 창조적 역능이야말로 현실을 구성하는 원인이라는 것이 부정적이면서 애매한 방식으로만 말해질 뿐이다.

만약 경제적 과정을 전체화하는 권력이나 정치체제의 통일성, 즉 경제와 정치의 유일한 가능세계가 다양한 가능세계의 증식에 의해 일상적으로 그 기반이 허물리고 있다면, 예외상태야말로 탈주와 실험과 창조 — 다양한 개인과 포스트사회주의의 정치운동이 투쟁 속에서 성취하는 것 — 를 통제하기 위한 유일의 장이 될 것이다. 예외상태는 위협이며, 잠재적으로는 항상 거기에 있다. 그 위협에 의해 유일의 가능세계는 공립 불가능한 많은 가능세계 안에서 폭발하게faire exploser 될지도 모른다. 그러한 위협이야말로, 권력이 '끝없는' 전쟁을 하지 않으면 안 되는 이유이다. 어떤 국가라고 인정할 수 없는 적 ─ 카프카의 소설에 등장하는 노마드들처럼 그들이 어디에서 왔는지, 어떻게 제국 중심부에 눌러앉게 되었는지를 아무도 모르는 ─ 은 얼굴을 가지지 않을 뿐만 아니라 끝없이 정체성을 변화시켜서, 그들의 정체를 붙잡았다고 생각해도 곧 변신해 버린다. 그 적이란 테러리즘이 아니라 다양체이다.

임의의 주체성과 그 정체성으로의 생성변화는 그러한 적이고, 국가가 전쟁에 의해 파멸시키고자 하는 적이다.

이미 1970년대 말에 들뢰즈와 가타리는 다음과 같이 지적했다. 즉 '글로벌한 전쟁기계'는 새로운 유형의 적을 정의하게 되었는데, 그것은 이제 별개의 국가도 아니고 별개의 사회체제도 아니며, 어디서나 출현하는 다양한 형태의 '임의의 적', 즉 "물질적으로 어디에도 소속하지 않은 방해자, 또는 온갖 형태를 취하는 탈주자"[26]라고 정의되는 적이라고 말이다.

이 책에서 우리가 묘사한 거대한 변동은, 들뢰즈와 가타리에 의하면 "전쟁을 목적으로 하지 않는 노마드 혹은 소수자의 전쟁기계"를 그 원인으로 하고 있다. '소수자의 전쟁기계', 즉 다양체는 "전쟁 그 자체와 매우 다양한 관계"에 있다. 그 관계는 국가와의 대결을 수반한다. 그리고 그 대결에서는 다양한 위험이 결정화되는데, 창조로 향하는 탈주선이 파괴를 향한 선으로 반전될지도 모른다.

국가와의 이러한 관계에는 많은 가능성이 포함되어 있지만, 들뢰즈와 가타리는 그 중 두 가지 가능성을 고찰하고 있다. 첫 번째

---

26. Deleuze et Guattari, *Mille Plateaux*, p. 526. [들뢰즈·가타리, 『천 개의 고원』.]

는 국가가 노마드의 전쟁기계를 횡령하여 (그것을) "다양한 정치 목적에 종속시키면서 그 기계에 전쟁이라는 직접적인 목적을 부여"[27]할 가능성이다. 이 경우 전쟁은 "돌연변이의 실패 혹은 타락이고, 변이muer의 역능을 잃어버린 전쟁기계에 남은 유일한 목적"이다. 두 번째는 전쟁기계가 그 자신을 하나의 국가장치로서 다시 만들고, 파괴밖에 행하지 않게 될 가능성이다(나치즘).

우리는 현재 지금까지 없었던 상황을 살아가고 있다. 그리고 여기에서 제시한 두 개의 선택지로부터 우리는 탈주할 수 있으리라고 생각된다.

한편으로 국가는 소수자의 전쟁기계를 전유하고 그 기계에 전쟁이라는 직접적 목적을 부여하려고 하지만, 그러한 국가의 의지는 매우 강력한 저항에 부딪칠 것이 확실하다. 이미 우리가 이 책 전체에서 명확히 해 왔던 바에 따르면, 다양체가 자신을 지키기 위한 다양한 전략은 변이의 역능을 전개하는 데 있어서 직선적인 과정을 밟지 않는다.

다른 한편, 전쟁기계는 고유의 국가장치를 만들어 내지 않는다. 비록 전쟁기계가 다양한 경향에 의해 그러한 방향(가령 안전관리의 정치)으로 이끌린다고 해도, 있을 수 없는 일이다. 실제로 우리는 "아마조네스의 국가, 여성의 국가, 불안정노동자의 국가, '거부자'의 국가"[28] 등을 생각할 수 없다.

---

27. 같은 책, p. 524.
28. 같은 책, p. 590.

적/아군의 관계(이것은 슈미트를 절망하게 만든 것이다)는 다수자의 비대칭적인 작용이 확대되면서 해체되었다. 그리고 자본의 나쁜 변증법(이는 맑스주의자를 절망하게 만든 것이다)은 협동이 다양하게 분화·확대되면서 타파되었다.

현대의 전쟁은 다수자/소수자 장치가 가지고 있는 또 하나의 측면을 명확히 한다. 즉 모든 인간은 잠재적으로는 소수자이며, 다수자의 사실은 개인의 사실이 아니라는 측면이다. 즉 다수자의 모델은 구체적인 개개의 인간에 관여하지 않는 공허한^{vide} 모델이지만, 생성변화는 세계 전체와 관련된다. 다양체에서 '글로벌한 여론'을 만들어 내고, 그와 같이 만들어진 여론에 대해 전쟁이라는 직접적인 목적을 부여하려는 시도는 밑바닥에서부터 거부되고 있다. 다양한 많은 사람들의 의지는 다수자의 장치에 수반하는 인공적이고 공허한 성질을 명확히 보여 주고 있을 뿐만 아니라, 그 장치가 의미하는 모든 것을 부정하고, 그 장치가 합법적인 것임을 부정하며, 그 장치에 편입되는 것을 거부하고 있다. "당신들의 전쟁은 우리들의 전쟁이 아니다! 당신들은 우리들의 이름으로 전쟁을 해서는 안 된다!"

다수자의 공허한 모델은 다양한 믿음과 욕망을 포획하는 것이 불가능함에도 불구하고 가공할 파괴적 힘에 의해 기능하고 있다. 그러나 이 공허한 모델의 안쪽을 관통하고 있는 거부의 힘 또한 이 모델과 마찬가지로 강력하다. 그 거부의 힘은 아직 전쟁을 막기까지에는 이르지 않았다고 해도 자신을 표현하고 있으며, 또한 이후에도 계속 표현하고 활동할 것이다(전쟁 중에도, 전쟁 후에도).

　그와 같은 거부는 바로 근대 서구정치의 기반을 다시 묻는 일이다. 전쟁 또는 전쟁의 공포야말로, 17세기 이후 국가를 중개로 하여 다양체에서 다수자 모델(민중)로의 변형이 일어난 이유이기 때문이다. 예측 불가능하고 새로운 상황에 길을 여는 이러한 사건에 관하여, 그 영향력^{portée}을 평가하는 것은 어렵다. 다만 긴 안목으로 보면, 이 거부는 현재도 계속 기능하고 있는 여타 다양한 다수자 모델(시청률, 이성애의 규범, 임금노동, 시민권 등) ─ 이 모델들은 전쟁을 직접적인 대상으로 삼고 있지 않기 때문에 계속 기능하고 있다 ─ 로부터 정당성을 탈취할지도 모른다.

　들뢰즈와 가타리는 우리에게 다음과 같이 조언하고 있다. ─ "우리 시대는 소수자의 시대다."

　그러나 소수자의 문제는 '부정적인 것'을 알지 못하는 차이의 증식 문제와 동일하지는 않다. 그것은 또한 국가와 자본주의, 나아가 탈주선에 수반되는 파괴적인 힘 ─ 탈주선이 파괴의 선으로 변해 버릴 때의 힘 ─ 을 정지시키는, 기쁜 생성변화^{joyeux devenir}의 문제와도 동일하지는 않다.

　차라리 소수자의 문제란 자본주의를 타도하는 것이고, 사회주의를 다시 정의하는 것이며, 글로벌한 전쟁기계에 다양한 수단으로 반격할 수 있는, 별개의 전쟁기계를 수립하는 것이다.[29]

———————————

29. 같은 책.

:: 감사의 말

　초고의 전부 또는 일부를 읽어준 데 대해, 프랑소와 피네Fraçois Fine, 타티아나 로끄Tatiana Roque, 브라이언 올롬스Brian Holmes와 안느 퀘리앙Anne Querrien에게 감사드린다. 그들에게서 받은 많은 시사와 비판에 의해 이 책을 보다 풍부하고 좋게 만들 수 있었다.

　이 책은 깔라브리아Calabria 대학의 '과학·기술·사회' 강좌 박사 과정에서 행해진 5회 강연의 성과로서, 루베띠로Rubbettiro 출판에 의해 2004년에 간행되었다.

1

이 책 『사건의 정치』는 2004년 이탈리아에서 출간된 *La po-litica dell'evento*의 일본어 번역판, 『出来事のポリティクス, 知─政治と新たな協働』(洛北出版, 2008)을 저본으로 삼아 번역한 것이다. *La politica dell'evento*는 이탈리아 칼라브리아 대학 '과학·기술·사회' 박사과정 강좌에서 진행된 랏자라또의 다섯 번에 걸친 강연 원고를 바탕으로 저술한 책이다. 일본어 번역판은 *La politica dell'evento*의 프랑스어판인 『자본주의 혁명』(*Les révolution du capitalisme*, Les empêcheurs de penser en rond, 2004)을 저본으로 하여 번역한 것으로, 일본어 역자들에 의하면 랏자라또는 이 프랑스어판을 저본으로 번역할 것을 권했다고 한다(랏자라또는 파리에서 활동하는 지식인이어서 주로 프랑스어로 저술한다).

이 한국어판은 일어 번역판을 저본으로 번역한 것이지만, 주요 개념에 대해서는 프랑스어판인 『자본주의 혁명』과 일일이 대조·확인하여 일본어판 번역어를 한국에서 통용되는 번역어로 다수 수정했다. 가령, 'agencement'을 일본어판에서는 '동적편성'動的編成으로 옮기고 있지만 이 책에서는 '배치'로 옮겼다. 어떤 면에서는 '동적편성'이 들뢰즈/가타리 철학에서의 'agencement'이 의미하는 바를 더 잘 전달한다고 생각되기도 하지만 한국에서 통용되는 번역어 '배치'와 다른 번역어로 번역하면 아무래도 한국 독자에게 혼란을 가져올지도 모른다는 생각이 들었다. 이러한 이유로 일어판 번역어를 수정하여 번역한 예가 적지 않다.

이 책의 저자인 랏자라또는 안토니오 네그리의 제자로서, 잡지 『뮐띠뛰드』*Multitudes*지의 창간 발기인이자 편집위원이며, 에릭 알리에 등의 들뢰즈파 철학자들과 함께 타르드 저작집 간행의 중심적인 역할을 담당했던 인물이다. 특히 랏자라또는 이 책에서 타르드 사상 – '신모나돌로지' – 의 중요성을 강조하고 그가 전개하는 '사건의 철학'의 이론적 기반으로서 타르드 사상을 끌어오고 있다. 일본어 역자에 따르면, 랏자라또는 2002년 저작 『발명의 역능 – 정치경제학에 대항하는 가브리엘 타르드의 경제심리학』을 통해 타르드가 만년에 자신의 사상을 집대성한 『경제심리학』에 대한 우수한 연구를 발표하기도 했다. 이 저작은 랏자라또의 이론적 기반을 확립한 책이라고 한다. 그리고 랏자라또는 반反WTO·반反G8 운동에 관여했으며, 이 책에도 등장하는 엥떼르미땅이나 불안정생활자(프레카리아트) 등의 연대조직 활동에도 참가하고 있는 실천적 지식인이기도 하다.

랏자라또가 처음 한국에 알려지게 된 것은 1997년 갈무리 출판사에서 출간된 『이탈리아 자율주의 정치철학 1』에 그의 논문이 번역되면서부터였을 것이다. 이후 같은 출판사에서 출간된 『비물질노동과 다중』(2005)의 2부에 그의 논문들이 다수 실리면서 랏자라또의 논의가 본격적으로 소개되었다(이 논문들 중 「자본-노동에서 자본-삶으로」는 『사건의 정치』 3장이 축약된 글이다. 영어에서 번역된 그 논문은 이 책의 번역과 다소 차이가 있는데 비교해서 읽어보아도 좋을 것이다). 랏자라또가 한국에서 좀 더 널리 알려진 것은 『부채인간』(메디치미디어, 2012. 원서 출간은 2011년)의 번역 출간을 통해서이다. 이 책은 한국에서도 부채 문제가 심각해지면서 상당한 주목을 받았다.

그러나 랏자라또의 사회 이론의 전모가 본격적으로 소개된 것은 최근 갈무리에서 번역 출간된 『기호와 기계』(원서 출간 2014년)일 것이다. 『부채인간』이 그리스 등의 유럽 재정위기에 맞추어 '부채'를 중점적으로 탐구한 책이라면 『기호와 기계』는 현대 사회에 대한 철학적 분석을 통해 작금의 '복종'과 '예속'에 대해 깊이 있게 논하고 있다. 그리고 이 책 『사건의 정치』(2004년)의 번역 출간 역시 랏자라또 사상 전모를 이해하는 데 도움이 될 것이다. 이 책 출간 이후에도, 『부채 통치』(원서 출간 2014년)와 『정치의 실험들』(원서 출간 2009년) 등 랏자라또의 책이 갈무리에서 연속 출간될 예정이어서 한국에서 랏자라또의 실천적인 사회사상 전반이 어느 정도 드러날 것이라고 생각한다. 이 책들의 출간을 계기로 랏자라또의 사상에 대한 많은 이들의 관심과 토론이 이어졌으면 하는 바람이다. 지금까지 번역된 랏자라또의 책과 논문들을 읽고 또 번역하기도 한 사람으로서, 그의 사상은 앞으로 한국에서 전개될 이론적 토론과 사회운동에 어떤 '가능성' ― 이 책의 핵심 개념이기도 한 ― 을 열 수 있다고 보기 때문이다.

2

여기에 이 책 『사건의 정치』에 대한 옮긴이 해설이나 설명을 덧붙이면 오히려 군말이 될 것 같다. 이 책은 논리전개가 비교적 깔끔하고, 책의 구성도 잘 자리 잡혀 있으며, 강연의 원고를 바탕으로 해서인지 논의가 비교적 난해하게 서술되고 있는 편도 아니어서 굳이 또 다른 정리가 필요할 것 같지 않기 때문이다. 그리고 사회과학이나 철학 담론에 익숙하지 않은 본 역자가 '해설'을 시도했다가는 이 책의 내용을 잘못 전달할지도 모른다는 두려움도 있다. 그러나 이 책을 번역하면서 든 역자의 생각을 독자에게 전해도 하나의 독서 기록이라는 점에서 의미가 없진 않겠다는 생각은 든다.

이 책 『사건의 정치』는, 방금 위에서 거론한 랏자라또의 단독 저술들 중에서 가장 먼저 (원서가) 출간된 책으로, 랏자라또 사상의 철학적 바탕을 보여 주고 있는 책이라고 해도 틀리지 않을 것이다. 특히 1장은 주로 라이프니츠와 타르드의 모나드론, 그리고 들뢰즈의 철학을 통해 '사건'과 '가능성'에 대해 철학적으로 해명하고 있다. 랏자라또는 사건의 철학을 '헤겔-맑스'의 전통이 제시한 '주체의 절학'과 선명하게 대조하면서 설명해 나간다. 주체의 철학이 동일성의 철학이라면 사건의 철학은 차이의 철학이다. 노동을 핵심 개념으로 삼고 있는 주체의 철학에서 가능성은 결국 동일성의 반복에 불과한 것으로 취급된다면, 사건의 철학에서 가능성은 차이의 생성과 반복으로 인식된다. 주체의 철학은 사건을 '객체'로서 인식하여 주체의 동일성으로 회수하고 그 사건의 차이성이 지닌 역능을 박탈한다. 이와는 달리 사건의 철학은 사건이 열어놓는 시공간에서 그 차이성을 더욱 가동하여 새로운 일관성을 구축해 나가고자 한다.

랏자라또의 책이 가지는 미덕 중 하나는, 그의 이론적 탐구가 항상 사회 현실에서 벌어지는 '사건'에 대한 성실한 대응 속에서 그 사건을 이해하고, 급진적인 입장에서 대안적인 전망을 찾아나가면서 이루어지고 있다는 점이다. 이 책도 역시 그러한데, '사건의 철학'은 이 책의 서두에서 사건의 예로서 소개되고 있는 1999년의 '시애틀 봉기'에서 촉발되어 사유되었던 것으로 보인다. 그리고 책의 앞부분인 1~2장에서 전개된 철학적 담론은 3장과 4장의 현대 사회와 문화에 대한 구체적인 분석, 그리고 5장에서의 프랑스에서 전개된 '엥떼르미땅'의 투쟁이 지닌 현대적 의의의 도출과 긴밀하게 결합되고 있다. 그의 책은 현대 사회에서 나타난 사건들에 대한 이론적 응답이며 그 사건이 열어놓는 지평에서 대안을 찾아가는 작업의 산물이다.

랏자라또는 이 책에서 시애틀 봉기라는 사건에 대해 사유하면서, 주체의 철학은 더 이상 이러한 사건들이 열어놓는 정치적 시공간을 사유하거나 적절히 대응하지 못한다고 평가한다. 이에 그는 사건의 특이성에 대해 사유해 왔던 라이프니츠와 타르드의 모나드론, 바흐친의 대화주의의 의의를 들뢰즈의 잠재성의 철학을 경유하여 재조명하고 재구성한다. 그래서인지 이 책에서 우리는 유럽 '좌파' 운동의 주류를 형성했던, '주체의 철학'에 기초한 전통적인 맑스주의 노동운동 ─ 노조를 중심으로 한 ─ 에 대한 비판과 자주 만나게 된다. 나아가 그는 가능성을 발명하면서 사건을 창출하고, 그 가능성을 실효화하는 운동의 새로운 방향을 조명한다. 이 책을 쓸 때만 하더라도, 랏자라또는 그 새로운 방향이 변혁운동의 새로운 차원을 열어나갈 수 있으리라고 낙관한 것 같다.

하지만, 『사건의 정치』가 보여 준 그러한 비판과 낙관은 『기호와 기계』에서는 그 강도가 좀 약화되는 듯한 느낌이 든다. 그것은 랏자라또가 금융위기와 유럽 재정 위기를 거치면서 자본주의의 동학에 대해 좀 더 깊이 생각하고, 낙관할 수만은 없는 변화된 상황 ─ 개인의 자율성을 부각시킨 신경제가 붕괴되고 부채가 사람들을 노예화하는 상황 ─ 에서 자본주의 체제 자체에 대한 변혁을 더욱 더 생각해야 될 필요성에 직면했기 때문인 것 같다. 그래서 이러한 정세 속에서 저술된 『부채인간』을 거쳐 『기호와 기계』에 이르면, 맑스가 다시 현 시대에 중요한 사상가로서 호출되고 있으며, 나아가 레닌주의적인 '단절'까지 펠릭스 가타리를 따라 요구하고 있는 것이다. 요컨대 『사건의 정치』에서의 맑스(주의) 비판은 최근 랏자라또의 저작에서는 일정한 변화를 보이고 있는 것으로 보인다.

또한 『사건의 정치』에서는 가능성의 발명이 (다소 낙관적으로) 중시된다면, 『기호와 기계』에서는, '자기를 자율적으로 기업화하는 노동자'라는 신자유주의의 주체성이 붕괴되고 부채 경제의 노예화밖에 길이 없게 된 '주체성의 위기'의 시대에 대응하여, 미적 패러다임(가타리)을 따르면서 '진실 말하기'라는 의미의 '파르헤지아'를 통해 차이를 생성(푸코)하는 주체성의 특이화('윤리적 차이')

가 중시된다. 즉 『기호와 기계』에서의 랏자라또는, 실존적인 차원에서 사회적 복종과 기계적 예속으로부터 탈주하여, 차이화를 통해 정치적-윤리적인 주체를 구축해 나갈 수 있는 더욱 근본적인 지점을 탐색하고자 하는 것이다.

이렇게 10년의 간격을 두고 간행된 두 책에서 강조점의 차이가 나타나기는 하지만, 『사건의 철학』이 제시한 철학적 노선, 즉 '차이와 생성의 철학'이 『기호와 기계』에서도 지속되고 있다는 것은 분명하다.

앞에서도 말했듯이, 이 책에서 랏자라또는 자신의 이론을 명료하고도 체계적으로 제시하고 있고, 난해한 현대 철학의 이론들을 현대 사회에 대한 분석과 대안적 사회 운동의 현재적 의미화로 구체화하고 있어서, 역자는 이 책을 번역하면서 많은 배움을 얻을 수 있었다. 즉 이 책을 통해, 사건과 가능성, 잠재성, 모나드, 생명정치, 통제사회, 표현/내용 등 현대 사상의 어려운 개념들을 지금 우리가 살아가고 있는 세계에 대해 이해하고 대안을 모색하는 데에 사용할 수 있는 개념으로서 생각할 수 있게 되었던 것이다. 그리고 그러한 개념들을 발명하고 사용한다는 것이 어떠한 의미에서 중요한지도 체감할 수 있었다. 그리고 현대 사회에서의 삶에 대해서도 '사건'과 '가능성'이라는 개념을 통해 다르게 사고할 수 있는 길을 이 책은 보여 주었다. 이러한 측면에서라도 역자에게 이 책의 번역은 보람 있는 일이었다.

하지만 이 책이 난해한 현대철학을 정리하여 명쾌하게 설명하는 류의 책은 아니다. 이 책에는, 현대 사상의 급진적 정치성을 되살리면서 현 사회를 지탱하고 있는 권력에 저항하고 변혁하는 길을 모색하는, 저자인 랏자라또 자신의 사상적 고투가 담겨 있는 것이다. 그 과정에서 바흐친이나 빠졸리니, 라이프니츠나 타르드와 같은 이들의 사상이 재평가되고 '구제'되며 현실화된다. 그리고 이러한 작업들을 뒷받침하고 있는 것은 들뢰즈/가타리와 푸코 등의 급진적인 현대 사상이다.

3

이 책에서 랏자라또는 라이프니츠의 모나드론을 재해석하여 새로운 모나돌로지를 제시한 타르드의 모나드론을 '구제'하여 현재화한다. 이 책을 읽는 독자는 타르드의 '신모나돌로지'라는 사상이 이 책의 핵심에 자리 잡고 있다는 것에 흥미를 가지게 되리라고 생각한다. 본 역자 역시 이 부분이 흥미로웠는데, '신모나드론'부터가 생소했을 뿐만 아니라 근래 타르드의 책들이 단기간에 번역되긴 했지만 이렇게 철학적으로 접근하여 그 사상의 급진성을 도출하고 있는 논의는 찾아보지 못했기 때문이다. 그리고 타르드의 '신모나드론'이 들뢰즈/가타리의 '미시정치학'과 연결되면서 그 미시정치학이 의미하는 바가 더욱 명료해졌다는 생각이다. 랏자라또에 따르면, 타르드의 신모나드론은 미시와 거시의 영역을 횡단하면서 사회의 변화를 사유할 수 있는 방법을 제공한다. 또한 이 '모나돌로지'는 사회와 개인, 전체와 부분, 보이는 것과 보이지 않는 것의 관계를 구조주의와는 다르게 사고할 수 있는 길을 제공하는 바, 최근 논의되고 있는 '정동이론'과도 연결될 수도 있는 논리를 제공한다고 생각한다(이는 문학이나 예술에도 새로운 시야를 제공할 수 있는 이론이라고 본다).

이 밖에도 이 책에는 흥미로운 논의가 많이 들어 있다. 들뢰즈가 논의한 '통제사회'를 '인지정치'라는 새로운 개념을 통해 이론화하면서 우리의 의식과 정동을 변조하는 현대 자본주의 세계를 분석한 2장도 무척 흥미롭다. 이 논의는 현 자본주의 '기업'에 대한 3장의 논의와 연결된다. 랏자라또는 기업을 공장과 구별하고, 기업은 미리 가능세계를 생산함으로써 '대안은 없'는 세계를 창출하여 이를 통해 착취를 행한다. 다시 말하면, 기업은 자신이 만든 가능세계만이 가능하며 다른 세계의 도래는 불가능하다고 생각하도록 사람들을 변조하고, 그들이 그 한정된 세계 속에서만 욕망하게 만들며, 그럼으로써 착취의 우주를 형성한다는 것이다. 그래서 이에 대항하여 대안세계화 운동은 "다른 세계는 가능하다"는 구호를 내세웠던 것이다. 그리고 가능성을 한정하여 절취하는 작금의 자본주의는 부채로 운영되는 현 금융 자본주의 시스템과 직결된다. 이는 이제 현대 자본주의는 노동자의 현재시간만을 착취하는 것뿐만 아니라 미래의 시간을 착취함으로써 작동한다는 것을 의미한다.

랏자라또는, 현 자본주의가 마이크로소프트사나 구글에서도 볼 수 있듯이 '뇌의 협동'이 형성한 공통적인 것을 절취하면서 가치를 축적하고 있다는 점도 빼놓지 않고 논의하고 있다. 랏자라또가 보기에 먼저 존재하고 있는 것은 자본주의 시스템 외부에서 형성되는 집단적인 뇌의 공통적인 발명과 창조이다. 기업은 이를 통해 창출된 공통재를 포획하여 사유화하고, 발명되고 있는 가능성을 회수하여 가치 회로 속으로 구깃구깃 집어넣는다. 그래서 현 자본주의가 행하고 있는 가능성의 봉쇄란 자본주의 시스템에 의한 '외부의 감금'이라고 말할 수 있다.

자본주의 시스템과 기업은, 발명과 창조가 이루어지는 자신의 외부를 포위·감금하고 포획하여 사유화함으로써 부를 축적한다. 사건을 발명하고 구성하는 정치를 생각하는 랏자라또에게 '사건의 정치'란, 이렇듯 자본과 권력에 의해 포획된 발명의 사건성과 그 가능성을 자유롭게 해방시키는 것, 그러니까 저항과 함께 차이화를 증폭하여 현대 사회의 통제와 관리를 넘어서고 나아가 '구성 권력'의 힘을 증대하는 것이라고 할 수 있다. 정치에서 가능성의 발명과 그 사건성을 증폭하기 위해서는 정치를 실험해야 한다. 랏자라또가 5장에서 '투사'를 발명가나 실험가로 간주해야 한다고 말한 것은 이 때문이다.

이 책의 내용에서 마지막으로 언급하고 싶은 것은 '소수자의 정치'에 대한 논의다. '소수자'는 여성, 장애인, 동성애자, 흑인 등 다수자의 논리에 따라 유형무형으로 낙인찍힌 존재를 의미할 수도 있겠지만, 들뢰즈·가타리나 랏자라또가 생각하는 '소수자'는 그로부터 더 나아가는 존재다. 소수자는 어떤 신원에 국한되기보다는 다수자의 척도로부터 탈주하면서 다른 존재로 변화하는 존재, 생성변화하면서 운동해 나가는 존재를 지칭한다. 흑인이나 여성 중에도, 어떤 한계에 부딪칠 수는 있겠지만 다수자가 되어 버린 이가 있을 수 있다. 그가 어떤 신원이든 사회의 척도에서 벗어나면서 자신을 생성변화시킬 수 있을 때, 비로소 그는 '소수자'에 합당한 존재가 될 수 있다. 랏자라또는 현대인들이 다수자에 편입되기를 욕망하면서 다수자의 척도에 자신의 삶을 맞추는 방향으로 자신을 스스로 통제하고 있는 것에 주목한다. 이럴 때는, 여성이든지 동성애자든지 흑인이든지간에, 그는 다수자에 종속된 삶을 사는 것이다. 이와는 달리 그 척도로부터 탈주하고 자신의 삶을 자유로이 구성하는 '소수자-되기'에서 랏자라또는 대안적인 정치적 주체화의 길을 찾는다.

'평등의 정치'를 주장하는 랑시에르의 논의를 랏자라또가 비판하고 있는 것은 이와 관련된다. 불평등의 사회에서 평등의 획득은 중요하지만(랏자라또가 평등을 위한 운동을 부정하고 있는 것은 아니다), '몫이 없는 자가 평등하게 몫을 요구한다'는 랑시에르의 '평등의 정치'는 다수자의 척도 자체를 문제 삼지 않는다는 점에서, 그리고 평등과 함께 차이화하는 운동을 생각하지 않는다는 점에서 문제가 있다고 랏자라또는 평가한다. 그는 평등의 권리를 넘어 차이화의 생성으로 나아가고자 하는 모범적인 예로서 다나 해러웨이나 로지 브라이도티의 페미니즘을 들고 있다. 그 페미니즘들은, 남성이라는 다수자의 거울로서의 여성을 남성과 평등한 위치로 끌어올리는 것을 넘어서, 다수자의 척도를 형성하는 자기동일성의 논리를 해체 — 이는 '여성'이라는 주체를 해체하는 것이기도 하다 — 하고 차이를 생성하는 주체를 모색하고 있다는 것이다.

이렇듯 랏자라또는 평등의 쟁취와 함께 이러한 차이의 생성을 추구하는 정치학을, 즉 '평등의 정치학'을 넘어서는 '소수자의 정치학' 또는 '차이의 정치학'을 우리에게 제시한다.

이 책이 제시하는 주장들에 대해서 한국에서서 반론을 포함한 많은 의견이 뒤따를 수 있다고 생각된다. 물론 이 책이 전개하고 있는 주장들을 어떻게 받아들일지는 온전히 독자의 몫이다. 사실, 이 책은 제도화되고 구태에 사로잡힌 유럽의 주류 노동운동에 대해 비판 — 더욱 급진적인 입장에서 — 하고 다른 방향의 대안적 운동을 모색하고 있기 때문에, 민주노총 위원장을 감옥에 가두고 있는 반反노동의 정치-사회에서 투쟁해야 하는 한국의 노동운동 활동가들에게 이 책이 설득력을 가질 수 있을지 생각하게 되기도 한다. 하지만 한국의 촛불 운동이 보여 주었듯이 사회의 심대한 변화는 아무도 예측 못한 사건을 통해 벌어진다는 것, 이 사건에 어떻게 대응하고 그 가능성을 현실화하고 실효화하는가가 사회 운동의 미래에 중요한 열쇠가 되리라는 것은 노동운동가를 포함한 많은 이들이 인정하고 있을 것이다. 세월호 참사와 그 이후의 상황 전개에서도 보았듯이, 사건에 잠재해 있는 가능성의 중요성은 점차 한국사회에서도 커져 가고 있으며, 사건이 벌어진 이후에 어떠한 표현을 전개하고 어떠한 행동을 물질적으로 조직하는가가 사회 변화에 관건이 되고 있는 것이다.

어떤 사건에 대해, 그 사건의 성격을 '동일성의 철학'으로 재단하여 대응한다면, 그것은 그 사건이 지니는 잠재성과 가능성을 도리어 협소하게 만들고 특정한 틀에 가두는 결과를 가져올 위험이 있다. 또한 그러한 틀에 박힌 대응은 사건의 장에서 더 이상 영향력을 가지지 못하게 될 것이다. 사건이 가지고 있는 미지의 힘에 대해서는 많은 이들이 인지하고 있으리라고 생각한다. 그렇기에 가능성을 발명하면서 사건의 시공간으로부터 차이를 생성해 나가자고 주장하는 이 『사건의 정치』가, 뜻 가진 이들에게 널리 읽히고 활발하게 토론될 수 있기를 희망한다.

4

이 책의 번역을 의뢰받은 것은, 그때가 언제인지 기억이 가물가물할 정도로 오래전의 일이다. 그동안 역자의 여러 사정을 핑계로 번역을 미루어 왔다. 작년 1월 〈다중지성의 정원〉에서 이 책에 대한 강의를 하게 되면서 전체 초역을 하게 되긴 했다. 그렇지만 초역 원고의 검토와 수정을 갖가지 핑계로 계속 미루다가 최근에야 번역 완성본을 만들었다. 그러나 역자 후기를 쓰지 못해서 또 출간이 미뤄져 왔는데, 이제야 후기를 써서 책 뒤에 붙일 수 있게 되었다. 이렇게 지지부진하게 미뤄온 작업을 끈기 있게 기다려 주신 갈무리 분들에게 감사하다는 인사를 드리고 싶다. 또한 프리뷰를 해주신 선생님께도 감사하다는 인사를 드린다. 한 프리뷰어께서는 일본어 번역투 문장을 세심하게 고쳐 주셔서 문장을 다시 다듬어 내는 데 큰 도움이 되었다. 한 권의 책이 출간되는 데에는 이렇듯 많은 이의 협동이 필요하다는 것을 다시금 느낀다. 하지만 오역이 있다면 당연히 그 책임은 본 역자에게 있다.

이 『사건의 정치』가 많은 이들에게 읽히고 토론되어서 가능성을 발명하는 실험의 정치가 활발하게 모색되기를 희망한다. 그러한 실험의 정치는 문학과 예술을 포함한 모든 분야에서 모색될 수 있을 것이다. 사실 잠재성의 현실화, 가능성의 발명은 시와 예술의 영역에서 행해져 왔던 것이기도 하다. 랏자라또가 이 책에서 가능성을 창출하는 전형적인 예로서 든 바 있는 사랑이 가능성의 발명이기도 하듯이, 예술의 시적인 것은 가능성의 발명을 통해 창출되는 것이다. 저항의 정치는 가능성을 발명하는 시적인 것과 예술적인 것의 수혈을 받음으로써 더욱 강렬하고 역동적으로 변화될 수 있다. 이를 뒤집어 말하면 예술과 시 역시 정치적인 것의 수혈을 받음으로써 더 역동적이고 강렬해질 수 있다는 의미가 될 것이다. 현대의 저항 정치는, 많은 논자들이 지적하고 있듯이, '시-예술'과의 경계를 넘나들면서 이루어지는 경향이 있다. 정치는 '시-예술'적인 것과의 삼투작용 속에서 앞으로 더욱 더 사건적인 성격을 가지게 될 것이며, 그래서 상상력을 필요로 하게 될 것이다. 『사건의 정치』는 현대의 저항 정치가 가지고 있는 이러한 시적이고 예술적인 성격 – 실험성을 포함한 – 을 적실하게 드러내고 있는 책이라고 하겠다.

2017년 9월 28일

옮긴이 이성혁

:: 참고문헌

Agamben, Giorgio. *État d'exception*. Éd, du Seuil, 2003. [조르조 아감벤, 『예외상태』, 김항 옮김, 새물결, 2009.]

Alliez, Éric. "Tarde et le problème de la constitution", présentation de Gabriel Tarde, *Monadologie et sociologie*, Les Empêcheurs de penser en rond, 1999.

Bakhtine, Mikhail. *Esthétique et théorie du roman*, Gallimard, 1978.

―――. *Esthétique de la création verbale*. Gallimard, 1984.

―――. *La poétique de Dostoïevski*. Éd. du Seuil, 1970. [미하일 바흐찐, 『도스또예프스끼 시학의 제(諸)문제』, 김근식 옮김, 중앙대학교출판부, 2011.]

―――. *L'oeuvre de François Rabelais et la culture populaire au moyen âge et sous la Renaissance*. Gallimard, 1970. [미하일 바흐찐, 『프랑수아 라블레의 작품과 중세 및 르네상스의 민중문화』, 이덕형·최건영 옮김, 아카넷, 2001.]

―――. *Pour une philosophie de l'acte*. L'Age d'Homme, 2003. [미하일 바흐찐, 「행위철학」, 『예술과 책임 ― 미하일 바흐찐 대표 저작집 1』, 최건영 옮김, 뿔, 2011.]

Benjamin, Walter. "Thèses sur le concept d'histoire", in *Œuvres*, vol. 3, Gallimard, Folio, 2002. [발터 벤야민, 『역사의 개념에 대하여 / 폭력비판을 위하여 / 초현실주의 외』, 최성만 옮김, 길, 2008.]

Corsani, Antonella et Maurizio Lazzarato, "Globalisation et propriété intellectuelle, la fuite par la liberté dans l'invention du logiciel libre", *Journal des anthropologues*, 2004.

Dyer-Whiteford, Nick. "Sur la contestation du capital cognitif : composition de classe de l'industrie des jeux vidéo et sur ordinateur", *Multitude*, n° 10, Exils, 2002.

Deleuze, Gilles. *Critique et clinique*. Éd. de Minuit, 1993. [질 들뢰즈, 『비평과 진단』, 김현수 옮김, 인간사랑, 2000.]

―――. *Deux régimes de fous*. Éd. De Minuit, 2003.

―――. *Foucault*. Éd. de Minuit, 1984. [질 들뢰즈, 『푸코』, 허경 옮김, 동문선, 2003.]

―――. "Immanence : une vie ⋯ ", *Philosophie*, n° 47, Éd, de Minuit, 1995. [질 들뢰즈, 「내재성 : 생명 ⋯ 」, 『들뢰즈가 만든 철학사』, 박정태 옮김, 이학사, 2007.]

―――. *Le Pli, Leibniz et le baroque*. Éd. de Minuit, 1988. [질 들뢰즈, 『주름 ― 라이프니츠와 바로크』, 이찬웅 옮김, 문학과지성사, 2004.]

―――. "Post-scriptum sur les sociétés de contrôle" in *Pourparlers*. Éd. de Minuit, 1990. [질 들뢰즈, 「후기 ― 통제사회에 대하여」, 『대담 1972~1990』, 김명주 옮김, 갈무리, 근간.]

Deleuze, Gilles et Félix Guattari. *Qu'est-ce que la philosophie?*. Éd. de Minuit. [질 들뢰즈·

펠릭스 가타리, 『철학이란 무엇인가』, 이정임·윤정임 옮김, 현대미학사, 1995.]

_____. *Mille Plateaux.* Éd. De Minuit, 1980. [질 들뢰즈·펠릭스 가타리, 『천 개의 고원』, 김재인 옮김, 새물결, 2001.]

Foucault, Michel. "Deux essais sur le sujet et le pouvoir", in *Dits et Écrits*, vol. II. Gallimard, Quarto, 2001.

_____. *Le pouvoir psychiatrique.* Gallimard/Éd, du Seuil, 2003. [미셸 푸코, 『정신의학의 권력』, 오트르망 옮김, 난장, 2014.]

Guattari, Félix. *Les trois écologies.* Galilée, 1989. [펠릭스 가타리, 『세 가지 생태학』, 윤수종 옮김, 동문선, 2003.]

Hill, Christopher. *Le monde à l'envers.* Payot, 1977.

Kourilsky, Philippe. "L'éthique du Nord sacrifie les malades du Sud", *Le Monde*, 8 février 2004.

Laïdi, Zaki. "La propriété intellectuelle à l'âge de l'économie du savoir", *Esprit*, novembre 2003.

Lapoujade, David. *William James : Empirisme et pragmatisme.* PUF, 1997.

de Lauretis, Teresa. *Soggetti eccentrici.* Feltrinelli, Milan, 1999.

Lazzarato, Maurizio. "La machine de guerre du Ciné-œil et le mouvement des Kinoks lancés contre le spectacle", *Persistances,* n° 4, 1998.

_____. *Videofilosofia.* Manifestolibri. Rome, 1998.

Margulis, Lynn et Dorion Sagan. *L'univers bactériel.* Éd. du Seuil, 2002.

Martin, Jean-Cler. "Tarde : une nouvelle monadologie", *Multitudes,* n° 7, Exils, 2001.

Marx, Karl. *Manuscrits de 1857~1858(Grundrisse).* Éditions sociales, 1980. [칼 맑스, 『정치경제학 비판 요강』 1~3, 김호균 옮김, 그린비, 2007.]

Paik, Nam Jun. *Du cheval à Christo et autres écrits.* Ed. Lebeer Hossman, 1993. [백남준, 『백남준 — 말(馬)에서 크리스토까지』, 백남준아트센터, 2010.]

Negri, Toni. *Le pouvoir constituant.* PUF, 1997.

Rancière, Jacques. *Aux bords du politique.* Gallimard, Folio, 2004. [자크 랑시에르, 『정치적인 것의 가장자리에서』, 양창렬 옮김, 길, 2013.]

Rolnik, Suely. "L'effet Lula, politiques de la résistance", *Chimères*, n° 49, printemps 2003.

Schmitt, Carl. *La Notion de politique.* Calman-Lévy, 1972. [카를 슈미트, 『정치적인 것의 개념』, 김효전·정태호 옮김, 살림, 2012.]

Tarde, Gabriel. "Darwinisme naturel et darwinisme social", *Revue Philosophique.* tome XVII, 1884.

_____. *Essais et mélanges sociologiques.* A. Storck éd., 1985.

_____. *Fragment d'histoire future.* Séguier, 2000.

_____. *La logique sociale.* empêcheurs de penser en rond, 1999.

_____. *La psychologie économique.* Alcan, 1902, tome 1, À paraître Empêcheurs de penser en rond.

_____. *Les lois de l'imitation*. Les empêcheurs de penser en rond, 2001. [가브리엘 타르드, 『모방의 법칙』, 이상률 옮김, 문예출판사, 2012.]

_____. *Les lois sociales Esquisse d'une sociologie*. Les empêcheurs de penser en rond, 1999. [가브리엘 타르드, 『사회법칙』, 이상률 옮김, 아카넷, 2013.]

_____. *Les Transformations du pouvoir*. Les empêcheurs de penser en rond, 2003.

_____. "L'interpsychologie", *Bulletin de l'Institut Général Psychologique*, juin 1903.

_____. *L'opinion et la foule*. PUF, 1989. [가브리엘 타르드, 『여론과 군중』, 이상률 옮김, 이책, 2015.]

_____. *Monadologie et sociologie*. Les empêcheurs de penser en rond, 1999. [가브리엘 타르드, 『모나돌로지와 사회학』, 이상률 옮김, 이책, 2015.]

_____. "Sociologie" in *Etudes de psychologie sociale*, 1898. [가브리엘 타르드, 「사회학」, 『사회법칙』, 이상률 옮김, 아카넷, 2013.]

Tarkovski, Andreï, *Le temps scellé*. Les cahiers du cinéma, 1989. [안드레이 타르코프스키, 『봉인된 시간』, 김창우 옮김, 분도출판사, 2005.]

Thompson, E. P. *La formation de la classe ouvriére anglaise*. Éd. du Seuil-Gallimard, Hautes Études, 1988(édition anglaise, 1963.). [에드워드 파머 톰슨, 『영국 노동계급의 형성』 1~2, 나종일 외 옮김, 창비, 2000.]

Viola, Bill. "La video", *Communication*, 1982.

Wittig, Monique. *La pensée straight*, Balland. 2001.

Zarifian, Philippe. "Contrôle des engagements et productivité sociale", *Multitudes*, n° 17, Exils, juin 2004.

_____. *À quoi sert le travail?*. La Dispute, 2003.

Zourabichvili, François. "Deleuze et le possible(de l'involontarisme en politique)" in *Gilles deleuze, une vie philosophique*. Les empêcheurs de penser en rond, 1998.

본문에 사용한 이미지 출처

10쪽 https://www.flickr.com/photos/seattlemunicipalarchives/37326739756/

22쪽 https://www.flickr.com/photos/samchurchill/7839417702/in/photolist-cWK4Lb

56쪽 https://commons.wikimedia.org/wiki/File:Internet_map_1024_-_transparent,_inverted.png

101쪽 https://resonanceaudiodistro.org/2016/08/12/call-to-end-slavery-audio-zine/

153쪽 https://www.flickr.com/photos/centralasian/6795836748/in/photolist-bmwrv7-8EnVtj-3btMW-61Bchs-JRWU-5NrRDE-HqTs-hqCdo-WKwq4V-5QF5pU-9hkk3D-XAi85A-6rUTzw-dB2DFk-9RFdHr-41Modz-Xo3QYq-Xo3Qv1-XUTk4o-eAywzT-9GYtGQ-4HdZg1-oN1K4H-6YCfAs-RVCLKq-9UYSWA-Wzxwkx-sxWPE-4Lg2Sr-34QtaB-54YQ8d-bBJ6NU-c8mcuG-7cHbW7-rs73ct-sujTR6-

Curwec-oKtd57-e99Dwp-MRUvfj-okUQTk-RC4XrQ-qpTwPP-pZ3buh-DNta3Z-
XdsrG7-BkDuP6-dt2WTi-Zar6DM-YRU2Mm

172쪽 https://actividadesdelcigysuvocera.blogspot.kr/2017/10/palabras-de-la-
comandanta-amada-nombre.html

189쪽 https://www.flickr.com/photos/edenpictures/29050388941/in/photostream/

202쪽 https://www.flickr.com/photos/axlright/14957218829

234쪽 https://commons.wikimedia.org/wiki/File:Black_Lives_Matter_protest_march_
(23025758106).jpg

245쪽 https://www.flickr.com/photos/mollyswork/35559820306/in/photolist-WbinZm-
WbinG7-UXozG3-mcck4D-cm3NE-ScoPhW-VDz8kQ-UXpaoS-UXoH1w-
RwvRWg-boqhxE-chTQ6A-Q9RMUQ-bBtdyM-RuoWBf-VYRzZC-RxrQvn-
Wbisow-bovkTb-VYRV2L-VDyunw-WbitzE-Wbiz7b-69NWbc-pFAkVt-WeJE5D-
fBNeCx-FjSvrL-SGUPSW-SzdqUD-kKaq6w-VYShyo-4wTqH9-EZwNkS-qoBwiV-
dXnV9m-9oXxHk-dXnZ8j-7LrEXQ-RQgqpU-RxEXKr-SPdt3e-bF1Xn7-VDyY1s-
rvoAsq-SzdqVF-VDyWz1-UXoUtG-5vjyi6-rg7NFd/

267쪽 https://commons.wikimedia.org/wiki/File:Subcomandante_Marcos.jpg

278쪽 https://commons.wikimedia.org/wiki/File:Fear_and_Loathing_of_the_Online_
Self_(33982278074).jpg

295쪽 https://roarmag.org/wp-content/uploads/2015/01/negri.jpg

:: 용어 찾아보기